卡尔·威特的教育

【德】卡尔·威特（Karl heinrich Gcottfried Witte）　著
宿文渊　编译

中华工商联合出版社

图书在版编目（CIP）数据

卡尔·威特的教育 /（德）卡尔·威特著；宿文渊编译 . -- 北京：中华工商联合出版社，2017.8（2021.6 重印）

ISBN 978-7-5158-2058-3

Ⅰ . ①卡…　Ⅱ . ①卡… ②宿…　Ⅲ . ①儿童教育－家庭教育　Ⅳ . ① G78

中国版本图书馆 CIP 数据核字（2017）第 175024 号

卡尔·威特的教育

作　　者：【德】卡尔·威特（Karl heinrich Gcottfried Witte）
译　　者：宿文渊
责任编辑：林　立
装帧设计：北京东方视点数据技术有限公司
责任审读：魏鸿鸣
责任印制：迈致红
出版发行：中华工商联合出版社有限责任公司
印　　刷：唐山富达印务有限公司
版　　次：2018 年 1 月第 1 版
印　　次：2021 年 6 月第 2 次印刷
开　　本：710mm × 1020mm　1/16
字　　数：210 千字
印　　张：16
书　　号：ISBN 978-7-5158-2058-3
定　　价：78.00 元

服务热线：010-58301130
销售热线：010-58302813
地址邮编：北京市西城区西环广场 A 座
19-20 层，100044
http: //www.chgslcbs.cn
E-mail: cicap1202@sina.com（营销中心）
E-mail: gslzbs@sina.com（总编室）

工商联版图书

Preface 前言

《卡尔·威特的教育》是一部告诉你如何将普通孩子培养成天才的奇书。该书一经推出，便受到广大读者的喜爱，其销量至今已突破 2 亿册，成为畅销全球的家教经典。无数父母按照书中的方法成功地培养出了优秀的孩子。

《卡尔·威特的教育》成书于 1818 年，是世界上论述早期教育的最早的文献。它完备而详尽地记录了卡尔·威特从一个智障的婴儿成长为 14 岁的哲学博士的故事。作者老卡尔·威特是 19 世纪初德国的一名乡村牧师，也是全能教育法的开创者。他在书中第一次用实证法阐明了早期教育对于儿童成长的重要性，并指出：即使是再平凡的人，只要教育得法，也一定会成为不平凡的人。该书开创了世界家庭教育读物的先河，谱写了人类教育史上的奇迹，不仅成为哈佛大学、剑桥大学、牛津大学等世界名校联合推荐的权威教育读本，更以“家教奇书”的享誉受到世人的推崇。

现实生活中，有很多家长都是以想象和所谓的经验来完成对孩子的教育。许多为人父母者都认为听话是儿童的美德，而听话的孩子固然能使父母省心，却往往不能很好地完成自我的实现，长大后成为不独立、不自主，或是心理有缺失、人格有障碍的人。甚至有不少家长坚持认为教育孩子就是喂养和管教的结合，他们不懂得教育的方法，又不屑于学习，以为孩子诞生的同时，自己也就一并拥有了为人父母的知识和权威，用自以为是的一套准则不断地在孩子成长的路途中设置各种障碍，最终误了孩子的一生。

父母爱其子，则为之计深远。如何培养子女，其中大有学问。如果只注重孩子的才能，他有可能会变成一个身体羸弱或是没有是非观念的愚人；如果只注重孩子的身体，他有可能会成为一个无知、粗鲁的人；如果只注重孩子的品质，他又有可能会成为一个只有想法而无法付诸实践的废人。那些艺术家、文学家和大科学家的产生，都离不开合理的早期教育。对于教育工作者和父母来说，本书既是包含教育大师经典教育理念的智慧结晶，又是一本通俗易懂、极具操作性的实用教子手册，从对孩子的身体养育到与孩子的心灵沟通，再到对孩子性格、品德、能力、心理的培养，内容涵盖了儿童教育的方方面面，希望能够给所有爱子心切的家长们以切实的帮助。相信很多家长看完，都会有一种重新思考和调整自己教子方略的冲动，并为自己掌握了一种实用高效的教育方法而庆幸不已。

当然，阅读本书的过程也是一个自我反省的过程。书中提出了不少教育的具体方法，但并不是唯一的“标准答案”，因为每个孩子都有其独特的个性，家长们完全可以在领悟书中精髓的基础上，根据实际情况加以灵活运用，从而培养出自己的“天才”。

Contents 目录

目 录

序

很多人都不相信我的话，连我的许多亲友也不相信。相信我的话的只有一个人，他就是已故的格拉彼茨牧师。格拉彼茨牧师自幼与我相好，是最了解我的人。他曾经说过："正如你所说的，威特的非凡禀赋确实不是天生的。他之所以能成为天才，完全是你教育的结果。看到你的教育方法，威特能成为这样一个天才就不足为奇了。而且威特今后一定会更加轰动世界。我了解你的教育方法，你的教育方法最终一定会取得最大的成功。"还有，下述事实将更加证实我的说法。

在孩子生下来之前，玛得布鲁特市的几个青年教育家和分散在市与市周围的几个青年牧师，共同发起组织了一个探讨教育问题的学会。由于格拉彼茨牧师是该会会员，在他的介绍下我也成了会员之一。

有一次，一个人在会上提出这样一种论调："对于孩子来说，最重要的是天赋而不是教育。教育家无论怎样拼命施教，其作用也是有限的。"我因为很早就持有与此完全相反的意见，就反驳说："不对，对于孩子来说最重要的是教育而不是天赋。孩子成为天才还是庸才，不是决定于天赋的多少，而是决定于生下来后到五六岁时的教育。诚然，孩子的天赋是有差异的，然而这种差异是有限的。所以，不用说生下来就具备非凡禀赋的孩子，就是那些具备一般禀赋的孩子，只要教育得法，也都能成为非凡的人。爱尔维修说过：'即使是普通的孩子，只要教育得法，也会成为不平凡的人。’我坚信这一论断。”

这一下，我成了众矢之的，他们一起向我进攻。于是我说：“你们有十三四个人，而我只有一个人，我是寡不敌众的，是辩不过你们的。所以与其跟你们辩论，莫不如拿出证据来给你们看看。只要我有一个孩子，而且你们认为他不是白痴，那我就一定要把他培养成非凡的人。这就是我由来已久的决心。”他们回答说：“行。”

会议结束后，希拉得牧师邀请我到他家谈谈，我就与格拉彼茨牧师一起去了，并继续讨论会上的问题。然而仍然是毫无结果，我只是不断地重复着在会上已经说过的话。

在会上一直沉默不语的格拉彼茨牧师现在却旗帜鲜明地支持我了。他说：“我确信，威特君的誓言一定会取得相当的成功。”可是希拉得牧师断言，那是不可能的。

其后不久，我有了儿子。格拉彼茨牧师立刻把这个消息通知了希拉得牧师，希拉得牧师又把这个消息告诉了其他会员。于是他们都注意着我儿子的成长，那意思是：好，这回看你的本事了！每次见到我和格拉彼茨牧师，他们就问：“怎么样，有希望吗？”对此，我和格拉彼茨牧师总是回答说：“是的。”他们却依然以怀疑的眼光注视着。

儿子长到四五岁时，我得到一个机会，让希拉得牧师看看我的儿子。“哎呀，真是个好孩子！”他一下子就喜欢上我的儿子了。这时，他已看出我儿子不是个普通的孩子。其后，由于孩子的学业进步非常快，他渐渐相信我的学说了。

我的心血没有白费，我的辛苦付出终于结下了硕果。

朋友们对我的教育方法很关注，常常用谈话或通信的方式来鼓励我，他们总是在我最需要的时候慷慨地给我支持和帮助。因此我常常被他们的好意所感动，有时甚至感动得流泪。

应该说，我的成功大半在于他们的同情和支持。因此，我终生难以忘却他们对我的一片好心。

我的朋友们都希望我把我的教育方法编写成书公之于众，而我屡屡拒绝，但是到最后还是被他们说服了，他们的好意是无法抗拒的。为了答谢朋友们的关心，我下决心将自己的教育方法公开。

不过，我不能断言，运用我的教育法的人就一定能像我一样获得成功。另外，也没有必要让旁人的孩子都像我儿子一样接受那样的教育。

诚然，儿童教育方面的书在欧洲是非常多的，尽由一些大教育家写作出来。而我——老卡尔·威特，哈勒附近一个叫洛赫的小小村庄的牧师，竟来写作一本教育孩子的书，何况下面发的一些议论可能会与教义格格不入，这无疑是不得体的且是不合时宜的。但是我相信，不管谁使用我的教育法，肯定都会取得良好的效果。

但是我决定将我的教育思想和实践在这里诚实地写出来，因为我对现时流行于世的教育思想不仅不敢苟同，而且站在与之完全相反的立场上。我以为这样才能显示我对上帝的忠诚。

为了消除对我写作此书的资格的质疑，请允许我首先向诸位介绍我的儿子——小卡尔·威特的经历。小卡尔出生于 1800 年 7 月，八九岁时他已经能够自由运用德语、法语、意大利语、拉丁语、英语和希腊语 6 种语言，也通晓化学、动物学、植物学和物理学，而他尤为擅长的是数学；9 岁时他考入莱比锡大学；10 岁进入哥廷根大学，他于 1812 年冬天发表了关于螺旋线的论文，受到一些学者的好评；13 岁他出版了《三角术》一书；1814 年 4 月，他由于提供的数学论文卓尔不群而被授予哲学博士学位。

人们都说我儿子是天才，不是我教育的结果。可是，实际情况并非如此。

我和我的妻子一直盼望着得到自己的孩子，但是在这方面我们非常不幸，我们的第一个孩子出生没有几天就夭折了，这使我们想再次拥有孩子的愿望变得愈加强烈。在我 52 岁时，我们的第二个孩子出生了。我给儿子取名为卡尔·威特，以表达我的喜悦之情。可是他并不是一个称心的婴儿。儿子一生下来就四肢抽搐，呼吸急促，虽然我不愿意承认，但这孩子明显先天不足。

婴儿时期的卡尔反应相当迟钝，显得极为痴呆。我无法掩饰作为父亲的悲伤，曾经哀叹："这是遭的什么样的罪孽呀！我怎么会有一个傻孩子呢？"我的邻居们常常劝我不要为此过分担忧。他们是一些善良的人们，可是在心底里的确认为卡尔是个白痴，而且还在背地里为孩子的未来和我们的处境犯愁。

我对他们并无丝毫的抱怨之辞。当时就连卡尔的母亲也不赞成我再去花工夫培养儿子了，她绝望地说："这样的傻孩子教育他也不会有什么出息，只是白费力气罢了。"

我尽管很悲伤，可是没有绝望。我要尽到做父亲的责任，尽我的能力给他最好的教育。我在给我堂弟的信中写道："我 52 岁才得到一个儿子，怎么会不爱他呢？我要用我以为正确的方法去爱他。我已制订出周密而严格的教育方案。现在儿子看起来虽然毫无出色之处，但我必将他培养成非凡的人。"

很多人都不相信我的话，甚至我的许多亲友都不相信。可以说，他们一直以一种怀疑的眼光注视着卡尔的成长过程，直到这场我在自己儿子身上所做的"天才是天赋的还是后天培养的"试验产生了明显的结果。

小卡尔已经获取了这样非凡的成就，而我不得不说，他在今后还会获取更为非凡的成就。虽然人应该以谦逊为美德，但是我对用自己的一套方法教育出来的孩子有坚定的信心。

在前面说了这么多，诸位一定觉得过于啰唆。我的思想与时下流行的完全不同，在培养儿子的过程中，一直受到教育家们的怀疑，也许是

因为我的教育观念冒犯了这些权威们业已成型的信条吧。

好在我从未动摇过自己的信念，我始终坚信，只要教育得法，大多数孩子都会成为非凡的人才。事实也证明了这一点，连我的儿子这样生下来毫不出色的孩子，在经过精心培养以后，也能获得如此成功。

可是人们似乎并不理解。在我的孩子成名以后，人们只是一味谴责其他教育家的无能，甚至责怪他们为什么不能把孩子教育成像卡尔那样的人。这样其实毫无益处，只会让那些教育家们对我更加敌视。

我写作此书的目的既是为了减少反对派对我的敌视，也是为了向人们阐明正确的天才观。我要说的观点只有一个：对于孩子来讲，倘若家庭教育不好，就是由那些最优秀的教育家进行最认真的教育，也不会有好的效果。

第一章

欢迎你，我的孩子

国民的命运，与其说是操在掌权者手里，倒不如说是握在母亲的手中。

有一个好妻子对养育我的孩子有多么重要

这个世界对于孩子是奇怪的、陌生的，孩子对于世界则是无力的、软弱的。作为父亲，我的使命是竭尽全力使自己的孩子坚强有力，使他顺顺当当地成长，尽情地享受生活的乐趣。而要做到这一点，在孩子成人之前，我想应使他尽量具备人性的美德和健康的体魄。

多数父母都是在孩子长到两三岁时才注意到这一问题的，但若要完成这一义务，则必须从尚未为人父母时起就开始注意，也即是说，我们必须健康、合格。

虽然人们常说“近亲可以培养出最好的马和最好的狗”，可是这并不适用于人类。在我身边就有这样的例子，而这样的事情对于人间确实很惨痛：邻村的木匠汉森跟他表妹结婚，他们一共生了 10 个孩子，其中 3 个夭折，其余 7 个都患有不同的疾病。汉森和他的妻子的两个家庭在我们这个地方都是世代人丁兴旺的，但汉森居然没有后代来延续他自己的家族。现在已近老年的汉森常常因此伤心落泪，但为时已晚。

我之所以要举这个例子，是想说明近亲结婚生下的孩子往往会患上各种各样的疾病，给家里的人带来痛苦而不是幸福，这与达到最好的教育目的无疑是南辕北辙。

所有的人都是由母亲所生，并在母亲的抚育下成长着，所以人类的命运操在母亲手中。因此，教育应当从改造母亲开始。

许多母亲缺乏教育孩子的知识。我认为，有必要对她们普及育儿知识。

我认为应当从小时候开始，就使她们身体健全、精神纯洁，准备做一个合格的母亲。因此，她们的身体健康和有关道德方面的知识，比数学和天文学的知识更为重要。当然，研究天文学和物理学是有趣的，但是，二者相比，如何培育优秀后代的知识更为重要。

所有的人都应当是教育者，至少所有的母亲应当是教育者。教育不应该在学校由教师开始，而应在家庭里由母亲开始。福禄培尔曾说："国民的命运，与其说是操在掌权者手里，倒不如说是握在母亲的手中。因此，我们必须努力启发母亲——人类的教育者。"遗憾的是真正理解这一意义的人却很少。左右国民命运的是母亲。堕落的母亲正在把自己的子女送入牢狱和教养院。因此，寻找一个好的妻子，对养育孩子来说是多么重要。

有些人在寻找自己的结婚对象时，常常根据自己的情况，暗藏各种不同的想法，这种人让我感到厌恶。有人说，你看我的家境不够好，难道还能挑三拣四吗？也有人说，为了婚后的生活，我非得找一个有钱人家的姑娘不可。还有人说，为了今后飞黄腾达，在人世间取得令人顶礼膜拜的地位，别的都可以不去计较，我必须娶一个出身名门的姑娘为妻。还有人说，我是对我妻子的舞蹈着了迷才向她求婚的。也有人说，由于妻子长得漂亮，我才和她结婚的。

要知道，这些都是错误的。为了自己和后代的幸福，很重要的是，我们一定要选择身体健康、心地纯洁、温柔、善良的女人做妻子。我认为，只要对方没有家族性病症和众所侧目的缺陷，大可不必为了某种目的去选择配偶。男子在做父亲之前，要充分锻炼身体，让精神尽量发展。

妇女不生孩子就不能体会到生活的幸福。但要记住，做母亲必然会遇到许多困难。因此，凡是没有决心战胜这些困难的妇女，最好不要生孩子。

此外，适宜的年龄对生育孩子也有很大的影响。很多妇女并不知道，怀孕的机会是随年龄而下降的。她们不懂得，如果长期等待下去，错过了时机，她们就有可能永远失去做母亲的机会。同样，高龄男子生育孩子也是有害的。一般来说，智力和体质最好的孩子，其父亲生育年龄在 29 岁左右，母亲在 26 岁左右。

我们这里有一种风俗习惯，结婚时，要大摆酒席，我认为应当制止。近来，又流行竞相邀请新婚夫妇参加舞蹈会、打牌和晚餐会的风气。这对新郎来说无所谓，而对新娘则非常不利。前些时候，我有位朋友，他女儿结婚时，据说一周之内被邀请参加 15 次晚餐会。她因疲劳过度头疼，每次都是硬撑着出席。这简直是对新娘的虐待。新娘在结婚之前，就由于接待来访客人，又被邀请出席晚餐会等，非常繁忙。结婚的那天因操劳也很疲乏，然后，马上进行极不安定的新婚旅行，紧接着又走访男方的亲戚，使她更加疲惫不堪。一返回家中，就又被邻居轮流邀请参加舞蹈会、晚餐会，这不是对新娘的虐待又是什么呢？这样一来，许多新娘从结婚之日起，身心就受到损伤，恐怕也会影响到她们的子女。

我的妻子不算是那种非常漂亮的女人，但我们非常相爱。我之所以娶她做我的妻子，是因为她有一颗善良的心。她勤劳，知书达理，并且在任何情况下都能理解和支持我。虽然我是一个清贫的牧师，没有丰裕的物质生活，但我从来没有听到过她任何的抱怨。在有了卡尔之后，她把自己的母爱毫无保留地倾注在孩子身上。我时常这样想：卡尔之所以有今天的辉煌，与他母亲那一颗天生善良的爱心是分不开的。

从妻子孕育宝宝的那一天就开始注意

所有的父母们都渴望生下天才，希望他出人头地，我和妻子也不例外。但是，有一点我很清楚，世上事往往难如人意。在儿子未出生之时，我和妻子都沉醉在即将为人父母的激动之中。虽然那种喜悦让人难以控制，但我们常常询问自己："这孩子行吗？"

为了能有一个健康的孩子，在妻子还未怀孕之时，我们就开始充分注意自己的精神和体质。

怀孕的最佳时期，医生的建议是七八月份。因为这个季节正是各种蔬菜、水果最丰富的时期，妇女在这个季节怀孕，可以为胎儿提供充足的营养素，而且这个季节的空气质量相对较好，有利于胚胎早期的正常发育。

十月怀胎，到次年的五六月间孩子出生，此时正值春暖花开，万物生长迅速，为婴儿提供了好的生长环境，这样能够最大可能地避免畸形儿的出生。

虽然德国人都喜欢饮酒，但幸好我没有这种爱好。我在此奉劝那些好饮酒的父母，为了孩子的健康着想，必须放弃饮酒的习惯。我们夫妇在要孩子时，我的一位医生朋友就告诫过我，如果酒后受孕，胎儿往往发育缓慢，智力也较为低下，特别是妇女饮酒，后果尤为严重。因此，夫妻双方至少应在受孕前三个月开始戒酒。

有人主张，所有的妇女应尽可能地成为多子女的母亲，我认为这是不对的。孩子，最重要的是质量而不是数量。单纯地多生，只会给社会增添负担。连抚育都费力，当然谈不上好的教育，这样的多生有什么用呢？前些天，在报纸上有这么一段报道，在英国有位妇女生了 20 个小孩。这位妇女对来访的记者哭着诉说贫困之家多子女的悲痛。这说明，单纯地多生子女是毫无价值的，应当少生孩子，重要的是把孩子精心培育好。

我们有义务竭尽全力使自己的孩子克服各种障碍，把他们送到社会上去，也就是要他们尽量具备优秀的品德和健康的体魄走向社会。我认为奢华往往使人易于沉溺于享乐的心情之中，不易做到神清气爽。为了完成这一义务，在孩子出生之前我和妻子在衣、食、住上都非常朴素、节俭。为了呼吸到新鲜的空气，就不应该老是整天待在屋子里，所以我和妻子时常到户外散步走动，在田野之中享受大自然的美丽，那样很容易使我们的心胸开阔。我和妻子的性格都很好，对身边任何琐事始终都保持心平气和，很少有感情冲动的时候。

在那段日子里，我们的生活是安宁和称心如意的。我想，在我和妻子都充分注意我们自身的精神和体质的情况下生下来的孩子一定会身心健康。

如果父母在婴儿身边打架、争吵或者是提高嗓门，婴儿就会接受这种情绪上的表达方式，并逐渐适应这种环境。一个 5 个月大的婴儿已经能够记住一支小提琴协奏曲；同样，在他结婚的时候，他也已经做好了与自己配偶争吵的基本准备。

如果一对相亲相爱的夫妻结婚后不久就生了孩子，那么，因为这个孩子是他们的第一个孩子，家里每一个人的心里一定都洋溢着幸福之情。在孩子的成长过程中，他所看到的总是充满笑容的慈母般的脸庞，那么，这个婴儿一定也会拥有一张人见人爱的面孔。婴儿的面部表情不是教出来的，而是通过适应环境自然而然地形成的。同样，一个孩子的个性也是这样形成的。

但是，假设一对中年夫妇有了一个孩子，父亲有时候外出，晚上也不回家，夫妻二人的关系十分紧张，家里总是被愁云惨雾所笼罩。尽管这个孩子也是他们的第一个孩子，但是他听不到笑声，他的母亲终日以泪洗面、郁郁寡欢。这样，这个婴儿的表情也将变得阴郁、毫无生气，他的个性也会与母亲相似。

环境决定一个人的个性，这一现象具有相当的普遍性。当别人问起我的时候，我经常对孩子的父母说这样的话："今天你们回到家里以后，让你们的孩子们站成一排。然后你们两个按照年龄的大小，依次观察他们的脸庞。你们将会看到，这些孩子的脸上写着你们结婚以后的生活阅历。"新生婴儿就是以这种惊人的方式从相貌上反映出自己成长的环境的。

一个婴儿从出生的那天起，从外界环境中受到的最大影响来自于母亲。当然，父亲也会影响一个婴儿的成长，但是，通过把孩子抱在怀中哺乳而形成的母婴关系是无法割断的，是维系终生的。因此，一个用母乳喂养长大的孩子和自己母亲的感情，与一个喝奶粉长大的孩子和母亲的感情是不同的。婴儿在无形中捕捉、吸收了父母的个性、行为以及其他各个方面，并在成长过程中逐渐效仿。

我和妻子在怀孕之前都非常注意这一点。

在那些时间里，我们经常运动，无论到哪里都是步行着去，不到非常必要的时候绝对不坐马车。那时我们都对未来的儿子充满信心，而妻子的性格也很开朗。我们时常到田野散步，或者去周围的山坡上徒步爬山，我还经常帮着她去摘野花呢。我认为，这样不仅对将来的孩子有利，也增进了我和妻子之间的感情。

我和妻子的感情一直很好，几乎没有什么争吵。我认为，仅仅为了未出生的儿子我们也应该和睦相处。

孕妇应当保持愉快平静的心绪，这尤其需要丈夫的配合。在妻子怀孕期间，丈夫应在各方面体贴关心妻子，减少妻子的情绪波动。保持良好的情绪状态，这样才会有更大的把握生出一个聪明健康的小宝宝。邻村有一个 5 岁的孩子约瑟夫，从小就性情暴躁易怒，是个抚养困难的儿童。他的暴躁、孤僻的性格是由他母亲怀孕时的不良情绪造成的。原来他母亲在妊娠期间经常被他的父亲殴打，终日忧心忡忡。这种一直持续的心境导致腹中胎儿还未出生就受到了坏情绪的影响，以致出生后就表现出暴躁、易怒、孤僻的性格特点。

一旦妻子怀了孕，就更应当过有规律的生活。这不只是给做妻子的说的，而是给夫妻双方说的，我也毫不例外。我们安排了严格的作息时间，尽量做到早睡早起。以前我有深夜祈祷的习惯，这种习惯是在年轻求学时养成的。

因为我是一个爱思考的人，夜深人静之时更容易让我有清晰的思路。每当人们熟睡之后，我总会独自一人在灯光下看书，静静地品尝书本的滋味。这对我来说，简直是人生的一大乐趣。自从妻子怀孕后，我不得不改掉这种习惯，因为我知道怀孕时的女人特别需要丈夫的体贴。何况，我在深夜读书，一定会影响妻子的休息。虽然失掉了深夜读书和与上帝交流的乐趣，但为了妻子和将来的孩子，我认为是值得的。

在关心妻子上，我自认为是个合格的丈夫；为了让她保持愉快的心境，我可以说想尽了一切办法。不管是在她的饮食或其他方面，我都力求尽善尽美。

饮食要清淡，绝不可食用刺激性太强的食物，要常喝清水，经常去野外运动，保持身体清洁，一丝不苟地完成自己的本职工作。与人和睦相处，有说有笑，使生活安定和满足。

妻子很喜欢泡热水澡。她把一天劳累后洗一个热水澡视为一种享受。但是在她怀孕期间，我坚决制止了她的这一嗜好，因为过高的水温对她来说虽然很舒服，但对胎儿却有极大的害处。

虽然快要做母亲了，但妻子毕竟是个很年轻的女人，有时也会任性。于是对于我这个做丈夫的男人来说，哄哄她也是常有的事。

有一次，妻子趁我不在，又开始泡热水澡。后来被我知道了，便开始责怪她。

“你怎么又那样做？我不是给你说过，过高的水温对孩子有害吗？”

“哼，你就知道孩子。自从怀了孩子，我发现你所做的一切都是为了孩子，你不像以前那样关心我了。”妻子假装生气地说。

“怎么能这样说呢？孩子是我们共同的孩子，关心他还不是关心你吗？现在泡热水澡确实对孩子不利，等孩子出生后，你想怎么泡就怎么泡，我才不干涉你呢。”

“可是，这几天我没有出门，浑身不舒服。仿佛身上的肌肉都变酸了，难受死了。”妻子调皮地辩解，“你不是总说，母亲如果不愉快就不会生出健康的孩子吗？我不泡热水澡就不愉快，你说该怎么办？”

虽然妻子是在与我开玩笑，但也有她的道理。于是，以后每天我都要女佣给她准备热水烫脚，并亲自用热毛巾给她擦身子。

那段日子是我至今难忘的。我不像很多人那样在妻子怀孕后便对她有所冷落，相反那时我们之间的距离是那么的近。那是一种特有的幸福，虽然孩子还没有出生，但我们已经感觉到他了。

在妻子怀孕期间，我还每天从外面带回好看的鲜花，并给她推荐一些好看的书，以此来让她有快乐的心情。我也在很多方面给予妻子更多的关怀、理解和体贴。有时候妻子的情绪不好，我就耐心地引导她和我说话，在感情上进行交流，尽快让她从不好的心境中摆脱出来。

有一天，妻子的情绪突然笼罩在一种不安和恐惧之中，那天我从外面布道回来，按平常的习惯首先要做的是去向妻子问好并亲吻她，可当我一走进房间就发现妻子有些不对劲。

“亲爱的，你怎么啦？”我问妻子。

妻子只是哀怨无助地看着我，一句话也没有说。

当时我真感到奇怪，因为妻子的性格一直很开朗，有什么事让她如此忧伤呢？她一直呆坐在那里，两眼无神，满脸的忧郁。

我赶忙过去将她轻轻搂住，并柔声地问她：“有什么不舒服吗？告诉我，我们不是一直都很幸福吗？你不是什么话都要给我说吗？今天究竟怎么啦？”

“卡特琳娜的儿子死了。”妻子的语调无助至极。

卡特琳娜是我们镇上的一位妇女，她的儿子刚刚一岁，身体一直不好。这个孩子一生下来就得了一种怪病，全镇的人都知道。没想到那个可怜的孩子这么快就离开了人世。由于那天我去了另外一个教区，否则我一定不会让妻子知道这个消息，因为对于一个已经怀孕的妇女来说，这种消息是最难以接受的。

“今天，他们来找你，可是你不在。听到这个消息后，你不知道我有多难过。我突然想到了我们的孩子。”妻子悲伤地说道。

“哦，亲爱的，千万不要那样想。”我完全能理解妻子的苦恼，连忙劝慰她，“卡特琳娜的孩子生下来就有病，虽然我没有想过这么快就……但是，我们的孩子一定没有问题的。”

“可是，我们第一个孩子不是也夭折了吗？”说到此处，妻子大哭起来。

当时真让我手忙脚乱，但我还是竭力地控制住自己，帮助妻子从悲伤之中挣脱出来。

“亲爱的，不要想得太多。我们第一个孩子的夭折，是没有办法的事。我们不能总是停留在过去，应该向前看。我每天都祈祷我们会有一个健康的孩子。我听说卡特琳娜在怀孕时就成天和丈夫吵架，每天都处在不愉快之中，所以她的孩子才不健康。为了我们的孩子，我希望你快乐起来。”

“这个我知道，可我就是忍不住。”妻子哭着说。

“来，让我来帮你。你应该尽快忘掉不愉快的事，想想我们即将出生孩子的模样，他一定是个很棒的小子。试试看，做一个深呼吸。”我一边说，一边给妻子做示范。

妻子也跟着我做起深呼吸来。一会儿，她的心情好多了。那天晚上，我特意把所有的时间都用来陪伴妻子，给她谈我的工作和我最近看的一本书。第二天，妻子已经完全从悲痛中走了出来，恢复了往常的开朗。

意大利画家达·芬奇说过：“同一个灵魂支配着两个躯体……母亲的愿望对其腹中的胎儿不断产生影响……母亲的意志、希望、恐惧，以及精神上的痛苦对胎儿的严重影响，大大超过对母亲本身的影响。”

在儿子出生之前，我们一切都做得很好，唯有一点过失，使我至今有所遗憾。医生曾告诉过我，有一种钩形的寄生虫对胎儿的危害特别严重，这种寄生虫就常常出现在猫狗的粪便及其生肉中。但当时我们都没有引起重视。

为了让妻子心情愉快，除了原有的猫，我还从邻居家抱养了一只小狗，供妻子解闷。儿子生下来不太健康，我想恐怕就是这个原因吧。

迎接美丽的朝阳

希腊神话说一个小生命的诞生，就是一个美丽的朝阳升起。

斯波克提议，在小宝宝出生之前，父母应把宝宝所需的物品准备好，这样做的好处在于可以减轻父母亲以后的负担。孩子生下来以后，往往使得年轻父母手忙脚乱，如果在孩子降生前就做好了一切必要的准备，这会让父母在抚养孩子上更为从容镇静，也更有信心。

婴儿在出生后的一年内长得非常快，因此一定要买很宽松的衣服，否则过不了多久就没法穿了，而且衣服宽大也便于新生儿活动。

我和妻子给卡尔做的衣服都是棉布的，棉布衣服保暖力强，而且容易吸水，通气性好，质地也很柔软。而我们给卡尔准备的尿布的常用材料是纱布，容易晾干。尿布尺寸要大一点儿。如果每天都洗的话，20 ~ 30 块尿布就够用了。

在带卡尔外出时，我们给卡尔穿上防水短裤可以省掉很多麻烦。但在家里则不宜给孩子长时间穿防水短裤，因为穿上这种短裤，尿布会变得湿、热，而且容易使婴儿得尿疹。

当卡尔长到 6 个月时，就可以在童床里到处爬动了，此时我们就将他放在睡袋或套腿睡袋里。这样的选择比给孩子盖毛毯或被子更实用。

孩子的周围环境，应尽可能美观，令人感到愉快。很多人坚信周围环境美，孩子也会美。希腊有个习惯，妇女在怀孕期间要观看美丽的事物，这是为了使孩子也能成为美丽的人。因为美能使人精神愉快、感到幸福，而愉快和幸福能使人变得更加美丽。

因此，把孩子的周围环境布置得美观，在怀孕期间观看美丽的事物等，都是为了使孩子变得更美丽。

孩子的房间应选择家中最好的屋子，空气新鲜，阳光充足。墙壁最好是暗绿色的，有利于孩子的眼睛。床是洁净的，被子要软而轻，毛毯也应是轻的，重的易使孩子疲劳。

墙壁上要挂有各种名画的复制品，最好在壁炉和桌子上陈列一些著名的雕刻仿制品。这些物品可以买便宜的。

前些时候，有一家杂志的记者曾评论说：“近来，所有的事物都愈来愈庸俗低级，特别是妇女的服装，已达到发疯的程度，美正在从这个世界上离去。”这是有一定道理的。为了防止这种倾向，必须对孩子从小进行美的教育。

首要责任是养育我的孩子

作为母亲，应该使孩子成为爱美、爱正义、爱真理的人。许多母亲只顾关心孩子的健康而忽略孩子的品德的形成和智力的发展，这都是错误的、不负责任的行为。我妻子勇敢和快乐的精神在后来深深地影响了儿子，她用坚强去武装孩子的精神，并给了他爱与智慧，使儿子后来步入社会时，即使遇到困难，也无所畏惧、永不失望。

多数母亲雇人教育孩子，这样的妇女不能称为母亲。母亲的工作不能由旁人代替。孩子的教育必须由母亲承担。把自己的孩子委托给他人，只有人类才这样做，其他的动物绝不这样。罗马之所以灭亡，是由于罗马的母亲们把教育孩子的工作委托给别人。

我们骑马，甚至也不雇用不称职的马夫。但是有的母亲却把孩子交给无任何学识的奶母。这样的奶母整天对孩子说，不许做这个，不许做那个，因为她这样做最省事。但这样一来，非但不能发展孩子的能力，反而使之萎缩。并且，孩子在这些奶母跟前，会形成各种不良习惯。当然，生活较富裕的母亲，对孩子的照料不一定全部自己动手，可以把部分任务交给奶母。然而，要尽可能地多花些钱，雇一位有教养的妇女做奶母。即使如此，孩子的教育不用说，吃饭、洗澡和穿脱衣服等，也都应由母亲自己承担。

母亲和奶母的性格非常重要，她们的表情对孩子都有影响。所以，奶母应选择性格开朗喜笑颜开的妇女，母亲也应尽可能使自己表现得快活。

在这里，我并不是说一定不能雇人来照料孩子，只是要采取正确的方式。

有这样一对夫妇，他们年轻而充满活力。由于家庭条件极好，生下孩子后就去国外旅行。他们把孩子委托给一位亲戚，而这位亲戚也因为有很多工作，根本没时间教育孩子，于是就把孩子交给管家喂养。

他们在英国住了一年，又去法国住了一年，后来还去了美国和非洲，他们几乎走遍了全世界。他们走之前对别人说，现在有了孩子，趁他还小的时候应该去外面多玩一下，否则等孩子长大后要教育他，就没时间了。

多么愚蠢的父母，他们不知道孩子一出生教育就已经开始了。他们错误的观念让他们最终尝到了苦果，以至于终生后悔不已。

当他们从国外回来后，发生的事令他们目瞪口呆，孩子根本不认识他们，把他们当陌生人看待。这能怨孩子吗？因为这时孩子已经快要5岁了。

晚上，当这对夫妇想让孩子和自己一起睡时，却遭到了孩子的拒绝。虽然他们的卧室美丽而舒适，可孩子却偏偏要去管家那间简陋的房里。

他们都是受过良好教育的人，而如今，他们的孩子满嘴粗话，成天在外面和一群捣蛋鬼玩。他在外面玩得太高兴，以至于经常和别的孩子打架、干坏事、欺负更弱小的孩子。他们想让他读书识字，但孩子根本学不进去，也一点不服从他们的管教。

每当他们教导孩子时，只会看到孩子陌生而冷漠的目光。

终于，不应该发生的、令人心痛的一幕发生了。

有一天，他们和孩子发生了激烈的争吵。

“你要知道，我们是你的亲生父母。”对于孩子的冷漠，年轻的父母终于发怒了。

看到他们凶神恶煞般的模样，孩子转头跑出了房间，躲在了管家的身后。于是，他们把怒火全都发泄在管家身上。

“你是怎么带孩子的？！他怎么连亲生父母都不认识了。”父亲怒气冲冲地对着管家吼叫。

“哦，先生。我想……是因为你们很久不在一起的缘故吧……我想以后会好的。”可怜的女管家战战兢兢地为自己辩解。

“不许你们这样对玛格丽特太太说话。”孩子肯定是站在带他长大的女管家一边的。他一边为她说话，一边怒视着自己的生身父母。

“我是你的父亲，你不懂吗？”

“可我从来没有见过你。”

“不管怎样，从今以后你要听我们的话，要接受良好的教育。从今天起，不许你再和玛格丽特太太一起睡，而要和我们……”

“不，”孩子打断了父亲的话，“我喜欢和玛格丽特太太在一起。”

“那好，我今天就辞掉玛格丽特太太，看你怎么办。”父亲这时已经火冒三丈。玛格丽特太太含着眼泪离开了孩子，因为她和孩子相处了大约 5 年，已经有了深厚的感情。

在以后的日子里，这个孩子变得郁郁寡欢，在睡梦中时常呼唤玛格丽特太太的名字。在他十几岁的时候，有好几次离家出走。

我认为，这样的结果是必然的。

我们家也一直雇用女佣，但没有发生上述的那种事情。主要是因为卡尔母亲承担起了主要的工作，她时刻陪伴着儿子，哺育他、教育他，女佣只是在她忙不过来时帮助她。很久以来，我们家的女佣已经成为我们家庭中的一员，她是卡尔母亲的好帮手。

可以这样说，卡尔是由他母亲一手带大的，她不仅精心地养育了他的身体，也对他的教育做出了不可磨灭的贡献。

那么，妻子又是如何改造自己的呢？

第一，根据孩子的年龄改变自己的行为。至于母亲如何参与相互作用，只要注意观察母亲在跟她的儿子玩的时候她的行为与跟成人在一起的时候完全不同就可知道。她的动作总是比较慢，手势比较清楚，脸部表情比较夸张，她说话有点断断续续，结构上比较简单并且有大量的重复。就连不是身为父母的成年人，也会相当自动地根据他们面前的孩子的年龄而改变他们的行为。这种适应的技巧保证了婴儿能够吸收、消化提供给他的刺激，因为他接受新信息的容量相当有限。

第二，紧跟在孩子的身后。母亲并不像以前所想象的那样，总是一个说教者，这一点已经非常清楚了。相反，她们总是让她们的孩子来引导相互作用，确定步伐，而她们自己则紧随其后，提供她们所认为的最适合于孩子的活动和既定目标的刺激。但是，母亲也不仅仅是消极被动的随从，母亲也有自己的目的，甚至是在最随意的玩耍的情形之下。比如只是为了保证让孩子能够最充分地利用手头的任何材料。看一下母亲把孩子抱在腿上、坐在一大堆玩具前的情形，母亲的很多时间都用于环境的简化和情境的设置，比如，拿起一个看似要三只手才能摆弄的玩具，把孩子伸出双手够不到的东西取回；把暂时用不着的东西拿走，为了便于主要的活动，给卡尔提供更明确的目标；把一些东西并排放置，因为卡尔喜欢这样的结合；转动一下玩具让它们更好拿，演示它们不那么明显的玩法；并且自始至终都变换身形以便给他的身体提供最佳的支撑，保证卡尔可以够到玩具。甚至在结构更为复杂的照料情形中，比如喂食和洗澡，熟练的母亲也不是简单地用命令和强迫来达到目的，而是建立起一套常规手段安排环境使得她的行动相当自然地符合具体目的。

第三，耐心地解释给孩子听。然而，如果母亲只是消极被动地跟随孩子主动的行动，她是否能够推进孩子的成长过程，就很值得怀疑。确切地说，妻子跟随是为了引导，她先让卡尔自己表明兴趣，然后在他自身可能的范围之内推进并详尽阐发那种兴趣。通过这种方式，她让卡尔自己选择题目，然后开始评论、证明和解释。

我看到，妻子总是随时注意卡尔注视的方向，并跟着他转，妻子由此发现卡尔关心的目标。然而通常这只是后来整个相互作用的第一步，确定了卡尔兴趣的焦点之后妻子就开始对它进行阐发——如果那是一个双手所及范围之外的一个玩具，就去把它拿过来，用语言给它命名，指出它的特征，演示它的功用。再看另外一个例子，从一开始，妻子就兴致勃勃地跟卡尔说话，哪怕是很小的时候，要是不跟他说说话，也会显得很不自然。所以，在卡尔自己说出第一个词之前的整整一年或两年的时间里，他总是不断地听到别人跟他说话。但是妻子所说的内容绝不是任意的，它紧密地结合着孩子自己的行为。他看到了一只狗，她发现了他的兴趣所在，然后就开始对它做出评论："看，多好看的小狗狗。"这样，她就给他的视觉经验加上了一个语言的维度，并且，通过在孩子自身行为的范围之内引入标识，就使他有机会把形象和声音联系起来，最终使他形成相应的语汇。

第四，母子间的双向流动。不管孩子发起相互交流的概率有多大，总会有一些时机，母亲必须出于某种原因来发起相互作用。当然，即使在这种情况下，母亲的行为通常也和孩子的行为紧密相关，并且不能独断地强加给孩子。

比如，妻子想要引起孩子对周围环境中某一事物的兴趣，最明显的方法是指向那个东西。然而，把用手指理解为一种社会交流的方式，要经过一段成长的历史，因为在生命最初一年的大部分时间里，孩子一般情况下总是仅仅看着大人伸出的手。因此，正如凯瑟林·默菲和戴维·米赛尔发现的那样，6个月大的婴儿的母亲很少用手指着什么东西来吸引孩子的注意，而是把东西拿到孩子面前，或者把孩子抱到那东西前面，或者会运用特别的暗示，比如在婴儿的面前抓住他的手指，然后逐渐把他的注意力从他自己的手指引导到物体上去。甚至对大一点的孩子，母亲也会小心地选择指向目标物的时间，以保证能够吸引住婴儿的注意力；否则，他就会被别的东西所吸引。指明了目标之后，她会回过头来看看婴儿，确认他是否真的在跟随着她的引导。

所以，妻子一直关注着卡尔的行为。在发起一次交流之前，她经常会先看孩子一眼，以便保证她的行为能够比较适当，而她所选择的策略将根据她对孩子状态的判断来决定。当她实行开始的工作时，她的行为只有在经常性的双向流动中才能得到理解，这种双向流动必须成为所有关系的特性。

第五，严厉制止孩子的越轨行为。当然，这是一些妻子必须做得很果断的情形。比如，当她要求卡尔做什么事，而要是她不严厉一点儿卡尔就不会做的时候，或者为了制止孩子做她认为令人讨厌的事情的时候。奇怪的是，在上面所列举过的做母亲的技巧之中，正是这些控制的技巧一直最受注意——事实上控制的技巧似乎经常被认为造成了整个社会化的进程，好像母亲的任务就只有一个方向似的。

有一次，妻子对卡尔说："把盖子盖到篮子上。"她着重强调"盖子"这个词，同时看着它还指着它；然后她停顿一下，看看卡尔是否听明白了；然后才接着发出下一个音。她的教导跟阅兵场上的命令相去甚远，她根据卡尔理解能力的步调而发出鲜明的手势，提供额外的帮助，并且在任何情形下，只有当母亲感到孩子的注意力确实在她身上的时候，才会发出指令。她的行为自始至终都精确地适应她的这个孩子的要求。

第二章

儿子的天生禀赋与后天教育

人刚生下来时都一样，仅仅由于环境，特别是幼小时期所处的环境不同，有的人可能成为天才或英才，有的人则变成了凡夫俗子甚至蠢材。即使是普通的孩子，只要教育得法，也会成为不平凡的人。

儿童潜能的递减法则

即便在小卡尔经过教育后表现出许多优于寻常儿童的方面，仍有许多人认为，他的才能是天生的，并非教育的结果。对此，我感到实在无可奈何。儿子出生时的情形，我在前面已经描述过了，诸位可以看出他不仅不是什么天才，反而像是个痴呆的孩子。

看着儿子的这种情形，我既伤心又着急，但并没有放弃自己的主张。为了儿子在成长中不至于落在同龄人后面，我决定仍然按计划进行早期教育的试验。我想，既然这孩子天生的禀赋不太好，那么就一定要尽力使孩子的禀赋发挥出八九成，甚至更多。要做到这一点，对儿子的教育必须与儿子的智力曙光同时开始。

那么，为什么早期教育能够造就天才呢？要明白这个道理，就要从儿童的潜在能力谈起。根据生物学、生理学、心理学等学科的研究，人生来就具备一种特殊的能力。

不过，这种能力是隐秘地潜藏在人体内，表面上是看不出来的，我们称这种能力为潜在能力。比如，这里有一棵橡树，如果按照理想状态生长的话，可以长到 30 米高，那么我们就说这棵树具有能够长到 30 米高的可能性。同样的道理，一个儿童，如果按照理想状态成长，能够长成一个具有 100 度能力的人，那么我们就说这个儿童具备 100 度的潜在能力。

这种潜在能力就是天才。因此，天才并不是我们平常所认为的那种只有少数人才具有的禀赋，而是人人内心都潜藏着的。

可是，要达到理想状态，总是很不容易的。即使橡树具备长到 30 米高的可能性，但要真长到 30 米高还是很困难的，一般可能是 12 米或者是 15 米左右。假若环境不好，则只能长到 6 ~ 9 米。不过，如果给它施肥，好好侍弄，则可以长到 18 米或者 21 米，甚至也可以长到 24 米或 27 米。同样的道理，即使是生来具备 100 度能力的儿童，如果完全放任不管，充其量也只能变为具备 20 度或者 30 度能力的成人。也就是说，只能达到其潜在能力的二成或者三成。

但是，如果教育得好，那么就可能达到 60 度或者 70 度，乃至 80 度或者 90 度的能力，也就是说可能实现其潜在能力的六成或者七成，甚至八成九成。

需要提醒诸位特别注意的是，儿童虽然具备潜在能力，但这种潜在能力是有着递减法则的。比如说生来具备 100 度潜在能力的儿童，如果从一生下来就给他进行理想的教育，那么就可能成为一个具备 100 度能力的成人。

如果从 5 岁开始教育，即便是教育得非常出色，那也只能成为具备 80 度能力的成人。而如果从 10 岁开始教育的话，教育得再好，也只能达到具备 60 度能力的成人。这就是说，教育开始得越晚，儿童的能力实现就越少。这就是儿童潜在能力的递减法则。

产生这一法则的原因是这样的，每个动物的潜在能力，都各自有着自己的发达期，而且这种发达期是固定不变的。当然，有的动物潜在能力的发达期是很长的，但也有的动物潜在能力的发达期是很短的。不管哪一种，如果不让它在发达期发展的话，那么就永远也不能再发展了。例如小鸡“追从母亲的能力”的发达期大约是在出生后 4 天之内，如果在这期间不让它发展，那么这种能力就永远不会得到发展了。所以如果把刚出生的小鸡在最初 4 天里不放在母鸡身边，那么它就永远不会跟随母亲了。小鸡“辨别母亲声音的能力”的发达期大致在出生后的 8 天之内，如果在这段时间里不让小鸡听到母亲的声音，那么这种能力也就永远枯死了。小狗“把吃剩下的食物埋在土中的能力”的发达期也是有一定期限的，如果在这段时间里把它放到一个不能埋食物的房间里，那么它的这种能力也就永远不会具备了。

我们人的能力也是这样。最著名的例子是英国司各特伯爵的儿子。司各特伯爵夫妇携带他们的新生婴儿出海旅行，行至非洲海岸时遇到大风暴，船被巨浪打翻，全船的人都遇难了，只有司各特伯爵夫妇带着儿子爬上了一个海岛。

那是个无人的荒岛，岛上长满了热带丛林。司各特伯爵夫妇很快就被热带丛林里的各种疾病夺去了生命，只留孤零零的小司各特。后来一群大猩猩收养了只有几个月大的小司各特，他就跟着这群动物父母成长。

20 多年后，一艘英国商船偶尔在那里抛锚，人们在岛上发现了小司各特，他已经长成一位强壮的青年，跟一群大猩猩在一起，像大猩猩那样灵巧地攀爬跳跃，在树枝间荡来荡去，他不会用两条腿走路，也不会说一句人类的语言。人们将他带回英国，引起了巨大的轰动，也引起了科学家们的极大兴趣。科学家们像教婴儿那样教导小司各特，力求他学会人的各种能力，以便他能够重归人类社会。他们花费了10年工夫，终于让小司各特学会了穿衣服，用双腿行走，虽然他还是更喜欢爬行。但是，他始终也不能说出一个连贯的句子来，要表达什么的时候，他更习惯像大猩猩那样吼叫。

之所以出现这种情况，就是因为学习语言的能力的发达期是在人的幼儿时期。小司各特当时已经20多岁了，他错过了学习语言的最佳时期，他的这种能力永远消失了。

事实上，孩子从胎儿期到出世，脑子得到了极大的发育，小孩在出生时，其大脑皮质以下部分与成人已经相差不大了，但大脑皮层还需要继续发育。0～7岁是小孩脑发育最迅速的时期，尤其以0～4岁最明显，这4年里，孩子的脑发育将达到成人75%～80%的水平。所以，在这一阶段，孩子需要良好的教育环境和充分的刺激，来促进脑的发育。到儿童12岁的时候，他的脑发育基本完成，如果此时脑发育还不充分的话，之后就很难恢复了。这就说明，人类脑发育的速度也是遵循递减规律的，0～4岁最快，以后逐渐减慢。

所以教育孩子的第一要旨就要是杜绝这种递减。而且由于这种递减是由未能给孩子发展其潜在能力的机会致使枯死所造成的，因此，教育孩子的最重要之点就在于要不失时机地给孩子以发展其能力的机会，也就是说要让孩子尽早发挥其能力。

一切取决于如何养育孩子

哲学家卢梭在他的教育学著作《爱弥儿》一书中有如下一个小故事：这里有两只狗，它们由一母所生，并在同一个地点接受同一母亲的教育，但是，其结果却完全不一样。其中一只狗聪明伶俐，另一只狗则愚蠢痴呆。这种差异完全是由它们的先天性不同造成的。

与之相对的是著名教育家裴斯泰洛齐的一段寓言：

有两匹长得一模一样的小马。一匹交由一位庄稼人去喂养，但那个庄稼人非常贪得无厌，在这匹小马还没有发育健全时就被用来赚钱，最后，这匹小马变成了无价值的驮马。与上述这匹小马命运迥异的是，另一匹小马托付给了一个聪明人，最后在他的精心喂养下，这匹小马竟成了日行千里的骏马。

以上两则小故事代表了有关天才与成才的两种截然相反的观念。前者强调的是天赋，认为人的命运是由其天赋的大小决定的，而环境的作用是次要的。与此相反，后者则几乎视环境的作用为万能，认为天赋的作用毫不重要。

自古以来，在关于孩子的成长问题上，很多人更倾向于卢梭派的学说，支持裴斯泰洛齐派学说的人寥寥无几。爱尔维修无疑是裴斯泰洛齐派的先驱者。爱尔维修曾经说过："人刚生下来时都一样，仅仅由于环境，特别是幼小时期所处的环境不同，有的人可能成为天才或英才，有的人则变成了凡夫俗子甚至蠢材。即使是普通的孩子，只要教育得法，也会成为不平凡的人。"

在儿子还没生下来以前，我已经坚信这一说法，并且常常向别人宣传。当然爱尔维修的言论也有其片面性，他在强调环境对孩子成长的作用时，忽视了他们在天赋上存在的差异。

对这一点我有充分的认识，我决不像爱尔维修那样不承认孩子的禀赋有所不同。所以，虽然我也倾向于这一派，但并不是完全站在这一边的，我还有我自己的看法。

我绝不是否定遗传的重要性。但是遗传对孩子的命运来说，已不像很多人所想的那样有强大的决定力。

我的看法是：孩子的天赋当然是千差万别的，有的孩子多一点，有的孩子少一点。假设我们最幸运地生下一个禀赋为 100 度的孩子，白痴的禀赋在 10 度以下，一般孩子的禀赋大约只能在 50 度了。

当我们说某些孩子有天赋的时候，这些孩子往往已经长到了五六岁。如果面对一个新生的婴儿，一定不会有人说，“这个婴儿以后会成为一个优秀的音乐家”，或者：“这个婴儿将来会成为一个了不起的文学家”。

断言一个五六岁的孩子具有什么样的先天能力，与断言一个初生的婴儿具有什么样的先天能力是不同的。前者是教育的结果，因为人们的评价依照的是五六岁以前的情景。

如果所有孩子都受到一样的教育，那么他们的命运就决定于其禀赋的多少。可是今天的孩子大都受的是非常不完全的教育，所以他们的禀赋连一半也没发挥出来。比如说禀赋为 80 度的，可能只发挥出了 40 度；禀赋为 60 度的，可能只发挥出了 30 度。

因此，倘能抓住时机实施可以发挥孩子禀赋八到九成的有效教育，即使生下来禀赋只有 50 度的普通孩子，他也会优于生下来禀赋为 80 度的孩子。当然，如果对生下来就具备 80 度禀赋的孩子施以同样的教育，那么前者肯定是赶不上后者的。

不过我们不要悲观，因为生下来就具备高超禀赋的孩子是不多的，大多数孩子，其禀赋都只在 50 度左右。何况如果我们按照前文所述的方法进行生育，孩子的禀赋决不至于过差，甚至得到高超禀赋的孩子的机会也是很大的。

当然，我们承认孩子们的天赋之间存在差异，正如我们承认种子有优劣之分，但要了解，一个糟糕的种植者可能会使一颗优良的种子中途枯萎或者根本无法发芽生长，而一个高明的农业师则可能使普通的种子生机盎然，茁壮成才。

没有一个孩子生下来就注定会成为天才，也没有一个孩子命定一生会庸碌无为，一切都取决于后天的环境，取决于后天的培养和教育，父母则是其中最为直接和关键的因素。

事实上，是父母操纵着孩子的前途和命运，决定着孩子的优劣成败。父母的信心和正确得当的教育观念是缩小乃至消除孩子之间天赋差异的关键所在。

我的学说在百年以后，很可能被遗弃。因为到那时对孩子们的教育很可能已经普及，很多孩子都能受到有效的教育了。

我的儿子是刚刚萌芽的幼苗

我曾经用植物之间的关系来比喻父母和孩子之间的关系。如果说父母是成熟的植物，那么孩子就是刚刚萌芽的幼苗。如果幼苗得不到精心的呵护和培养，它就不会开出美丽的花朵来。

如果孩子出生以后，他的父母就一直把他抛在一边直到他上小学的时候，然后说“从现在开始教育”，就好像突然之间给一株已经枯萎或者正在枯萎的幼苗大量施肥，同时让它晒太阳、给它浇水一样。对于已经枯萎的幼苗来说，这一切都已经太晚了。

每个人都具有强大的生命力和无限发展的可能性。如果对这些视而不见，我们就犯下了不可饶恕的错误。每一位疼爱子女的父母都希望自己的孩子出类拔萃、生活幸福，但是，大多数父母都在不知不觉中宠坏了孩子，或者是让他们感到不快乐。

造成这种结果的原因在于，他们没有认识到孩子身上强大的生命力。大多数人根本没想过，对孩子进行培养，使他们拥有良好的个性和突出的能力有多么重要。这种忽视行为实际上相当于一出生就把他抛弃了。

有位博士曾这样说过：“孩子的教育就同烧陶瓷一样，最终的结果如何很受最初的影响，而且势必决定其最终的成就。小孩只要从小教育，就可以成为音乐家、画家、诗人、学者，等等。”

可是，有的人也许会说：“成为音乐家就需要有敏锐的耳朵，如果没有敏锐的耳朵，再怎么早教他音乐也不行。而敏锐的耳朵是一生下来就有的，所以你的教育我不信。”我们可以对此说法提出反驳，有没有敏锐的耳朵，这是对小孩到长大以后才说的话。如果从两三岁时开始训练，是完全可以培养出敏锐的耳朵来的。心理学家所说的视觉型和听觉型，也是后天的而不是先天的。有的人说如果三代都是音乐家，才能出一个大音乐家。这种说法是很错误的。从莫扎特的例子来看，他成为那么伟大的音乐家，是由于他出生于充满了音乐气氛的家庭里，从小就熏陶了对音乐的爱好。

米开朗琪罗生下来不久就被送到乡下去寄养在别人家里，他的保姆是位石匠的妻子。后来他说不仅在这个家庭里吃了保姆的奶，而且从小就爱上了锤子和凿子。可是他的家是非常有名的豪门世家，而且非常反对他成为雕刻家。但当他的内心之火已经燃烧起来以后，家人也无可奈何了。

林内家住在湖泊之滨，周围有野花、有森林、有鸟鸣、也有小鱼游泳。他所以能成为大生物学家，就是因为生长在这样的环境里。这样的例子举不胜举。

但是按理想来说，父母教育孩子不应先确定培养成音乐家或画家等。就像我培养卡尔，首先以把他培养成完美的人作为目的。至于将来他是成为学者，还是成为政治家、发明家、企业家等，这应让孩子本人选择。而一个人的品质如何，很大程度上取决于幼年时期所受的教育如何。所以说国民的道德如何，取决于这个国家的人民对其子女的教育如何。在世界各地，人们崇尚不同的伦理，信奉不同的主张。但是，不论东方人的天命和宿命论也好，希腊人的知识主义、艺术主义、自由主义也好，罗马人的保守主义、黩武主义也好，犹太人的宗教主义、热情主义也好，这些都是他们在幼年时期所受教育的结果。

柏拉图曾经在他的《理想国》中对他心目中的未来的理想国家有过全面的描绘。在他所勾勒的那个理想国中，子女教育是社会的基础。这一见解实在高明。

如果说人如同生长的植物，小时候就形成了他一生的雏形，那么幼儿时期就好比刚刚萌芽的幼苗，给予什么样的教育就会形成什么样的雏形。威廉曾经说:“幼儿是成人之母。”此言确实千真万确，我们谁也无法否认，成人的基础是在小时候形成的。

根据上述理论，如果对生下来就具备高超禀赋的孩子施以高明的教育，那他的发展就是不可估量的。

但遗憾的是，人们对天才的教育往往是失败的。父母总是只着眼于孩子的天赋，而不注重全能培养，对孩子过分挑剔，要求太高，最终只会引起孩子的逆反、压抑与怨恨。因父母施加的压力过大而半途而废的天才不在少数。

许多知名的人在成年后都说过，他们年幼时曾受到父母的极度催逼，结果留下终生的创伤。英国哲学家约翰·斯图尔特·穆勒的父亲在他少儿时期就无情地催逼穆勒，不允许他有假日，唯恐打破他天天刻苦学习的习惯，也不给他丝毫的自由，事无巨细都对他严加管束，不允许他有“随意的”爱好。穆勒在青年时期经常精神抑郁，终生都感到有心理障碍。在自传里，他痛心疾首地回忆了受父亲压制的情景：

一有错误就得立即纠正。开始讨论时，父亲往往采用轻松愉快的交谈式口吻，一旦出现数学错误，这种口吻便会戛然而止。继而这位和蔼可亲的慈父就一下子变成了血腥的复仇者。

卡尔·冯·路德维希是一个著名而悲惨的例子。卡尔是一个学业天赋极高的孩子，但因为父亲不停地催逼他，一心想使他过早地功成名就，他半途而废了。

卡尔的父亲亲自教儿子高等数学，强迫他在醒着的每一分钟都得学习。他反对一切与学业无关的兴趣，体育、游戏、对大自然的探索对他来说无足轻重。卡尔 8 岁时父亲就让他上大学水平的数学课程，9 岁时他就在学习微积分并尝试写剧本了。他不断跳级，仅用 3 年时间就修完大学课程，11 岁大学毕业。他主修数学，大学的教授们预言卡尔会成为一名世界级数学家。

然而，开始的辉煌瞬间转为暗淡。卡尔在上研究生院的一年后，对数学全然失去兴趣，随即转入法律学院，但很快也对法律失去了兴趣。最后他从事办事员工作，既不用思考，也不用担责任。

我听说的这两个实例说明，正确的教育方法是极其重要的。如果实施了错误的教育方法，不要说禀赋一般的孩子了，就是拥有高超禀赋的孩子也会被扼杀掉。

一般人对才能教育和早期教育持批评的看法，之所以如此，原因之一是：他们担心像刚才所举的例子一样，即使少年小时候多么具有学习的才能，如果他不能幸福地度过自己的一生，不能凭才能从事一项很好的工作，那也不是毫无用处吗？不错，对父母来讲，他们最大的愿望就是希望自己的孩子即便是一个平凡的人，也能幸福地度过自己的一生。错误的早期教育培养的是“畸形儿”，正确的早期教育培养的则是更加尽善尽美的伟人和天才。

给儿子营造最好的生长环境

幼时最容易受到周围环境的影响。因此为孩子创造良好的环境，让他们学习好的东西，这实在是为人父母者的最大职责。

在自然界中，一棵嫩芽能否长成参天大树或结出美丽的果实，全靠种树人对它的栽培悉心与否。同样，一个婴儿能否变成你所期待的希望之星，则完全依赖于你所施的教育与为他提供的环境。

曾有人以当地生长的孩子同移民过来的非洲人的子女做过智商比较，结果发现，前者平均智商为115，后者仅有85，二者之间差距竟如此明显。由此有人下结论说：这个差距是由人种和血统不同所造成的。但一位牧师的经历推翻了这个结论。

他收容了一对非洲移民的夫妇。他们的婴儿一出生后就被送进了托儿所，与其他当地的孩子一样在完全相同的环境里接受抚养。孩子4岁时，他为其测验了智商指数，发觉他和当地的其他孩子一样，智商高达115。

很显然，这位牧师的经历推翻了不同人种会有不同能力的定论。他的经历最直接地说明了“人类能力的强弱，并非取决于人种或血统等因素，而是要看后天的教养与环境而定”。

由于婴儿出生后的生活环境千差万别，结果对婴儿的官能产生了很不一样的影响。这些因素由于只是在婴儿的关键期发挥作用，所以，环境对婴儿的影响可能是终身的，而且相比之下，环境对婴儿的主导作用比对大人大得多。

从卡尔出生后，我和他妈妈就注意给卡尔创造一个好的成长环境。

每个做母亲的，都喜欢把刚出生的宝宝放在满是雪白天花板、雪白墙壁、隔离一切外来声音的宁静房间里抚养。但是事实上，全无刺激的环境，对婴儿却是有害无益的。我们在小卡尔房间的天花板、墙壁和被褥上都绘上色彩缤纷的美丽图案，并且在里面不断地播放着音乐。几个月后，当我们在卡尔面前放一个发着光的东西时，小卡尔就迅速表现出想要捕捉它的意图。

也有人认为，这种幼儿时期的智力差距可以借由后天的教育拉平，这种说法尽管也有道理，但它势必使孩子承受过重的负担。

我发现，愈是专心照顾孩子的母亲，她们愈爱收拾房子，把婴儿的四周收拾得一干二净。这一方面是她们出于对孩子的溺爱，另一方面是她们怕家里东西太多会给幼儿造成危险。的确，从学会爬到会走路这段时间的婴儿，其所作所为确实危险万分，叫大人的神经一刻也不敢放松。他们一年到头不是弄翻花瓶，便是用嘴咬电线，或滚落床下。做妈妈的唯恐孩子发生意外，便会小心翼翼地将所有能想到的危险物品，都从孩子身边移开。这种做法当然无可厚非。但若因此而使婴儿周围像空屋般一无所有，或让孩子所能触摸到的东西，尽是一些坚硬物的话，结果也大多是负面的。

如同杂乱无章的房间可以给艺术家新鲜的灵感一样，那些在大人看来是毫无意义的甚至是有危险的物品，对孩子来讲，却能激发他的想象力，促进其智慧的成长，而且还有可能成为提升他们创意的重要刺激。卡尔也常常会把房间弄得乱七八糟，甚至头撞到物品倒地并因此大哭，但这些“遭遇”对他来说，却是很好的体验和教训。

仰卧着的婴儿，在其视线前方，往往只有平平坦坦的天花板，或罩式蚊帐，偶尔才有一张大人的面孔，他们常常在逗一会儿孩子后接着就离开了。

“这样不行，要给样可以看的东西才好”，于是一些父母们，要么从天花板垂吊能转动的风铃，要么就是拿着会出声的玩具，在宝宝面前摇晃。

这些做法固然可以给婴儿提供良好的刺激，但仅此还不够。

刚出生的婴儿还缺乏感觉印象。如果做父母的老让孩子这么躺着，就很难满足他对感觉的需求。大人为了替孩子解除这种被周围环境所孤立的处境，他们兴致一来就会在孩子面前露个脸。这种做法对孩子来讲，就显得有些勉强了。

从幼儿的角度来看，他们总是渴望从周围的景象接受一些刺激，他喜欢尽量用眼睛盯着要看的景物，大人这时一定要设法满足婴儿的这种好奇心。

对父母来讲，与其拿着东西得意扬扬地在他眼前摇晃，不如给孩子一个可以看到外界景观的场所。

幼儿对位置、形状、颜色，有他独特的感觉。一种东西如果幼儿每次看到它都在固定的位置，就具有刺激的“反复作用”。当我们用娃娃车推着 5 个月大的卡尔散步时，当他看到嵌在黄色围墙上的白色大理石板时，他就会非常高兴。而我们每天推着他走过那条路，经过石板处时，卡尔的眼光就会特别发亮。

这是因为幼儿具有大人所远不及的敏锐秩序感，他不单能认识每一事物的个体，而且还能直觉地领会事物与事物间的关系。很显然，这与幼儿各种能力的发展，有着密不可分的关联。

无论是在家里，还是在外面，我都注意给卡尔营造一个适合的环境，无论是各种颜色和景观的刺激也好，还是这种独特的秩序感的构筑也好，都充分地让卡尔在这一时期得到了能力的培养。

第三章

从儿子出生就开发他的智力

做父母的对子女的早期教育绝不是一种无效劳动。虽然在某些年月里，好像被教育者处于沉睡状态；但是，到后来终有一天，会看见大有好处的。

母乳之外，给儿子合适的饮食

儿子出生后的头半个月，我们坚持定时给他喂奶、喂水，使他的生物钟一开始就形成规律。直到他能吃饭后，两顿饭之间仍然只许喝水不许吃别的，免得他的胃老是得不到休息，血液也老是在胃部工作而不是集中在大脑。如果让孩子的精力只用于消化，那么大脑就不会得到很好的发展。

另外，吃得过多除了阻碍脑部发育外，也有害于孩子的健康，容易患上胃肠疾病。因此我严禁儿子随便吃点心、零食，即使为了给他加强营养，也规定有固定的吃点心时间。

我从儿子 4 个月时起，在吃母乳前，先给他一点儿蜜柑汁；后来又添加香蕉泥、苹果泥、胡萝卜泥、青菜粥等。再过一段，开始给他喂汤，吃煮熟的鸡蛋、马铃薯等。大多数孩子爱吃谷类食物，这是他们的最好食物。然而，我儿子却不爱吃。我认为爱吃的食物就是最好的食物，所以只给他吃喜欢的食物。

大约在儿子 6 个月时起，儿子能吃一顿混合食物了。这时候我就给儿子减去了一顿奶食，在他平时吃的食物外另加鸡肉末、肝末、鱼松等肉类。

到儿子 9 个月时，就可以吃碎肉、烧好的肉丁糕这些东西了，而且这时候儿子对谷物重新产生兴趣，开始吃麦粥。在给儿子减少奶量的同时，我也注意不让儿子吃得过饱。此时儿子已经长出了牙齿，他的胃肠也能够消化较粗的食物了，但是在儿子 1 岁之前，我一直避免给他脂肪过多或油煎的食物。

德国有句谚语，意思是“人的性格取决于食物”。看来，食物同人的性格确有关系。曾经有人主张“菜食疗法”，他们说选择不同的食物，就能使孩子形成不同的性格。比如：给孩子多吃胡萝卜，牙齿和皮肤就会美丽；吃马铃薯就能提高孩子的推理能力；吃菜豆就能发展孩子的美术兴趣；吃洋白菜和花菜会使孩子思想简单，成为平凡的人；吃青豆易形成轻率的性格。因此，可以让厌恶数学的孩子多吃马铃薯，让缺乏美术兴趣的孩子多吃菜豆，没常性的孩子禁食豌豆，粗暴的孩子禁食洋白菜。

上面这个菜食疗法显然没有理论根据，但是以经验来看，也并不是无任何道理。例如，俄国的农民因经常吃胡萝卜，牙齿和皮肤非常美丽。

孩子不能吃太多的甜食，甜食容易引起孩子呕吐、恶心，甚至腹痛腹泻；孩子也不适于每天吃过于精细的食物，因为精米、白面的加工过程中白白损失了许多营养物质，也对孩子的视力发展不利。此外，如果孩子吃过量的巧克力、牛奶及柑橘类水果，容易发生夜间遗尿，这些都是孩子的饮食中需要注意的。

保持儿子健康的心情

没有健康的生活，无论大人还是孩子都是很倒霉的。身体不健康，对大自然的美和人工的美都不能欣赏。因此，孩子的身体健康是非常重要的。对孩子的健康来说，最重要的是呼吸新鲜空气和喝新鲜的水。

有的母亲，孩子一哭，马上给东西吃，这个方法很不好。绝对不能让吃东西无定时。这样做，孩子其实并不好养活。这样做的结果是，孩子长大后会成为无节制的人。

吃得过多，有害于孩子的健康。许多母亲给的糖果是有损孩子的胃口的，因为便宜的糖果用的是有毒的染料，女孩子嚼的口香糖也是不好的。

有的人说："不同的胃，可以使人成为乐天派或是厌世派。"胃病能使孩子忧闷、不愉快、不幸福，胃弱者绝对享受不到健康者的幸福。有一次，法国的路易十五世在外散步，讨乞者到他跟前伸出手说："先生，请帮帮忙吧。"这时，国王给他一些金子，并说："饿汉，我很羡慕你。"我们不可以把孩子变成路易十五世那样脑满肠肥懦弱温顺的人。消化不良使大人难受，尤其使孩子难受。

胃健康的孩子性格坚强，胃弱者必然暴躁。为了预防消化不良，最好在吃饭时能愉快地吃。当然，快活并不只是在吃饭时，但是吃饭时尤其必须高兴。

心情好，消化得就快。有句谚语："早起能使人健康、富裕、聪明。"然而，笑也能使人健康、富裕、聪明。

人们见到我儿子时常说："这孩子体格太好，不像个天才。"看来他们仍在坚持"才子多病"的旧观念。然而，这是毫无根据的。有句谚语"健全的精神寓于健全的身体"，这是有根据的。

的确，有的天才体弱多病，但并不是天才一定病弱。那些病弱的天才如果健康，一定会是更加伟大的天才。而且身体健康的天才人物也并不少，如：韦伯斯特、布莱恩特、亨利·比卡、卡尔芬、珍妮·林德、阿德里娜·巴奇、萨拉·本哈忒、朱里亚·乌德·浩、约翰·卫斯里、路易斯、阿尔科克等。这些人不仅身体健康，而且体格魁梧，很有力气。

儿子的健康一再使人们惊异，这是因为我从婴儿期就对他进行体能训练。

愉快是健康的关键。我首先把儿子周围的环境布置好。周围的气氛阴郁，孩子必然会消化不良，身体不健康。因此，孩子居住的房间从最初起就应是令人心情愉快的。

天气晴朗时，我和妻子把儿子带到田野里，让他眺望绿色的原野。我注意让他的身体能自由自在地活动，不把他包起来，以免妨碍他的手脚自由活动；也不给他围围巾，以免把嘴和脸弄歪。天气好时经常让他在屋外睡觉，以便接受阳光沐浴，呼吸新鲜空气。当他在屋内睡觉时，在洁白的床上铺上鸭绒褥，便于他的手足自由活动。因为这种活动就是婴儿的运动。所以婴儿睡觉时，决不能像布娃娃那样把他裹得紧紧的。

卡尔 6 周时，长得很大，像 4 个月的孩子。这是我们让他经常呼吸新鲜空气、进行运动的结果。这儿所说的运动是从他两三周时开始，让他在光滑的木棍上做悬垂运动。生物学的理论说："个体发育是整体发育的短暂重复。"所以，婴儿是可以像猿猴那样在木棍上做悬垂运动的。当然，不可勉强地做。

还有一种训练是让儿子抓住我的手指，由于婴儿与生俱来的"把握反射"，他就像吊单杠一样用力拉起自己的上身。等到两个月大反射消失时，他的胳膊已经练得相当有力，为提前进行爬行训练创造了条件。

我还培养孩子喜欢洗澡的天性。如果水温过高或过低，孩子就不愿洗澡，所以，我一开始就注意调节水的温度。我和妻子每天都给儿子洗澡、按摩手脚，这样既能发展他的触觉，又能促进血液循环和肢体的灵活。

从儿子 1 岁时起，我就教他洗脸、洗手、刷牙，一天要洗几次，早起和晚上睡觉之前都要刷牙。他吃完干面包后，也让他刷牙，并且从小时起就教他用手绢擦鼻涕。

不应往孩子的头脑中灌输恐怖、担心、悲伤、憎恶、愤怒、不满足等思想和感情。因为这些都对孩子的精神有刺激，易引起身心虚弱、生病，阻碍他们的发育和成长。

根据某一科学家的理论，人的寿命是 150 岁。因为动物的寿命是它们成熟期的 5 倍。人类的身体发育到 30 岁才能完成，因此，人的寿命应是 150 岁。然而，有半数人由于恐怖和忧愁等，连寿命的 1/4 也活不到。

有的母亲在孩子睡觉前，常常用斥责、鞭打作为一天的总结，这是不好的。应使孩子面带笑容入睡。无论大人还是小孩都应抱着对明天的欢乐期望而入睡。同时，也以愉快的心早起，这是孩子一生长寿的秘诀。

在卡尔很小时，我就教他深呼吸的方法，教他唱歌，当然，这都是为了增进他肺部的健康。散步、玩球，是我们功课表中的一项内容，天天进行。如果不让孩子运动，他的精力就不知用到何处，就会淘气、损坏东西。

发现孩子心情不好、发音不清晰、张着嘴睡觉时，应当请医生看看，是否病了。一般来说，孩子胡闹、故意破坏东西时，主要是由于没有把精力用到正确的地方。所以，我们应当及时引导他把精力用到运动和学习上去。

我不让卡尔把手指放入口中。只要从小注意教育很快就会养成习惯，不往嘴里放手指或别的东西。但是，为防备万一，我不给他买危险的玩具。

我在院子里修了个运动场，有各种运动器具，如：跷跷板、滑台和梯子。儿子从3岁起就练习骑马，至今还最喜欢这一运动。他会游泳，又会划船。有时玩棒球，有时玩网球，有时爬树，有时去登山。伏尔泰曾说“忙是幸福的秘诀”，这也适用于孩子。总有事儿干的孩子是幸福的。

这样，经过营养和体能两方面的精心培育，卡尔从出生时体弱多病的婴儿长成了一个健康活泼的孩子。

从我们身边的实物开始

观察力是一切灵感的源泉

孩子的视觉发达起来以后，就要培养孩子的观察能力。这有两个方法，一是通过丰富多彩的色彩来培养孩子的观察能力。我在儿子房间的四周挂上了各种名画的摹本，还陈列了大量著名雕刻的仿制品。从儿子小时候起，我就抱着儿子识别屋中的各种物品，如桌子、椅子等，并把这些物品的名称念给他听。儿子起初只注意画的颜色，渐渐地也懂得了画中的含义。

让他从小就信手涂鸦

在儿子智力的开启中，画的功能是非常重要的，能在善于绘画的父母的培养下成长的孩子是非常幸福的。由于我懂得一点绘画，就准备了许多美丽的花草和鸟兽的画给儿子看，还让他看有美丽图画的图书，并读给他听。他总是能安静地听。这表明儿子尽管什么都还不懂，但已对我的声音和画的颜色开始感兴趣。此外，我还经常把同儿子谈话的内容绘成图画，用这种方法增长儿子的知识。

为了发展儿子对色彩的感觉，我买来了五颜六色的美丽的小球和木片，以及穿着鲜艳的布娃娃，经常用这些玩具跟他做游戏。这很重要，因为男孩与女孩相比，感觉灵敏而色彩的感觉却很迟钝，所以，男孩子不从小时候就开始发展色彩感觉，那以后对色彩的感觉将会非常迟钝。

蜡笔也是孩子的好玩具。我经常利用它同儿子进行颜色竞赛游戏。我预备好一张大纸，从某点开始；先由我用红色蜡笔画一条 3 厘米长的线，而后，儿子也用红色蜡笔画一条同样长度的平行线。接着，我在我画的红色线之后，用青色的蜡笔接上一条长短一样的线，儿子也得用青色的蜡笔在他画的红色线后边画一条青色的线。这样连续画下去，假若儿子使用的蜡笔与我所用的颜色不一样，这一游戏就不再继续，儿子就输了。

每天都要散步

卡尔一学会走路，我就每天带他去散步，并让他注意天空的颜色、树林的颜色、花朵的颜色、原野的颜色、建筑物的颜色和人们服装的颜色等，这都是为了发展他的色彩感觉。

还有就是让孩子专心注意某些事物，以养成敏锐观察事物的习惯。我通过和儿子玩一种叫“留神看”的游戏来达到这一点。每当路过商店的门前时，我就问儿子这个商店的橱窗内陈列着的物品，并让他在记忆中搜列这些物品。儿子能说出的物品当然越多越好。如果儿子记住的物品还没有我能记住的多，就要挨批评。

这一游戏对发展孩子的记忆力也十分有效。由于坚持这样的训练，在儿子还只有两岁时，一次我带他到卖雕刻仿制品的商店去，他就对店员说:“你这里怎么没有《维纽斯·得·未罗》和《维纽斯·得·麦得衣齐》？”如此小的孩子居然知道这两幅名画，使店员大为吃惊。

注意力不集中是因为无趣味

鉴于婴儿的注意力不易集中，我通过鲜活的物品教会儿子各种形容词。在儿子出生后第 6 周，我曾给他买了些红色气球，把气球用短绳扎到他的手腕子上，气球便随着手的上下摆动而上下摇动。以后，又每周给他换一个其他颜色的气球。通过这一游戏，我便能轻而易举地教给他红的、绿的、圆的、轻的等形容词，而且儿子对这一学习方式非常乐意。

在尝到这种学习的甜头之后，我还让儿子手拿贴有砂纸的木片和其他种种物品，教给他粗糙、光滑等形容词。当然，这种教育方式也有一些负面效果，如婴儿往往爱把手上拿的物品往口里放。不过，父母只要多加留心，孩子就不致养成这种习惯。

大自然是小孩子学习的宝库

对于出生后对世界表示好奇的婴儿，并不能只满足于家里各种好玩的玩具。从儿子的表情我可以看出，他似乎觉得仅有这些玩具还刺激不够。甚至对偶尔飞来的苍蝇，卡尔都会显示出无比的兴趣。哪怕是看见一只爬到眼前的蚂蚁，他也会用眼睛追踪蚂蚁的动态。当然，光给儿子看蚂蚁、苍蝇是不够的，我常常尽量多地带他到可以看到猫、狗、牛甚至鸟、车的自然中去。

我发现，走出户外的婴儿，都会惊奇地注视路上的狗或猫儿，对川流不息的来往车辆，也会始终看个不停；看到菜摊上摆放的各色各样蔬菜，更是瞪大着眼睛欣赏。通过这样接受在家中所得不到的新鲜刺激，婴儿的智能也自然会发达起来。

正如一句名言所表达的：“大自然是小孩子学习的宝库。”外界与大自然之中，有无穷的力量可以吸引孩子的兴趣，如果不把孩子带到那种学习场所去，这不是父亲的怠慢与失职，又是什么呢？

因此，做父母的一方面必须对婴儿的健康与安全予以最大关注，这也是做父母的责任，但我们也切不可因此而限制了孩子的学习场所。

置身于美丽的大自然中，婴儿才能使自己的身心更加活泼与健康。

注意这个事实，也是做父母的不可忽视的责任与义务。

儿子学习语言的奥秘

15 天起就给他灌输词汇

根据儿童潜能的递减法则，一个人在成长过程中，是有某种智力发展最佳时期的。幼儿在 3 岁以前，是语言发展的最佳期，尽早教孩子语言这一点非常重要。因为语言既是进行思维的工具，也是接受知识的工具，没有这个工具我们就得不到任何知识。我们人类之所以优于其他动物而取得今天的进步，就是因为使用了其他动物所不具备的语言。因此，如果孩子不及早掌握语言，就不能很好地发挥其能力。而若能在孩子 6 岁以前掌握准确的语言，那么这个孩子的发展就一定会很快，而且其速度是其他孩子无论如何也赶不上的。

许多父母千方百计地注重孩子的身体发育，可是当我提出采取措施发展孩子的头脑时，他们却感到惊异，认为不可行。其实做父母的只要稍加留意就会发现，婴儿从小时起就对人的声音和物品的响声非常敏感。

这表明，早期开始教孩子语言是可行的。那么早到什么时候呢？我主张从孩子出生 15 天大就开始灌输词汇，在孩子刚会辨别事物时就教他说话。

儿子 15 天大时，我们在儿子的眼前伸出手指头，儿子看到后就要捉它。刚开始时由于看不准，所以总是捉不到。最后终于捉到了，儿子非常高兴，把手指放到嘴里吃起来。这时我就用和缓而又清晰的语调反复发出“手指、手指”的声音给他听。

就这样，在儿子刚刚有了辨别能力时，我们就拿很多东西给他看，同时用和缓清晰的语调重复东西的名称。没多久，儿子就能清楚地发出这些东西名称的音来了。

抓住一切机会跟他说话

孩子学习语言离不开说，同样也离不开听，父母要为孩子提供听的环境，提供说的机会。父母应该尽早与孩子交谈，因为6周大的婴儿就会对谈话的声音有所反应。这一阶段，如果照顾婴儿的人不爱说话，不去理会孩子或者和其他大人说话，那么这个孩子说话的时间就减少了。孩子也并非与大人说话时他才说话，有很多时候他都会“自言自语”。父母应该抓住这个关键时期尽力跟他交流，让他的听力更上一层楼。

只要儿子醒着，我们或者跟他说话，或者轻声给他唱歌。当他的眼光停留在床上吊着的彩色纸花上时，我会不厌其烦地重复着：“红纸花、黄纸花……”如果我在做事，我也会用亲切的语调对他说话，告诉他我正在干什么。

应该注意的是，父母的语言要准确、清楚、缓慢，要科学地重复和再现。一旦孩子有所表示，比如微笑、踢脚或摇手，父母应该马上给予鼓励，及时回应。孩子一旦开口叫出“爸爸”，“妈妈”，父母就应该乘胜追击，让孩子保持说话的热情，全力鼓励孩子说话，为孩子制造说话的环境和材料。可以引导孩子念儿歌、讲故事。到了孩子能说双音词、短语时，父母要尽量说简短的句子，让孩子去理解体会。

教语言的8个诀窍

在教儿子语言的过程中，我总结了一些十分有用的方法，我现在将之归纳在下面奉献给诸位：

1. 要发纯正的语音

从儿子发出第一个“Fa”开始，我就不厌其烦地教他“Fa—Fa—Fa”、“ma—ma—ma”等。当儿子发出一个声音，比如“ka—ka—ka”，我立即回应，跟着他“ka—ka—ka”。而当我教儿子发“ma—ma—ma”时，如果儿子回应了，尽管不是很清晰，我仍给予了充分的鼓励。

不过使用这个方法必须听清楚孩子的发音。比如孩子发“mo—mo—mo”，你却听成了“ma”并加以鼓励，久而久之，孩子会出现发音上的混乱。

我与儿子玩这种游戏，总是在他睡醒后一小时内进行。因为这时候他情绪最好，效果也更好。所以要注意选择时机。同时发音时要跟孩子充分交流，我和他母亲发音时，都让孩子看着我们的脸，当然最好是能够看到嘴的动作。

教孩子发出纯正的音一定要简洁明快，千万不要啰唆。比如教孩子发一个音“a”，直接教就行了，完全没必要说上一大段话，那样孩子听不清楚，就容易读错。

2. 用语言学习能力滋养能力

孩子能学会任何一个难度很大的发音。教育应该重视这种强大的生命力。举个例子来说，幼儿在开始说话以前，听到过多少遍“doctor，doctor（医生）”这个词，而在他学会另外一个词语之后，如“妈妈”、“爸爸”，他学习词汇的能力会大大增强，以至他学会了“妈妈”和“爸爸”，从而使自己的词汇量增加到3个。在练习这3个词的过程中，他的语言学习能力继续不断增强，从而学会更多的词。从这个例子中我们可以看出，语言学习能力能够滋养能力。

这样解释可能把人弄得更糊涂了，因此我将用另外一种方式来介绍这一过程：

“这个问题你明白了吗？”

“明白了。”

“那好，我们继续吧。”

假设孩子用同样的方法来学习语言会怎样？

“如果你今天会说‘doctor，doctor’……没错，那么明天……”第二天他将学会说“妈妈”，第三天他就会说“爸爸”。而如果有一天，孩子想不起前一天学会的词语，他就只能说当天学会的词了。可见这种方法有很大的弊端。

事实上，学习语言并不意味着零星地来学习。它还意味着与此同时培养了学习语言能力。现在的大多数家长还没有意识到语言教育的能力。教育方法还仅仅侧重于零零星星地来教，而不是培养能力。

如果每个父母都使用这种奇妙的语言教育的方法，一定会大有收获。这就是“能力滋养能力”的方法。

每个孩子都有潜能。能否将潜能挖掘出来并使之成为卓越的才能，取决于如何培养它。

3. 在他耳边不停地说

我们都有这种经验，学习外国语，不多记单词是不行的。但是想要多记，却往往劳而无功，很快就忘了。有一个时期，为了以后教儿子我下决心要学好英语，就把韦伯斯特的袖珍小词典揣在怀里从头背下去，但是随记随忘，并没有多大效果。以后，我在学的过程中总结出一个道理：要多记单词，还是应当多读有趣的书，在阅读中记住书的单词。同样道理，为了丰富孩子的词汇，只是填鸭式地硬灌，非但达不到目的，反而有害。

教儿子说话，确实是很难的，如果不很好地下点功夫就教不好，我通过与儿子谈论有关饭桌上的器具，室内的摆设，院子里的花、虫等，巧妙地教他新单词的发音和词义。

在儿子稍大一点以后，我和他母亲就抱着他教他饭桌上的餐具和食物、身体的各个部位、衣服的各个部分、室内的器具和物品、房子的各处、院子里的花草树木及其各部分等所有能引起儿子注意的实物名称。总之看到什么就教什么，也教他动词和形容词等，使他的词汇渐渐丰富起来。

几乎每天晚饭后我们都要带儿子出去散步。从家里到村口的教堂，一路上我看到什么讲什么，有意识地叫儿子注意：高高的树，矮矮的草丛，飞动的鸟儿，粗粗的木栅栏；路灯，楼房，马车，各种花草，各种人，还有忙碌的小蚂蚁……儿子被逗引得对外面的世界充满好奇，一出门就指这儿看那儿，咿呀不休，说话也进步多了。

当然，在实行这一教育时，也要注意循序渐进，先易后难。在开始时，教一些孩子容易发的音和一些非常简单的话，只要每天坚持练习，持之以恒，就必有所获。

4. 讲故事是写作文的基础

当儿子稍微能听懂话时，我和他母亲就天天给他讲故事。在我们看来，对于幼儿，没有比给他讲故事更为重要的了。因为孩子是这个世界的生客，这个世界对他是一个一无所知的世界。所以应该尽早让他知道这个世界，越早越好。

为了培养儿子对这个世界的亲和力，最好的做法当然就是讲故事了。通过讲故事还可以锻炼儿子的记忆力、启发想象、扩展知识。传授知识，如果死死板板地教，儿子不易记住，而用讲故事的形式教，儿子就喜欢听，并且容易记住。所以，教育孩子运用讲故事的方法是最可行、最有效的。

除了给儿子讲故事，我还选择好书，清晰而又缓慢地读给孩子听。我在这方面给诸位的建议是，给孩子读《圣经》。《圣经》是举世无双的，大家都公认，像这样的名著实在罕见，所以把它读给孩子听是最好不过的了。由父母清晰地读给孩子听，这是教孩子语言的最佳方法。此外，也有助于培养孩子的优秀品质。

还有，讲故事不能只让孩子被动地听，应该要他复述。如果不让孩子重复，就不能完全达到讲故事的效果。在儿子还不会说话时，他母亲就给他讲希腊、罗马、北欧各国的神话和传说。等他会说话以后，母子两人就表演这些神话。我们向儿子讲述《圣经》故事时，有的还用戏剧的形式演出。

这样不断地进行生动的教育，终于有了成果。儿子到五六岁时就能毫不费力地记住3万多个词汇，这即便是对于一个15岁左右的孩子来说也是一个惊人的数字。

5. 少说这个、那个，多说新词

教孩子语言的最重要之处就是尽快丰富孩子的词汇，让他们懂得道理。儿子的词汇训练一直受到我们重视。凡是他还不认识的事物，我们都要求女佣不用“这个、那个”的说法，只有对儿子已经记熟了的事物，才教他用代词称呼。另外，在给儿子讲道理时，其中总会遇到一些他不懂的词汇。这时，我们都是随时给他解释，决不稀里糊涂地绕过去。

当然，儿子这么小，那些难的词汇解释了他也听不懂。然而这一行为的意义并不是让他立刻就记住或听懂，而是用解释生词的行为本身，教给儿子学习的态度和方法。如果大人在传授知识的时候遇到难点就绕过去，孩子就会养成“不求甚解”的坏习惯。

德国有许多通俗易懂的童谣，我们当然不会对这些优秀的文化遗产视而不见。我们从儿子小时候起就教给他这些童谣，并且让他记住了它们。因为这些童谣的语调好听易记，所以大大有利于丰富儿子的词汇。不仅如此，儿子的智力也在阅读这些童谣的过程中很快地发展起来。儿子不到4岁就开始读书，这些书主要是以歌词形式写成的。

6. 不让他遭受方言和粗话的污染

我反对教给孩子不完整的话和方言，比如教孩子“咂咂”（吃奶）、“丫丫”（脚）、“汪汪”（狗）之类的。这些语言对孩子语言的发展有害无益，这一点要特别引起父母们的注意。诚然，孩子学不完整的话和方言会更容易一些，因此许多父母也就认为孩子的语言从这些半截子话学起并无大碍，但是我经过试验发现，孩子在两岁左右时，如能缓慢、清晰地教他说正式的语言，一般来说孩子都可以发出音来。

如果儿子本来可以学会的东西，我都故意不教给他，这在教育上就是极其愚蠢的了。正如雷马克所说的那样，一个东西如果不使用，就难以评价它的作用，同样，如果不教给孩子他们本来能够学会的东西，那么，他们的那种潜在能力也就得不到发展。世界上再也没有比这更愚蠢的事了。

事实上，对幼儿来说，单会说“汪”或“丫”等词汇，虽然相对要容易一些，但这也同样会给他们造成负担。对孩子的语言学习来说，完整规范的语言是他们迟早要学的，而那些半截子语言却是他们不久就要抛弃的。

让孩子学两套语言，这势必给孩子造成双重负担。世上确实再没有比这更不经济的事了。孩子本来可以用那些白白浪费掉的精力去学习一些知识的，但他们在这种错误的教育下，只得付出如此宝贵的光阴。因此，做父母的，绝不应当教给孩子一些不完整的话，以免浪费时间。

也许有人说，教给孩子说这种话非常有趣，但你们让孩子付了如此高昂的代价是否值得？！教给孩子不规范的语言的害处还不止于此。社会上有许多孩子，到了十四五岁（甚至已长大成人），有的话还发音不清楚，这就是父母教育不当的结果。在今天的学校里，教员为纠正学生的这些发音毛病所付的消极劳动，往往比他们用于积极劳动所花的时间还要多，这实在可悲。不用请教心理学家，就连任何一个普通人都知道，教师用在纠正学生已经养成的毛病上所花的时间比起教他们新的知识所花的时间还要多。

但是，社会上竟有这样的父母，他们以孩子发出的错音、说出的错话为乐。他们不仅不去帮助孩子纠正，反而将错就错，随声附和，这是大错而特错的。因为这样将使孩子永远无法发觉自己的毛病，以致习惯成自然，难以纠正。

能正确运用语言意味着能正确地思考。如果让孩子从小就使用似是而非的语言，那么孩子的大脑就难以训练好。

我从儿子出生时起，就尽可能地对他说准确而漂亮的语言。在向他灌输语言时，我认为俗语也很重要。因为有的意思，不用俗语就不能表达得很完美。我们的思想在发展着，新观念也在不断地产生着，表现这些新观念的俗语也必然增加，所以排斥俗语就会落后于时代。

然而，我绝对不教给儿子不完整的话。这种完整的语言教育从一开始就起到了很明显的效果。儿子还不到一岁时，有位朋友对他说："卡尔，我想看看你的汪汪。"他纠正说："这不是汪汪，是狗。"这位朋友对此大为惊讶。

7. 力求措辞严谨，语言生动

在语言教育中，我非常强调从一开始就要让孩子学到标准的语言。为此，我总是反复清晰地发音给儿子听，耐心地教他标准德语。只要儿子发音准确，我就摸着他的脑袋表扬道："说得好，说得好。"当儿子发音不标准时，我就对妻子说："你看，你儿子不会说什么什么……"于是妻子就回答说："是吗？我儿子连那样的话都不会说？"这样一来，尽管儿子还很小，也激起了他拼命学标准语音的劲头。经过我们的不懈努力和执着坚持，儿子从小的发音就非常准确。

在词汇学习上，我的信条是：要想有清楚的头脑，首先必须有明确的词汇。为此，我不是只让儿子停留在孩子式的表现方法上，而是教他逐步了解和使用复杂的措辞，并且力求措辞生动准确，决不使用暧昧的措辞。

为了要做到这一点，我认为家人一定要相互配合，不要一个在严格要求，一个却纵容孩子。为此，我和妻子默契配合，而且以身作则，在平时坚持力求发音标准，语言规范，精选恰当的词汇。

我不仅对妻子，对女仆和男仆都严禁他们说方言和土话。因为儿子与仆人们的接触非常频繁，易受他们的影响。我只许儿子记标准德语，因为只要能记住标准读法，就可以让儿子不费力气地读懂书上写的东西。

8. 别让语法败坏了孩子的胃口

在教儿子语言时，语法不是最重要的，特别是对孩子来说，更没有多大必要。因此，在儿子 8 岁前我并未专门教过他语法，而是通过听和说来教。

孩子其实都喜欢说话，从小时候起，他们就常常一个人把学到的单词反复地说着玩。我就利用孩子的这种倾向，把儿子能理解的有趣的故事，用精选的词句组成短文，让儿子记住。他不仅能很快地记住，并总是高兴地复述着。以后，我把这些短文翻译成各种外国语让他说，他也能很快记住。根据我的经验，在人的一生中，1 ~ 5 岁可能是最有语言才能的时期了，父母千万别让这种才能白白枯死。

与儿子的心灵相接触

爱是与孩子沟通的最重要途径。当然，仅仅有爱是不够的，在人生中我们花掉很多的时间来学习怎样表达爱，为人父母之后也需同样注意这一点。

说服和教训所起到的作用是有限的，我们之中又有谁乐意听取别人喋喋不休的说教呢？但有的父母却固执地对着孩子这样做，直到有一天发现原来孩子一直在敷衍自己，甚至暗暗滋生了仇恨心理，才深深体会到教育的失败。

想要与孩子有效沟通，最重要的莫过于用心去爱孩子了。认真去感触他的世界，耐心倾听他的心声，然后加以适当引导而不是强行更改。需要强调的是，这里的“爱”是“理解”而不仅仅是“满足”，意味着

“包容”而绝非“纵容”。

“我不明白，我给他吃，给他穿，他想要什么就买什么，他却在昨天说恨我！”村里一个妈妈痛哭流涕地说道。这位母亲把整个身心都给了孩子，哪里想到会是这样的结果呢？

“妈总想管着我，不让我去这里不让我去那里，还动不动就哭着说是为了我好。她用来跟我做比较的孩子足够开出一个长长的单子！”儿子愤愤不平地抱怨着。

在他看来，妈妈忽略甚至轻视了他作为人的权利。

要知道爱孩子并不是只满足孩子的物质需求。对孩子来说，真正理解父母为抚养他，供给他的生活所付出的辛劳还为时过早，他更为敏感的是父母对其心灵的关注程度，对他所享有权利和自由的尊重。在与孩子沟通的时候，父母有必要让孩子感受到理解和尊重，感受到浓浓的亲情之爱，爱将化解所有的误会和不愉快。

我相信，没有父母不爱自己的孩子，可由于缺乏爱的技巧，不会爱孩子，造成了无数家庭亲子之间的隔阂，这实在是一件值得反思的事情。

曾有位父亲写了一封信给孩子，忏悔自己不适当的爱给孩子造成的伤害：

孩子：

在你睡着的时候，我要和你说一些话。

我刚才悄悄地走进你的房间。几分钟前，我在书房看报纸时，一阵懊悔的浪潮淹没了我，使我喘不过气来。带着愧疚的心，我来到你的身旁。

我想到的事太多了。

孩子，我对你太粗暴了。

在你穿衣服上学的时候我责骂你，因为你洗脸时只在脸上抹了一把；你没有擦干净你的鞋时我又对你大发脾气；你把东西不小心掉在地上时我又对你大声怒吼。

吃早饭的时候，我又找到了你的错处：你把东西放在地上，你吃东西狼吞虎咽，你把手肘放在桌子上，你在面包上涂的奶油太厚……

在你上学我去赶汽车上班时，你深情地向我高呼："爸爸再见！"我却蹙着眉头对你嚷道："怎么又驼背了，把胸挺起来。"

晚上，一切又重新开始。我在下班路上看到你跪在地上玩弹子，袜子破了好几个洞，禁不住又大发雷霆："袜子是花钱买的，你怎么一点儿也不知道心疼……"并在你朋友面前押着你回家，使你当众受辱。

孩子，你还记得吗？晚饭后，我在书房看报，你怯怯地走了过来，眼睛里闪着委屈的泪光。

我对你的打扰极不耐烦。你在房门口犹豫着，我终于忍不住地吼了起来："你又来干什么？"

这时你没有说话，却突然跑了过来，抱着我的脖子吻我，眼里含满了泪。我简直不敢相信我如此粗暴也削弱不了你对父亲的爱。接着，你用你的小手臂又紧抱了我一下，就走开了，脚步轻轻地走开了。

孩子，你知道吗？你刚离开书房，报纸就从我手中滑落到地上，一阵强烈的内疚和恐惧涌上心头。习惯真是害我不浅。吹毛求疵和训斥的习惯几乎成了我父爱的象征。

孩子，爸爸不是不爱你，而是对你的期望值太高。我是用成年人的尺度衡量你，而且拿很多成年人也难以做到的标准来要求你。细想起来，多么可笑。

而你本性中却有那么多的真善美，你小小的心犹如照亮群山的晨曦——你跑进来吻我的自发性冲动显示了这一切。

今晚，一切都显得不重要了。孩子，我在黑暗中来到你床边，跪在这儿，心里充满着愧疚。

这也许是个没有多大效用的赎罪。等你醒来后告诉你这一切，你也不会明白，但是从明天起，我要做一个真正的爸爸——做你最要好的朋友，你受苦难的时候我也受苦难，你欢笑的时候我也欢笑。我定会把不耐烦的话语忍住。我会像在一个典礼中不停地庄严地说："你只是一个孩子，一个小孩子。"

我以前总是把你当作大人来看，但是孩子，我现在看你，蜷缩着熟睡在小床上，仍然是一名婴儿，你在你母亲的怀里，头靠在她的肩上，仿佛只是昨天的事。我以前对你要求得太多太多了。

这封使无数父母再也不愿训斥、指责和抱怨孩子，使无数父母动容和深思的信同样教我们明白：要爱孩子，而且一定要学会怎样去爱。无论何时，父母与孩子无法泯灭的亲情之爱都是彼此间沟通交流的最好的途径，是一座始终存在的桥梁，我们应当小心地通过，而不要让粗暴、偏见、忽视等东西不经意间阻塞这座桥梁，也不要让它被骄纵和溺爱毁坏。

第四章

教育孩子需要正确的方法

如果不是用强制和严格的手段来训练少年们的学习，而是引导他们的兴趣，那么他们将发现自己的志气。

给儿子一双发现问题的眼睛

孩子的好奇心比较重，凡事都要问个为什么，心理学家认为好奇心是由新鲜事物引发的一种注意，是对外界新鲜事物的探究及反射，提出问题是思维活动的起点，而人的思维活动则是在外界事物的刺激下不断地提出问题、解决问题的过程。

随着孩子年龄的增加，他们的阅历逐步增长，思维能力加强，提出的问题也日渐复杂化。通过提出问题、解决问题，孩子实现了知识的积累和经验的总结，这是成长过程中不可缺少的。但是并非每个父母都能意识到孩子提出问题、解决问题的重要性。

发生在同村的马克和他的儿子身上的事就说明了这个问题。

吃过晚饭，马克带着 6 岁的儿子来到公园散步，儿子眼尖，认出了邻居的华尔叔叔，他正和一位漂亮的姐姐并排坐在长椅上，于是有了这样的对话：

“爸爸，华尔叔叔在那边，他为什么和那位姐姐坐在一起呢？”

“因为他们正在谈恋爱。”

“他谈恋爱为什么不找自己的妹妹，她比那位姐姐还要漂亮呢。”

“小孩不懂，怎么能和自己的家人谈恋爱呢？”

“那昨天晚上你和妈妈不就提到你们谈恋爱吗？难道你和妈妈不是‘家人’？”

“哪来的这么多问题？你能不能安静点儿？”

马克不耐烦的态度使儿子闭了嘴，但是孩子还是不明白为什么不能和自己的家人谈恋爱，更不明白爸妈明明是家人，却又能谈恋爱这一问题。

对孩子而言，展现在他们面前的是一个新奇而又多彩的世界。自会走路起，他们就没有一刻是清闲的，这儿动动，那儿摸摸，无数的东西、现象都是他们急于了解的，好奇心和求知欲使他们勇于提出各种各样的问题。如果家长不能准确、巧妙地回答孩子的问题，出现无言以对的尴尬局面是很常见的。胡乱回答孩子的问题，或者因孩子提问多而训斥孩子的情况也不少见。

孩子的究理精神从两三岁起就已经萌发了。具体的表现就是他们开始向大人提问，提出的问题越来越多，而且千奇百怪。这是值得高兴的事，说明孩子开始对世界进行思考了。

然而，可惜的是大多数父母不仅不为孩子的提问感到兴奋，反倒觉得厌烦不已。他们对孩子所提出的问题大都是随随便便敷衍一下，并不给予耐心的说明和解释。

这是大错而特错的。这种态度实际上是在压抑孩子的究理精神。要知道，在孩子的智力刚开始萌芽时，我们如果不向他们提供适当的对象供孩子们玩耍，他们这种已经萌发的究理精神就会白白枯死，而智力也将得不到进一步发展的动力。

相信这种状况是每个做父母的都不愿意看到的。但是在现实中，正是他们自己使孩子的潜在能力枯死，到孩子上了学才大惊小怪地嚷：“为什么我的孩子成绩这样糟糕呢！”这些父母只知道一味埋怨孩子，却从来没有对自己的行为进行过反省。

正确的态度是，做父母的不管有多忙多烦，都应该做到孩子问什么，就回答什么。在向孩子传播知识和方法时，决不能嫌麻烦，敷衍塞责，应付了事，一定都要真实合理。只有这样教育，才能使孩子成为对社会矛盾和缺陷具有辨别能力的人；也只有这样，才能发挥出孩子的潜在能力——天才。

如果培养出来的人辨别不出人间的好坏和善恶，对世界没有思考和认识，这类人越多，就越成为社会的累赘，他们不会给人带来任何益处。

让我们做一个试验，假如对某个人施行催眠术，给他一种所谓消极的幻觉暗示，那么他就会连眼前的人和物都看不真切。如果我们的教育是这种催眠术式的教育，那将多么可怕。也就是说，我们的教育决不能使孩子陷入这种消极的幻觉状态中。

我们教育孩子的真正目的，就是要为他打开智慧的天窗，使他能够敏锐地观察到社会上的坏事，洞察出社会上的矛盾和缺陷。我们人类的理想，决不应当像亚当和夏娃那样，仅仅满足于在不知自己是裸露着身体的情况下过快乐的天堂生活。为此，决不能让孩子成为精神上的盲目乐观主义者。

要做到这一点，就必须重视孩子最初对世界的看法，积极回应他们的每一个问题。同时，父母还应该注意一个问题，那就是不能以权威来压抑孩子的天性。

我绝不剥夺儿子玩的权利

通过对儿子的教育，我发现玩对于孩子来说不仅仅是兴趣，更重要的是在玩的过程中可以逐步开发孩子的智力。

父母总是把孩子玩泥巴、玩水、玩沙、玩石子看成是一种没出息、没教养的行为，认为这样的孩子成不了大器。这是一种错误的观念。孩子与成人不同，不可能像大人那样可以坐在那儿静静地思考问题，孩子必须在玩的过程中通过触摸事物，实际地摆弄和操作来认识世界。对孩子来说，周围的一切环境都是学习的对象，他们往往在各种活动中发展他们的智力。

只要有空，我就带儿子去参观所有的博物馆、美术馆、动物园、植物园、工厂、矿山、医院和保育院等，以开阔他的眼界，增加他的见识。在参观前，儿子都要先阅读大量有关的书籍以便大致了解，然后再通过自己的眼睛实地接触这些事物，获得了大量与直接感知相一致的信息与知识。在这时，儿子的脑子总是转动得特别快，心里充满着寻根究底的疑问。面对儿子源源不断的问题，我总是尽我所能给他说明和解释，并做到深入浅出，决不敷衍。因为我知道，这样教授知识最自然而且有效。

只要能满足儿子的求知欲望和追求真理的精神，我决不吝惜体力和金钱。为了向儿子公开魔术的秘密，我就曾不惜重金，请魔术师现身说法。类似这样的事情还非常多。儿子生长在内陆地区，但他总在书中看到对大海、大洋的描述。他很喜欢看这一类的书，在看了麦哲伦、哥伦布等航海家的传记以及《马可·波罗游记》这些书以后，他非常想去看看大海。于是，我就带他去了地中海海岸。平生第一次看到大海，儿子兴奋极了。我们在那里拾贝壳，采集海藻，拾水母和海星等。我对他讲述了这些海产品以及海底生物的各种知识，他对神奇的海底世界十分向往。我们又在沙滩上做各种游戏，比如堆山、凿河、开湖、垒岬、修湾、筑岛和封岛等。

要使孩子形成地理概念，海边真是最有利的地方。我把地球仪带到海边，告诉他地中海就在这里，越过地中海就能到达非洲，非洲大陆的两边是太平洋和大西洋，越过太平洋就可以像马可·波罗那样到达中国，而越过大西洋就可以像哥伦布那样到达美洲。就这样，儿子逐步了解了地球的概念，学会了世界地理。

光参观还只是这类教育的一部分。每次参观归来，我还让儿子详细叙述见到过的一切，或者让他向母亲汇报。由于有这一功课要完成，使儿子在参观中总是用心观察，认真听取我或者导游的介绍与讲解。这样一来效果就更为显著，儿子能记住更多的东西。

儿子 3 岁以后，我不再局限于哈勒地区，开始领着他到各方周游。5 岁时，儿子就已经在我的陪伴下，几乎周游了德国的所有大城市。在旅途中，我们既登山，也去游览名胜；既去寻找古迹，也去凭吊古战场；还参观了无数的古堡、宫殿、园林、教堂。回到旅馆后，我就让儿子把所看到的一切写信告知他的母亲和熟人。回到家中，他还要向亲人们口头讲解旅途见闻和切身体会。

6 岁时，儿子已经成了洛赫附近最见多识广的孩子了。他的见识甚至超过很多大人。人们在地理、历史方面有什么想知道的都去问他，或者想听听其他地方的奇闻逸事的，也会来找卡尔。后来儿子干脆写了一本游记，将自己旅途中的所见所闻全部写了下来，大家都看得津津有味。

儿子的丰富的知识得益于他在玩的过程中通过接触实际环境的切身体会。通过各种玩乐，儿子不仅熟练地掌握了各种常识，也培养了不同于一般孩子的生活情趣。我从来不想把儿子培养成所谓的学者，他们只懂得自己的一点专业，为了显示他们有高人一等的学识，不论对谁，走到哪里，总是一味卖弄他的专业，不管人家是否愿意。对于专业以外的东西，他们一概不知，也毫无兴趣。比如，他们非常缺乏常识，就像一些不食人间烟火的人。他们对时事等问题发表的拙劣看法，时常成为人们的笑柄。

带有偏见的人们认为我儿子除了坐在书桌前面，其他什么也不干。他们甚至认为，他可能除了学究式的知识外，还会点儿外语，其他就一概不懂了。

但是了解我儿子的人都知道，他坐在书桌前的时间比任何一个少年都少。事实上，他把大量的时间尽情地花费在了玩耍和运动上，是一个非常健康活泼的孩子。

抓住儿子的兴趣教儿子学习

诸位一定想知道我到底使用了怎样独特的教育方法，才能使孩子能这样既轻松愉快又学到如此丰富的知识。其实很简单，我的教育秘诀在于：唤起孩子的兴趣和让孩子提出问题。

可以说，发展智力的关键就是激发孩子的兴趣。一种是从孩子乐意接受的方式着手，使他产生了解这一事物的兴趣，然后因势利导地教给他相应的知识。

还有一种则是用问题来引起孩子的好奇心，当他迫切想要知道问题真实的答案时，他就必定会自觉了解更多有关这一问题的知识并有意识地加以分析判断。这时，若再辅以父母的点拨，孩子就能既提高分析判断事物的能力，也增加了在该问题方面的相关知识。

在教儿子认字时我就采用了这一套方法。

首先为了唤起儿子识字的兴趣，我施用了一些小孩还无法识破的小伎俩，我给儿子买来很多儿童书和画册，非常有趣地讲给他听，用一些带鼓励的话语来激发他幼小的心灵，像“如果你能认字，这些书你都能明白”之类的话语。

有时，我则干脆就不讲给他听，故意对他说：“这个画上的故事非常有趣，可爸爸现在很忙，没有工夫给你讲。”这样一来，反而激发和唤起了儿子一定要识字的想法和心愿。待到他有了这种强烈的认字欲望以后，我这才开始教他识字。

接着我就用前面用的那种方法教他。我先去打字行，买来 10 厘米见方的德语字母印刷体铅字、罗马字母和阿拉伯数字各 10 套，再把这些字都贴到 10 厘米见方的小板上，以游戏的形式教学。先从元音教起，接着以“拼音游戏”的形式在玩耍中教儿子组字。具体教法是这样：首先用画册让他看猫的画，同时教“猫”这个词的拼法，然后指着墙壁上的词，反复发“猫”的音给他听。接着从文字盒中选出组成这个词的所有字母，用这些字母拼写出“猫”这个词。当然，这些游戏都是由我和儿子一道以游戏的方式进行的。在儿子学习时，我在旁边给他以表扬和鼓励，而且要学会这些单词也让他适度地、循序渐进地反复练习了好几天。

我还制作了许多小卡片，在上面我画上憨态可掬的小动物、房子、树木等，在画面下标出名称。我把这些卡片贴在餐厅、厨房、客厅和儿子卧室的墙壁上，让儿子可以常常看到，以加深印象。我们还常常利用这些卡片和儿子做游戏、编故事。每次出外散步，不论看到什么，马车、教堂、河流等，我看到什么就要儿子说出该怎么念，怎么拼。这些方法很有效，儿子认识的字越来越多。

儿子很快就学会了读，也就是说，他在没有学习所谓读法之前就掌握了读法。而一掌握了读法，他就能掌握更多的词汇，再加上他学的是标准德语，所以他很容易就能读书了。

儿子长到三四岁时，我每天早晨开饭前都要带他出去散步一两个小时。但是这不只是四处走走，而是一边谈话，一边散步。比如我总要抓住几个有趣的问题，讲给儿子听。他的思维活跃，想象力也特别丰富，能够顺着我的话音，一会儿谈航海去印度和中国，一会儿逆尼罗河而上，一会儿到白雪皑皑的北极探险，一会儿又在芳香浓郁的锡兰森林中徘徊。有时，还追溯到几千年以前，跟随斯巴达人攻打特洛伊城，有时坐在奥德修斯的船上，在未知的海洋上远航；有时又跟随亚历山大的军队远征西洋。

儿子的地理与历史知识就是在散步中打下的基础。可以说，除了带孩子在实地的旅游中增加孩子的各种见闻，通过接触实际环境来增加儿子的知识之外，儿子的地理和历史知识更多的是来自这段时间。在清晨清新的空气里，儿子无论学习什么都趣味盎然。

更多的时候我们走在植物繁茂的山间小道上，不时从草丛里挺出一些不知名的野花。我顺手掐起一朵野花，叫道："小子，快过来，我们一起看看这朵花。"儿子好奇地凑近。我一边解剖这朵花，一边向他讲解花的生长特点和作用。我告诉他："这是花瓣，这是花蕊、花萼，还有随风飘洒的花粉，没有它，花儿最后便结不出果实……"有时草丛中会突如其来地蹦出一只蚱蜢，我眼疾手快地一把逮住它。这时候，我们两个就蹲下来，头碰头一起研究这只昆虫。我会把蚱蜢的身体结构、习性、繁殖等知识尽可能地传授给儿子。

就这样，我通过一块石头、一草一木、一虫一鸟等实用素材来对儿子进行最生动的教育，这比学校里那些死板僵化的动植物课程直观、形象多了。

其实只要有心，自然界的一草一木都可以随时成为教育的素材，自然界新诞生的一切都可以成为孩子认识与注意的对象。世界再没有比大自然更好的教师了，它能教给人无穷无尽的知识。可是非常遗憾，大多数的父母和孩子却未能好好利用它。

每逢节日，我都要带儿子到田野里去，摘下一朵花，拔下一棵草，砸碎一块岩石进行观察，窥视小鸟的窝，观察小虫的生活状况等。我利用这些实物向儿子讲述各种有趣的故事，涉及动物学、植物学、矿物学、物理学、化学、地质学、天文学等几乎所有的科学领域。卡尔非常喜欢植物，采集的标本堆积如山，他还用显微镜观察各种东西，同时，还写出有关各种事物的极其有趣的散文。

开始时他非常害怕青虫，自从我告诉他青虫会变成美丽的蝴蝶后，他就不害怕了。我还向他讲述蚂蚁和蜜蜂的生活规律，卡尔对它们的集体生活很感兴趣，专心研究了黄蜂和蜜蜂的生活，写了一篇不错的论文。

在用写有字母的小木板和做游戏的方式教会儿子拼音后，我又开始教他拼写。由于孩子什么都要模仿大人，当儿子也模仿我要用笔时，我就知道儿子对用笔写字产生了兴趣。我便抓住这一机会，教他写字。因此，我努力教会儿子使用笔的方法。孩子刚开始用笔时是笨手笨脚的，甚至要打翻墨水，我往往因此而不耐烦。一段时间后，我的耐心终于有效，孩子很快就学会了。

卡尔第一次提出要用笔写字时，我没给他，而是给的炭笔，并鼓励他好好写出自己的名字。他将名字写出后，让他母亲看了大吃一惊。看到这个效果，儿子也非常高兴，拼命练习写字，这说明雄心大志对于孩子来说是一种极大的力量。经过几天的努力，他终于能够以漂亮的笔法写出自己的名字了，这时他才 4 岁。儿子 5 岁时，有一次我们全家出外旅行住旅馆，我让他自己在登记簿上签名，这让旅馆老板惊讶不已。

儿子刚一学会简单的句子，我就让他天天写日记。这样，卡尔从 4 岁开始就能记日记了。每当下雨刮风不能在室外玩时，他就拿出日记，回想幼年时代的情景，感到很有乐趣。

很多时候，我都纳闷孩子在丝毫没有兴趣的情况下学习能否坚持下去。“去学习”，有很多父母认为，这种唠唠叨叨的催促就是教育。在我看来，这种方法可以称为“怎样才能培养不出能力”的方法。

如果受到责备，孩子们就会去做他们不喜欢做的事情。但是，如果他们没有做这件事情的兴趣，他们的能力也就得不到培养。相反，如果一个孩子有做某件事情的兴趣，他就会进而培养出这种能力，他的生命力将释放出来，并把这种能力变成自己生活的一部分。

培养植物也是这个道理。真正的园丁知道，一粒种子需要足够的肥料、阳光和水分才能发芽。如果你只是把一粒种子放在手心里，然后大声对它喊：“发芽！发芽！发芽！”那么你对这粒种子也太残酷了。种子只有在适当的条件下才会发芽。

但是，成年人往往都是这么做的。我经常对母亲们说：“孩子们多听话啊！相比较之下，成年人实在太残忍了。尽管心怀不满，孩子们还是坚持每天读书、学习，直到慢慢地学会为止。但是，如果成年人心怀不满会怎样？如果你们受到同样的责备，你们会转过身去，用责备的语气回击。而孩子们尽管受到责备，还是照样去做。你们为什么不能让他们快乐地去做一件事呢？”

如果父母懂得适时地抓住孩子的兴趣，孩子的生活也会跟着变的。这样他就能选择释放出自己的生命力，更加茁壮地成长。

记忆力、想象力和创造力发展并重

我在前面做了那么多，都是为了能尽早开发儿子的记忆力、想象力和创造力。儿子今后取得成就与否，跟这三方面都有重大关系。但是对孩子切忌进行机械的训练，那样不会有任何效果，而应该采取一些灵活有趣的办法。

一位科学家说过：一切智慧的根源在于记忆。

早期教育可以使记忆力发展的时间大大提前。尤其是婴儿时期，每天重复输入相同的词汇，不断地刺激孩子大脑里的词汇库，可以促使孩子的记忆力迅速发展。

抓住孩子智力发展的关键时期提高孩子的记忆力也十分重要。

在我们采用“硬灌”教育法让孩子记住大量语言词汇、刺激其记忆力的发展以后，就可以开始让他逐步接触文学、历史等方面的知识了。这时候，拓展孩子记忆的内容固然是重要的，但更为重要的是使孩子掌握一些行之有效的记忆方法，并使之融会贯通到他的意识深处。

为了使儿子牢记神话和《圣经》中的故事，我常常把有关内容编写在纸牌上。后来教他各国的历史时，也采用了同样的方法。这一方法概括起来就是，起初用讲故事的方法教，而后把它们编成纸牌，采用游戏的方式教。有时我们还一起读一本有趣的书，并写出要点。

儿子很小时就把各种事情写成韵文来记忆，因为韵文比散文容易记。在儿子 8 岁时，我曾用骸骨教他生理学。一次，他趁我外出旅行之机，就用韵文写下了已记住的骨、筋肉和内脏的名称。我回来时，大为惊奇。

对历史上事件的教育，我多在儿子读过之后再用戏剧形式演出，这样就容易记住了。而学校教的历史课，完全是照搬年代表，味同嚼蜡，毫无趣味，学生厌恶它，从而根本记不住也就是理所当然的了。

想象力是孩子自然生成的一种最重要的能力，当他们幼小的心灵对世界不能充分了解的时候，想象力便帮助他们寻找答案，想象力使他们的思维丝毫也不被陈规陋习所约束和局限，而延伸到人类理性认知难以触及的各个角落。

倘若想象力不随着孩子的成长而泯灭的话，那么在那些健康适当的个性中它就会表现为纷至沓来的灵感和自由、发散的思维特征，为创造力提供动力，并成为诗歌、小说、建筑、雕刻艺术乃至数学、物理、化学等各种学科革新的源泉。

然而，可惜的是，由于教育失当，许多孩子的想象力没有得到合理开发，甚至被扼杀，致使大批孩子在经历了一小段彩色人生后，很快就被大人们僵硬、单调、枯燥的生活方式和思维方式所笼罩，而逐渐丧失掉因想象力带来的无尽乐趣和创造力。

有些父母对孩子表现出的想象力不屑甚至不满，是因为他们不懂得想象力的重要性，他们的想象力在童年时被扼杀了，现在他们如法炮制，来扼杀孩子的想象力。他们会说："想象就是不切实际、胡思乱想，与其让孩子不切实际地幻想，那还不如让他多学习一个单词。"

我们的幸福有一半以上靠的是想象。不会想象的人是不会懂得真正的幸福的。贝鲁泰斯曾说过："想象是人生的肉，若没有想象，人生只不过是一堆骸骨。"

那种没有风趣的人干什么都只论事实，排斥想象。他们甚至把圣诞老人和仙女从家里撵走。他们的这种干巴巴的生活态度也传染到对孩子的教育中。他们认为历史上的传说和不合情理的儿歌对儿童有害无益，他们更不懂得传说和儿歌能够陶冶孩子的品德。事实上，即使大人的生活，没有想象也是无趣的，何况孩子们。因此，从家庭里撵走圣诞老人和仙女，就如同撵走伴侣和抛弃玩具一样，对孩子来说是残酷无情的。何况，孩子之所以懂得爱惜鸟兽，具备了有关道德的一些初步知识，从小就立志要具有远大的理想，都是受传说和儿歌的影响所致。

如果一个人在小时候想象力得不到发展，那么他非但不能成为诗人、小说家、雕刻家、画家，而且也成不了建筑家、科学家、数学家、法学家。有人认为当数学家和科学家用不着想象，这其实是不符合事实的。想象对于任何人都是必要的。

因此，凡是年幼时充分发展了想象力的人，当他遭到不幸时也会感到幸福，当他陷于贫困时也会感到快活。

有人认为神话没有任何价值，予以排斥，但我却非常欢迎它们。据我观察，同样是眺望天空的星星，懂得神话的孩子的感触和不懂神话的孩子就完全不一样。

另外，由于孩子缺乏社会生活经验，不懂得善恶的区分。为了让他们分清善恶，最好的方法就是给他们讲述传说和儿歌。

我的家中从不排斥仙女，我经常给儿子讲传说和唱儿歌，使他知道大自然是仙女居住的可爱世界。因此，他从小就爱大自然。同时，他还从传说和儿歌中学到了许多优秀的道德和品质，如正直、亲切、勇敢、克己等。

为了发展儿子的想象力，我不仅向他讲述已有的传说和儿歌，还讲述自编的故事，进而让他自己讲述自编的故事，并鼓励他把故事写成文章。

有的父母因不了解孩子们的想象世界，当孩子用木片和纸盒建造城市、宫殿玩时，他们为了收拾屋子，往往不给孩子打招呼就破坏了孩子的游戏。这就无情地摧毁了孩子的精神世界。

这一举动的严重性在于，这不仅剥夺了孩子的幸福和游戏的欢乐，而且有碍孩子将来成为诗人、学者、发明家……父母在教育中往往因为轻率的举动而毁掉天才。

在创造力方面我鼓励儿子多动手、多思考、多提问题。不论儿子提出什么样的问题，我都耐心地给予解答。

在儿子 1 岁多时，如果拿着某种材料或玩具聚精会神地玩，而不是拿起来就扔掉，我们就及时夸奖他，并和他一起，启发他尽兴地玩。如果儿子用了一种出人意料的方法玩玩具，我们不光夸奖他，还要鼓励他多想出几种方法来。

儿子 2 岁时，他母亲每天像上课一样讲故事给他听。他母亲还有一套吸引他不断听下去的办法，就像报纸上连载小说那样。他母亲每天讲到“且听下回分解”的地方就打住，下面的故事情节则让儿子自己去想象创造。儿子不得不为此而挖空心思，并对可能的情节做出各种猜想。第二天，母亲在讲故事前，先让儿子说他是怎么想的，然后才接着讲。如果儿子自己猜中了，我们就高兴地欢呼。如果儿子没猜中，他母亲就夸奖说：“哎呀，我儿子编得比故事本身还好呢！”儿子的创造力就在这种训练中不断培养起来。

不论是培养卡尔的记忆力，还是培养他的想象力，在这些过程中，都无法忽略思维在其中的存在和作用。关于这一点，我在教育小卡尔以及在卡尔上大学之后，我更加相信了。

思维是认识活动的核心，它参与到其他的智力因素之中，使其他智力因素更加具有理解性、概括性和深刻性。例如，孩子的观察活动，在幼儿年龄尚小时，由于没有思维参与，观察得很肤浅，只能把看到的表面特征堆积起来，缺乏理解和概括。年龄大的孩子的观察，有思维参与，就能将观察到的表面特征概括起来，进行理解，找出内部联系，使观察深刻化。

其实，心理学家早就认为人的智能结构一般是由观察力、记忆力、注意力、想象力、思维力、语言表达力以及动手操作能力构成，而其中思维能力则是智能活动的核心。

思维是人脑对客观事物概括的和间接的反映。在日常生活中可多次看到：在太阳照射的地面上洒水，水一会儿就干；洗好的衣服经太阳一晒，也会变干；火炉上烧水，不仅水开了冒气，时间长了还会烧干。在这些经验的基础上，通过思维就能够概括地认识到水经加热之后的变化，即水加热到一定温度就会蒸发。

所谓间接的反映，就是以其他事物为媒介，借助于已有的知识、经验来反映客观事物。比如，虽然未看见雨滴、未听到雨声，但早晨起来见房顶、地面潮湿，就能推知昨晚下过雨。

应该说，思维是人的高级认识活动。通过思维，人们可以认识感知所不能直接反映的事物，能透过现象看本质，掌握事物之间的规律性联系，并可借助于一事物了解其他事物，间接地预见和推知事物的发展。卡尔3岁时，有一次拿起笔在一个新本子上横七竖八地画起来：2-2＝0，4-4＝0，13-13＝0，16-16＝0。在好端端的本子上乱画一通，但卡尔兴冲冲地说："妈妈，同数相减等于零。"使我和他妈妈大为震惊和高兴。

思维超常的孩子还常常表现出良好的思维品质。卡尔两岁前就表现了思维的独立性。在玩积木时，每次均是花样翻新，5岁时造句从不抄袭老师示范的句式，在听过老师的解题方法之后，常常会试着用另一种方法去解题。

所以，尽管他解题的结果有时与别人不相同，而解题的思路、方法、步骤却有其独到之处，而且思维的逻辑性十分出色。可见，发展孩子的思维能力十分重要。那么，如何掌握好孩子的思维特点呢？

父母们必须清楚孩子的思维与成人大不相同，孩子的思维活动一开始是以实物和活动为基础的，思维在具体的感知和行动中进行。孩子看见了布娃娃才会想起用布娃娃做游戏。如果妈妈拿走了布娃娃，孩子的思维也随着布娃娃一同消失了。当抱着心爱的布娃娃做游戏的时候，倘若没有看见奶瓶、小勺、小碗，他就绝不会想到给布娃娃"喂饭"、"喝水"。生活中还常常发生这样的现象：当您给孩子一套积木，要求他先想好怎样搭以后再开始玩时，孩子却愤愤不平地抗议："我不要想，我要搭！"当一块块积木累积堆高了，孩子会高兴地叫起来："啊，房子！我在造房子！"这种现象很正常，因为孩子不会先想好再行动，而只能是一边行动一边想，一旦动作停止或转移，思维活动也就停止或转移了。这种直觉行动思维的典型特征正是人类思维的初级形态，一般大约发生在3岁左右的孩子身上。

当长到了3岁以后孩子的具体形象思维逐步发展起来。这一特点在5岁左右的孩子身上表现得尤为突出。这种思维主要是依靠具体形象和已有的表象来进行。当孩子思考“3+4 =？”时，其头脑中思考的必然是“3根香蕉加4个苹果”或“3颗糖加4颗糖”。孩子6～7岁时，随着语言的发展和知识经验的增长，开始在孩子的大脑中出现抽象逻辑思维的萌芽，也就是说开始依靠概念、判断和推理进行思维了。最明显的表现是，他们对事物的了解不仅停留在现象上，而且常常是“追根究底”，提出的问题涉及事物的本质或事物之间的相互联系。卡尔有时会问:“星星为什么不从夜空中掉下来？”“下雨前蚂蚁为什么要搬家？”令人难以招架。此外，卡尔还能结合生活中的一些具体实例，理解和掌握“勇敢”、“认真”、“团结友爱”、“互相帮助”等一些抽象概念。当卡尔不慎重重地跌了一跤，他会强忍疼痛，竭力装得若无其事的样子，嘴里自我标榜:“我很勇敢，我才不怕疼呢！”那副天真的模样让我忍俊不禁。

数学和科学技巧的培养

在读书的过程中，植物学、动物学、地理学，都可以到大自然中去实地接触，在游戏玩乐中就学到许多东西，孩子的兴趣自然高涨。唯有数学，它是一门纯抽象的学科，只能依靠自己的思维能力，好动爱玩的孩子会觉得太枯燥。

我儿子刚开始也不喜欢数学。尽管我早已通过游戏法很容易地教会了儿子数数和数字，并用做买卖的游戏很容易地教会了他钱的数法，然而，当我要教他乘法口诀时，却碰到了麻烦：儿子有生以来第一次厌弃学习。由此可见，即使是已到5岁左右的孩子，也是不喜欢死记硬背的。后来我把口诀编成了歌词供他唱，他还是不喜欢。

这时我真是有些担心了。当时儿子才 5 岁，已经能用 3 个国家的语言说话，还懂得动物学、植物学、地理学，他在神话、历史和文学方面已达到初中毕业生的水平。可是，他在数学方面却很弱，连乘法口诀都不会。他是否在学业上有所偏向了呢？一个偏科生显然不符合我培养孩子的理想。我的理想是使儿子均衡发展，在成材的同时真正感到幸福。片面发展的人不可能成为真正幸福的人。

那段时间，我为儿子对数学不感兴趣而苦恼。尽管如此，我还是没有强制儿子死记硬背乘法口诀，因为我坚信强制是行不通的，并容易扭曲孩子的性格。

我的苦恼被一次与罗森布鲁姆教授的幸遇而解开了。罗森布鲁姆教授是格拉彼茨牧师的朋友，是一位数学教授，他的数学教学技巧相当高明。一次，我去看望格拉彼茨牧师，在他家里幸遇了罗森布鲁姆教授。

在听了我的担心后，罗森布鲁姆教授一语道破了问题之所在："尽管你儿子缺乏对数学的兴趣，但绝不是片面发展，而是你的教法不对头。因为你不能有趣味地教数学，所以他也就没兴趣去学它。你自己喜好语言学、音乐、文学和历史，所以能有趣地教这些知识，教授动物学、植物学和地理学你也很有一套，你儿子也就能学习。可是数学，由于你自己不喜欢它，因而就不能很有兴趣地教，你儿子也就厌恶它。"接着，这位杰出的学者十分热情地教给我一套教数学的方法。我用这些方法教儿子数学后，效果非常好。

这位学者的建议首先是让孩子对数学产生兴趣。例如：把豆子和纽扣等装入纸盒里，父子二人各抓出一把，数数看谁的多；或者在吃葡萄等水果时，数数它们的种子；或者在帮助女佣人剥豌豆时，一边剥一边数不同形状的豆荚中各有几粒豌豆。

我们父子俩还经常做掷骰子的游戏。最初是用两个骰子玩，玩法是把两个骰子一起抛出，如果出现 3 和 4，就把 3 和 4 加起来得 7 分。如果出现 2 和 4、3 和 3，就得 6 分。这时就有再玩一次的权利。把这些分分别记在纸上，玩 3 次或 5 次之后计算一下，决定胜负。

卡尔非常喜欢这类游戏。当然，在儿子投入到这种游戏的乐趣中以后，我仍按罗森布鲁姆教授的建议，每次玩游戏不超过一刻钟。理由是所有数学游戏都很费脑力，一次超过一刻钟就会感到疲劳。在这一游戏玩了两三周以后，我们又把骰子改为 3 个、4 个，最后达到了 6 个。

接着，我们把豆和纽扣分成 2 个一组的 2 组或 3 组、3 个一组的 3 组或 4 组，把它们排列起来，数数各是多少并把结果写在纸上，然后把这些做成乘法口诀表挂在墙上。这样一来儿子就懂得了二二得四、三三得九的道理，而且非常高兴。更复杂的游戏可以依此类推继续做下去。

为了使儿子将数学知识运用于实际，我还经常给他做模仿商店买卖情景的游戏。所卖的物品有用长短计算的，也有用数量计算的，还有用分量计算的，价格是按着实际的价格，钱也是真正的货币。我和妻子常常到儿子开办的“商店”买各种物品，用货币交付，儿子也按价格表进行运算，并找给我们零钱。

就这样，我按照罗森布鲁姆教授的方法施教后不久，儿子就对数学产生了浓厚的兴趣。一旦有了兴趣，以后的教学就像流水一样，从算术开始一直到顺利地学会了代数、几何。到后来，儿子就不仅是有兴趣了，他简直就爱上了数学。

从卡尔很小开始我就有意识地教他加快头脑运转的速度。同样一个问题，每个人的反应速度是不一样的，在保证准确性的基础之上，反应速度快的人智商显然要高于反应速度慢的人，他们所获得的机会当然也高于后者。

决定成败的一个重要因素是心理活动的速度。我们来看一个最简单的题目：说出数列 3，6，9，12……在这个题目上，没有人会感到困难，也没有人会出现错误，但是，有的人可能在几秒钟内说出十几个数字，有的人则只能说出几个。这种速度上的差异，将在那些难度较大的问题上得到同样的表现。也就是说，对容易问题回答得快的人，对困难问题的回答也快，反之亦然。这种普遍存在的心理活动的速度差异，是决定智力差异的基本的和固有的基础。

卡尔灵活敏捷的头脑完全得益于日常训练。他头脑高效地运转和反应不仅仅体现在数学方面，还包括作文造句和对自然知识的了解上。而他对事物思考和判断的准确快捷也已初见端倪。

有一天，我准备带他去旅游，临行前铺开地图和卡尔研究：

“我们去西海岸，如果我们这样走的话花 500 马克，但要耗时 2 天，如果从这边这条路线走则需 720 马克，耗时 1 天半……”

我思前想后，有点儿犹疑不定。

卡尔突然开口说道：

“爸爸，你只考虑了地上的路线，我们完全可以乘船走啊。”

卡尔有条不紊地分析着，很快安排出一条最便捷、沿途风光也最美的路线。而此时，谁能想到这个孩子年仅 5 岁呢？

后来儿子的数学能力甚至得到了督学官的肯定。

有个位于外地的督学官克洛尔先生到哥廷根的亲戚家去做客。他在来哥廷根之前就已经从报上和人们的传说中知道了卡尔的事，到了亲戚家后知道得就更详细了。因为他的亲戚和我们有密切的来往，非常了解卡尔的情况。克洛尔先生想考考我的儿子。为了得到这一机会，就拜托他的亲戚请我们父子去。

我接受了邀请带着儿子去了。

克洛尔先生提出要考考我的儿子。按照惯例，我也要求他答应我的条件，即：“不管考得怎样，决不要表扬我儿子。”

商量妥当，就把卡尔叫进来，考试开始了。

克洛尔先生先从世故人情考起，然后进入学问领域。卡尔的每个回答都使他感到满意。最后开始了克洛尔先生所擅长的数学考试。

由于卡尔也擅长数学，所以越考越使克洛尔先生感到惊异。每一个题我儿子都用两三种方法去完成，也能按照克洛尔先生的要求去解题。到了这一阶段，克洛尔先生已不由自主地开始赞扬他了。

我赶紧给他递眼色，他这才住了口。

但是，考试还未结束，由于他们两人都擅长数学，考着考着就进入了学问的顶峰，并最终走到克洛尔先生难以驾驭的程度。

这时，他竟不由自主地叫了起来："哎呀，他已经超过我了。"

我想，这下坏了。于是我立即给现场泼冷水："哪里，哪里，由于这半年儿子在学校里听数学课，所以还记得。"哪想到克洛尔先生兴致不减，又拿出更难的题来考他："你再考虑这道题，这道题欧拉先生考虑了三天才好不容易做出来，如果你能做出来，那就更了不起了。"

听了这话，我开始担心起来。

我并不是怕儿子做不了那么难的题，而是担心如果儿子真的把那道题做了出来，就由此而骄傲起来。

可是，我又不好说"请不要做那道题了"。因为克洛尔先生不太了解我们，怕引起他的误解，以为我害怕儿子做不出那道题才这样说的。

我只好故作镇静地看着。

那道题是一个农夫想把如下图所示的那样一块地分给三个儿子，分法是要把它分成3等份，而且每个部分要与整块地形相似。

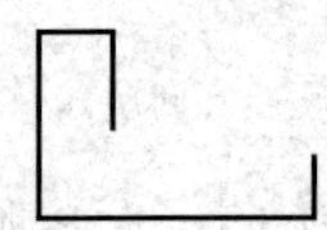

克洛尔先生把问题说明后，就问我儿子有没有听说过，或者是在书上看到过这道题。儿子回答说没有。克洛尔先生说："那么给你时间，你做做看。"

说完，他拉着我的手退到房间里面，对我说："你儿子再聪明，那道题也很难做出来，我是为了让他知道世界上还有这样难的题。"

可是，克洛尔先生的话音刚落，就听到儿子喊道："做出来了。"

"不可能。"克洛尔先生说着走了过去。

儿子向他解释说："三个部分是相等的，而且各个部分都与整块很相似，对吗？"

这时，克洛尔先生有些疑惑地说："你是事先知道这道题吧？"

儿子一听就感到委屈，含着眼泪反复声明："不知道，不知道。"

看到这种情况，我再也不能沉默了。

我向克洛尔先生保证："我儿子做的一切，我全都清楚。这个问题的确是第一次遇到，更何况我儿子是从不撒谎的。"

这时，克洛尔先生赞不绝口地说："那么你的儿子已胜过欧拉这个大数学家了。"

第五章

给孩子游戏和成长的空间

游戏是人在儿童阶段中最纯洁的、最神圣的活动。游戏给人快乐、自由、满足，内部和外部的平静与整个世界的安宁。一个能够痛快地、有着自动的决心坚决地玩游戏、直到身体疲劳为止的儿童，必然会成为一个完全的、有决心的人。

我用游戏的方式教育儿子

游戏是动物的本能，所有动物都喜欢游戏。小猫戏弄老猫的尾巴，小狗和大狗互相咬架，这是为什么呢？根据动物学家的研究，小猫戏弄老猫的尾巴，是为了发展它将来捕捉老鼠的能力；而小狗和大狗互咬也是为了发展它将来能咬死野兽的能力。显然，动物训练下一代是在游戏中进行的。

我对儿子的教育都是采用游戏的方式进行的。首先，当他满 6 个月时，我就在他的房间四壁大约 1 米高的地方贴上厚厚的白纸，白纸上贴上用红纸剪下的文字和数字。在白纸的另一块地方，有秩序地贴上简单的单词，如：猫、狗、老鼠、肥猪、兔子、帽子、席子、桌子、椅子等。请注意，这些单词都是名词。在另一处并列贴上从 1 到 10 的 10 行数字，在某处画上乐谱图。

因为婴儿的听觉比视觉发达，我决心对儿子从听觉入手教 ABC。当我指出 ABC 字母时，我妻子就像唱歌似的唱给儿子听。当然，因为卡尔毕竟只是 6 个月大的婴儿，所以，他的感觉就像听耳边风似的。但我们不泄气，天天给他听，给他看，终于奏效了，儿子对字母有了深刻的印象，这使他后来学认字时非常轻松就会了。

我通过游戏训练他的正确发音，让他准确地说出一些常见的同义词、反义词，很快地丰富词汇。像“动物怎么叫”，或让他“指出相同颜色的物品”、“说出正反词”等就是属于这类语言训练的游戏。

儿子的注意力、观察力、记忆力、想象力、操作能力都是通过游戏玩出来的。智力游戏就是这种玩的重要方式。

在对卡尔的教育里，我将知识融入他的游戏之中，把着眼点放在认识事物、传授和巩固知识上。儿子通过这些游戏，自然会加深对事物的认识、了解，并且巩固这方面的知识。像“哪儿错了？”“什么动物吃什么？”等就属于这种情况。

有一次，我把儿子带到豚鼠笼边，事先准备了奶酪、糖果和生菜，接着，我问儿子：“豚鼠喜欢吃什么？”儿子也不能确定，于是就自己把几样食物放进笼子里面，过了一会，儿子兴奋地得出了答案：“它喜欢吃生菜。”这个答案就是儿子自己发现的。我又问儿子：“豚鼠是看到生菜，还是嗅到的，还是听到的呢？”儿子摇头说不知道。我就让儿子把生菜嚼得“嘎吱嘎吱”响，可是豚鼠根本没有反应。我又让儿子把绿纸和生菜放在一起，但豚鼠还是辨别出了真正的生菜，于是结论是豚鼠是嗅到的。

如果我问儿子：“豚鼠喜欢吃什么？”儿子不知道，然后我念：“豚鼠吃生菜”，儿子也跟着念三遍，儿子恐怕连豚鼠是什么样子的都不知道，又怎么可能巩固和深化学到的知识呢？

有的游戏，我让儿子看清楚桌子上盘里放的东西，然后让他闭眼睛或用遮盖物盖住东西，悄悄地取走或调换物品，再让孩子仔细观察，说出取走或调换的物品。问他“什么东西不见了”、“什么东西变了”等。这类游戏能够训练和发展孩子的观察力、注意力、记忆力和思维能力。

有时我会让儿子闭上眼睛，让他仔细听我击掌、敲桌子等，然后叫他说出敲、击的数目。以这样的方法来训练他的注意力、记忆力和观察力。

我和儿子玩这些可以开发智力的游戏时，多是从他的角度出发，从不急于求成。因为我知道，如果去做一些儿子不能接受的事，往往会得不偿失。

为巩固儿子的观察力，我经常和他玩“注意看”的游戏。游戏是这样的：

我用一只手抓住五六根彩色的带子在他眼前一晃而过，并问他有几根。开始时，我在他眼前晃过的速度比较慢，让他有足够的时间注意看它们，后来，速度越来越快，到最后，这个动作只是眨眼间的事。由于我对他循序渐进地训练，起初他还不能完全判断准确，但在后来他十有八九都能说对。

这种游戏，往往是我和他一起玩的。如果他说对了，就由他来考我。最初他输的时候比较多，可到了后来，输的便总是我了。每当这时，我的童心大起，并开始责怪我自己的父亲，为什么他在我小时候不这样训练我呢，否则的话，我也不会常常输给儿子了。

有一次，我手中拿着8根带子。由于数量较多，开始时儿子总是说不对，他着急得几乎要跳了出来。

“卡尔，我看今天放弃吧。”我对儿子说。

“不，爸爸，请您再来一次。”卡尔坚决要再试一次。

我为了不让儿子失去信心故意把速度放慢了一些。

“不，太慢了，我能看到有 8 根带子。这么慢，谁都能看到。你再换个数目，还是要像开头那么快才行。”卡尔一下就看破了我的“花招”，并竭力要求不能降低难度。

没有办法，我只能照着儿子说的去做。这回我把带子换成了 7 根，仍然保持最初极快的速度。

第一次，儿子没有说对。第二次，儿子说没有看清楚，说再来一次。第三次，仍然毫无结果。

“算了，卡尔，我想是数目太多，似乎太难了些。”我劝儿子停下来，“恐怕爸爸也说不出准确的数目。”

“不，再试试。”儿子坚持到。

就这样，我们一次一次地做下去。

最后，到了第 18 次的时候，儿子终于说对了。我肯定他不是瞎猜的。因为从他的神态中我看到了抑制不住的喜悦。

后来，轮到儿子来考我，三五次下来，把我弄得晕头转向，不得不服输。

这种“注意看”的游戏还有许多。比如，我给儿子一个有各种图案的小花瓶，让他观察一分钟，然后叫他背着花瓶说出上面有几朵花或有几条鱼的图案。由于经过了长期的训练，他总能准确地说出来。

有时我还把他带到一个房间中待一会儿，让他仔细观察房间中的东西，然后让他出去。之后我把房间中的某件东西拿走，或是在房间中摆放本来没有的东西，然后又把他带到那个房间中，叫他说房间中的变化。比如，他会说，“少了一个水杯，多了一把扇子……”

有一次，我干脆采用了一个“捉弄”他的方法。

像往常一样，我和儿子一同走进厨房，并让他观察里面的摆设和事物。然后，我让他离开一会儿。

不久，我又让他回到了厨房。

我站在门外，让他独自进入厨房的门，并问他："这回有什么变化呢？"

"唉，有些奇怪……"儿子东看看西瞧瞧，似乎在想着什么。

"没有什么变化呀！"儿子对我说。

"不，肯定有变化，你再看看。"我笑着对他说。

其实，他离开厨房的时候，我的确没有动厨房里的东西，没有增加，也没有减少。但变化肯定是有的，就看儿子能不能意识到。

由于我告诉儿子说肯定有变化，他就更加仔细地观察。

我在门外忍不住笑了起来。

"爸爸，你笑什么？肯定没有变化，你在捉弄我。"儿子不高兴了。

"不，肯定有变化。"我对儿子说，"再看看，那么我给你一个提示，厨房中是少了某个东西。"

我靠在厨房的门框上，冲着他笑。

这时，卡尔忽然意识到什么。他仔细地看了看我，发现我虽然靠在门框上，却没有向门里跨进半步。

"哇！爸爸，你真坏。"儿子大叫起来，"好啊，你敢捉弄我，原来厨房里少了个大坏蛋。"

儿子这时完全明白了，厨房中的东西什么也没有变化，只有少了我。因为第一次进厨房时，我是和他一块进去的，可第二次我没有进去，始终站在门外。

我平时就是这样和儿子一起游戏，一方面训练他的观察力，一方面训练他的反应能力。

那么培养孩子想象力的方法有哪些呢？

父母们可以从给孩子讲童话、神话开始。记住，谨慎选择这些故事，不要让暴力的、负面的内容过早进入孩子的心灵，也不要选那些平淡无奇、毫无新意的故事。在故事结束之后，应当与孩子共同讨论其中的内容，甚至尝试着和孩子一起改编故事的结局。

有一天，儿子和邻居的孩子们一起玩捉迷藏的游戏，小伙伴们都是选择有遮掩的地方，往往躲在门后面或者是院子里的灌木丛中。由于平时都是这样，所以往往很容易被发现。这一次卡尔充分地展开自己的想象力，他并没有藏在通常的地方，而是用一块很大的花布将自己包裹起来，堂而皇之地躺在沙发上。

躲着的孩子们一个个地被发现，只有卡尔一个人藏得很隐秘，始终没有被找出来。游戏结束后，孩子们仍然没有找到他，于是开始着急起来。他们找到了我，对我说卡尔失踪了。

当时我也感到很奇怪，房间只有那么大，卡尔会躲在哪里呢？是不是跑到外面去了？可是在他们玩游戏的时候我一直在房门口，并没有看见他出去。

“卡尔，你赢了，快点出来。”我在房间里大喊起来，可是始终没有看见他。

孩子们一边喊一边在房间中四处寻找，但没有发现卡尔。大家都为这件事感到奇怪，都说卡尔一定是消失了，否则不可能找不到他。

我和别的孩子们无奈地站在客厅中，猜测他到底躲在了哪里。突然，我听见隐隐传来的声音，那是卡尔的笑声。

在那一瞬间，我发现了沙发上胡乱卷放的一堆花布。原来是这样，原来躲在这里。由于他当时身体很小，再加上他蜷缩在角落之中，所以不仔细察看，根本无法找到。

我问儿子：“你怎么想出了这个办法？”

儿子说：“别人总认为我会躲在某个不易找到的地方，我却偏偏就待在客厅中最显眼的位置上，你们谁都没有想到，不是吗？我之所以想出这个方法，完全靠我与别人不同的想象力。爸爸，你不是对我说过想象支配整个世界吗？现在我首先用想象支配捉迷藏的游戏。”

在游戏中培养孩子的各种能力

在儿子的成长过程中，我经常带他去参加各种活动，让他感受外部世界，丰富他的感性经验。我不断地诱导他用看、听、说、做、尝等方式参与游戏活动，让他养成善于观察的习惯。我还在游戏之中加强对儿子的语言指导，促使他用语言的作用去分析已感知到的事物，以便有效地提高和发展他的观察力。

在与儿子游戏之中我还发现，丰富多彩的东西容易引起他的注意力，而枯燥乏味的活动容易造成他的注意力分散。游戏在孩子的心目中占有重要地位，只要游戏有浓厚的趣味，孩子就会乐此不疲，全力以赴。

注意力是伴随感觉、知觉、记忆、思维和想象等心理过程的一种心理特征。注意力的集中和分散，对孩子的发展影响非常大。一个漫不经心、注意力不集中的孩子能够取得大的成就，是不可想象的，所以对于儿子，我非常着重培养他的注意力。我尽量把游戏做得有趣，这样很容易集中他的注意力。

在游戏之中，我还尽力去培养儿子的记忆力。因为记忆在孩子心理发展过程中具有重要的作用。孩子通过记忆感知过去的经验，在大脑中留下印象，从而促进心理的发展。记忆力的差异主要表现在记忆速度、准确性、持久性、准备性和灵活性上。记忆对于孩子的个性、情感、意志等都有重要意义。

为了培养儿子的记忆力，我绞尽脑汁，想出了很多办法，也取得了很大的成效。

我细心地为儿子提供丰富的游戏材料。我发现那些具体、直观、生动的形象会唤起他对过去感知过而非眼前的事物的记忆，经过不断地重复，他的记忆就非常完整和准确了。我时常运用语言对行为和实物进行描述来唤起他的记忆，因为孩子的头脑中，形象与语言、词语的关系是十分密切的。

有了很强的注意力和观察力，儿子的记忆力很容易得到很快的发展。到后来，只要他见过的东西都记得非常清楚。

每当我和儿子经过某个地方，过后我就会要求儿子把刚才见到的东西说出来。比如，当我们经过水果店后，我就会问他，水果摊上都有些什么水果。

每当这时，他就会掰着手指说："有苹果、梨子、茄瓜，还有葡萄……"

我发现，这一类的游戏对发展儿子的记忆力十分有效。在卡尔 5 岁时，他几乎能做到对任何事物都过目不忘。只要他看过的书，除非是太难太长的，他都能一字不差地背诵下来。这些事时常让他周围的人感到非常惊讶。

有一天，我们家来了一位客人。他是我的老同学，现在是一位有名的儿童教育专家，我称他为大胡子比利，因为我的那些同学都是这样称呼他的。

大胡子比利曾在儿子两岁的时候见过他，现在已经有 3 年没有见到了。由于儿子非常可爱，大胡子比利一进门就把他抱了起来。

"哦，先生，您的胡子怎么不见了？"卡尔一开口就问他这个问题。

虽然比利有大胡子的绰号，但他在一年前由于皮肤发炎而早已不留胡子了。他非常奇怪地问卡尔："唉，你怎么知道我曾有胡子？"

"我当然知道的，我小时候见过您，那时可把我吓坏了。"小卡尔非常调皮地对他说。

"你的儿子真不得了，"比利对我说，"我记得 3 年前我只是很短暂地和他见了一面，没想到他居然到现在还记得我。”

大胡子比利对我说，他见过很多孩子，但从来没有见到观察力和记忆力这么好的孩子。他还问我是不是儿子天生就有这种才能。

当我给他讲述了我对儿子的训练方法后，大胡子比利非常吃惊。他决定把这种方法应用到他对儿童的教育上，并积极向他的同行们介绍推广。

如果孩子在游戏中表现出超常能力，我就及时增加难度，让他有快速的进展。如果他表现欠佳，我也不着急，只是想办法给予他更多的关心和帮助，激发他的兴趣，让孩子从成功的欢乐之中增加信心，不断进步。

我在对待儿子的游戏上，尽量做得浅显易懂，选择那些儿子可以理解的，或者见得到的东西或事物，我尽量让游戏具体、直观、形象。还让他做些小实验，亲自去发现一些东西。

在开发孩子智力的游戏中，父母应该结合孩子的年龄特征和实际水平，有效地选择和编制这种游戏。游戏的内容不能太容易也不能太难，否则将不会发生正面作用。当卡尔三四岁的时候，我主要采用具体形象、实物跟动作相联系的方法。等他长到四五岁时，难度增大了一点，内容加深了一些，但都是他经过努力可以完成的。我从来不用少见或怪异的问题去为难他。

儿子根据自己有限的知识和生活经历，选择自己喜欢的主题和内容，选用自己喜欢的东西和材料。他虽然是以模仿为基础，但可以充分发挥自己无拘无束的想象力，创造性地构建自己的生活。

在这种游戏中，我让儿子毫无拘束、主动积极、生动活泼地模拟和创造他所体验的世界。通过游戏，让他对自己所体验到的世界加深认识。我时常让儿子自己构思主题、安排情节、分配角色、制定规则。我要他自己去构思、去策划、去组织、去实施。在整个过程中，孩子的创造能力和解决问题的能力会得到充分的发展。在玩的过程中，我和儿子友好相处，相互协调，有时和他一起出主意、想办法。这样，他的协调能力会得到很好的发展。

在孩子的生活当中，很多事情都会使他们感兴趣，很多事都会成为他们最好的游戏。下雪的时候，孩子去堆雪人；下雨时，他会去挖沟渠。他还会用雪堆建神秘的城堡、雪人、雪墙、雪老虎，似像非像，妙趣横生。孩子冻僵了手，冻麻了腿，但仍然乐此不疲，如痴如醉。

卡尔小时候很喜欢的一种游戏就是搭房子。在游戏之中，他逐渐对前后、左右、上下、中间、旁边等空间有了认识，逐渐形成了高矮、长短、厚薄、轻重、大小等观念。在这种过程中，他学会了有计划、有步骤地进行设计，既有了成就感，也增添了无穷的乐趣。

在搭房子的过程中，孩子必须手脑并用，肌肉得到了锻炼，手眼得到了训练，他的动手能力大大增强，手巧而心灵，潜力也得到了充分的发挥。由于在着手之前，脑子里面先要有个形象，于是在这种游戏之中孩子也发展了他的形象思维能力。

每当卡尔玩这种搭房子的游戏时，我都要给他很多的帮助。我时常引导他对搭建的对象加以充分地想象，告诉他想象得越具体越好。有时我利用现有的模型、图画去加深他头脑中的形象。这不仅有利于游戏的顺利进行，更主要的是开发了他的形象思维能力。

我积极地为卡尔的“工作”创造条件，面对我的支持，他会更好地调动潜在的能力。我还给他讲一些有关结构建筑的基本知识和基本方法，告诉他怎样将木块铺平，怎样去延伸它们，怎样才能达到合理的受力效果，等等。

我认为，孩子的各种能力都应该从小培养。有人认为像创造力这样的东西应该在孩子长大后才会具有，这完全是个谬论。其实，当一个孩子开始懂得玩耍时，他的创造力就已经开始了。

大多数孩子都喜欢玩泥巴，他们将泥巴揉来捏去，堆出自己想要的形状，这其实是孩子在用最原始的玩具表现自己的创造力。可这使很多父母深感不快，一方面被弄脏的衣裤使父母繁重的家务劳动增加了分量，而另一方面孩子脏乎乎的模样似乎成为其未受过良好家庭教育的证明。父母们竭力阻止孩子玩泥巴，以便孩子保持干净整洁，却不知孩子创造力的发展也因此受到影响。

一位儿童教育专家奉劝道：“与其阻挠孩子玩泥巴，不如创造条件和孩子一起来玩，只要告诉孩子不要把脏手放进嘴里，玩完以后把手洗干净就可以了。完全不必对孩子玩泥巴大惊小怪，这是他表现自己个性和创造力的好机会。”

让孩子在游戏中学会与别人合作

在卡尔的成长过程中，我非常注重观察他内心世界的变化。在卡尔和小朋友的游戏过程中，我也注意用各种方式培养他和他人合作共处的意识和技能。其实，在孩子不断地与人合作的过程中，关键在于引导孩子关注自己与人交往、与人合作的方式，关注自己对待他人的基本观念。从一开始，我就注重在游戏中培养他的品性，因为个人的成功与否不光是与他们学识和能力有关，性格往往也是决定成败的关键因素，而孩子与别人相处的本事，很大部分源自于在游戏中走出自我的世界，学会与别人合作。

在卡尔 3 岁时，我的一位亲戚来我家做客，他带来了自己的小女儿，也就是卡尔的小表妹。起初两个孩子在一起相处得非常好，由于他们年龄相差不大，又是早已听说过的兄妹，所以在一起极为投缘。可是，在一起待了两三天，他们之间就开始产生矛盾了。

有一天他们在外面的院子里玩，卡尔正在用那些木块搭建房屋，小妹妹也在兴致勃勃地给他帮忙。

卡尔像一位工程师，指挥他的表妹做这做那。开始一切都很正常，可是后来小表妹就不听他的话了。她非要把一块圆形的木块放在卡尔没有指定的地方。他们在外面僵持了很久。小妹妹把木块放上去后，卡尔一定要把它拿下来，但小妹妹偏不妥协又重新把它放上去。这样你来我往的不知多少次，最后终于开始争吵起来了。

我和亲戚听见他们的争吵，赶忙跑了出去。

卡尔怒气冲冲地坐在地上，而小表妹在那儿哭，哭得非常伤心。

“怎么啦，卡尔？”我严厉地责问他。

“她不听话。”卡尔说道。

当我弄清楚是怎么回事后开始开导卡尔：“卡尔，你比妹妹大，就应该让着她。那块圆形木块放在那儿不是挺好吗？”

“不，那样不好看。”儿子坚持到。他说完就冲过去一脚把还未搭建完的小房屋踢翻，然后头也不回地向房间快步走去。

儿子的做法让我感到吃惊，我还从未发现他有这么任性，也从没见过他发这么大的脾气。

面对这样的情况，我并没有发怒，也没有立即去理会儿子，而是把坐在地上哭的小侄女抱了起来。

晚上吃饭的时候，我特意把儿子和小侄女安排坐在一起。

“儿子，你今天怎么那样对待妹妹呢？”我问卡尔。

“我又没有对她不好，只是因为她不听我的话而气愤。”

“为什么她一定就要听你的话呢？”我问。

“因为她不懂，而我很精通搭建筑。”儿子回答。

“妹妹在搭房子时捣乱了吗？”我问。

“没有。可是我认为那块圆形木块放在那儿不好看。”儿子回答。

“可是你想过妹妹为什么要那样做吗？”我问。

“没有。”

“我认为，妹妹之所以那样做是因为她觉得那样好看。”

“可是……”

“卡尔，你平时一个人搭建筑的时候，我们都没有管你，是要你独自发挥想象力。可是今天不同了，既然妹妹也在参与这件事，你为什么不能给她发挥想象力的机会呢？”

“我……”

“今天你和妹妹在一起，不仅应该玩得很高兴，还要充分发挥你们两个人的能力去把房子搭得更好。你要记住，一个人的能力是有限的，要想把事情做得完美，就要集合很多人的力量。妹妹有些地方不会，你应该耐心地教她，而不是任性地胡闹。你想想，如果你有什么地方不懂，而我不耐心地指导你却跟你发脾气，会有什么后果呢？”

我说完后，卡尔一言不发。但我知道他已经明白了我的意思。

第二天，卡尔和小表妹又在一起愉快地玩耍，并且他们合力搭起了一座极为壮观的“宫殿”。

有时候卡尔和朋友们一起进行游戏，这时候卡尔就会体现出他的合作意识来。他们的游戏是组装动物，比如大灰狼，在半小时的时间内，4 个人彼此合作将各个部件组装成形。

这完全是一种自发分工的场面。至少有 4 种独立的工作要一个人来完成：从分别放着各种部件的箱子中取出部件，送到组装地点；再按照拼图的要求摆放各种部件的先后顺序，并递给负责组装的人；一个人专门负责组装牢固，另外 3 人必须随时搭好未完工的大灰狼，以免它倒地摔碎。尽管合作性游戏大家已经做了很多，面对新的任务分工，孩子们仍然要经过一段时间的相互磨合和探索。

卡尔一直都很擅长组装工作，他满心希望亲手组装大灰狼，可是分工时科林、伦道夫和安都想当最后的“工程师”。4 人间确实争执了一会儿，看到时间已经过去了很多，他们仍然各不相让。看看时间，卡尔立刻下了决定，他说：“那好，我去开箱子，取各种部件。再不动手，我们就要来不及了。”

科林也忽有所悟，说：“那么，我就来负责摆好各种部件的顺序，并负责给安递部件。伦道夫，你的耐性好，你去取部件吧，由卡尔和安负责组装。这样分工，你们看怎么样？”

伦道夫和安也都同意了，因为时间已经不容许大家再犹豫。经过卡尔的首先妥协立场，大家很快确定了分工的方式。分工确定后，组装工作也就有条不紊地开展了。他们终于在40分钟内完成了组装，一只野性十足、栩栩如生的大灰狼展现在4个孩子的面前，直冲他们龇牙咧嘴。

我告诉儿子：游戏只是游戏

有些孩子由于没有得到家庭细致的教育，不懂得是非善恶。由于父母没有给他们最好的度过童年的方式，他们闲散、无聊。他们不知道世界上有许多美好的东西，他们不知道读书，不知道书本的魅力，更不会在文学、艺术中得到快乐。

由于没有人给他们任何的指导，他们怎样去度过本应该美好的童年呢？有的孩子成天无所事事，有的孩子以打架和欺负别人为乐，更有的沉浸在邪恶的赌博之中。在我眼中，我丝毫看不见这些孩子有什么美好的未来。

这些孩子是不幸的，因为他们没有受到父母的良好教育，没有一个能给他们有意义童年的家庭。

有人会说，孩子的性格和才华都是天生的。他们经常说：“我的那个孩子坏透了，简直不学好，怎么教他都没有用。”每当听到这样的说法我都感到悲哀。你自己都不相信孩子，弱小的孩子还会有什么好的发展呢？

我可以毫不客气地告诉这样的父母：你们不配做父母，孩子本身是好的，他们的一切过错都归结于你们。

由于上述的各种原因，在卡尔对同伴的选择上我表现得非常严格。我尽力将他和那些有相同爱好的孩子组合在一起，他们可以在一起就某个问题进行探讨，可以相互之间学到一些好的东西。

我经常看到卡尔和某个孩子一起朗诵诗歌，扮演某个戏剧里的角色，有时候会为某个问题进行争论。每当这个时候，我绝对不会去打扰他们，并为此而感到欣慰。

放任不管就会使孩子不加选择地和任何一个孩子一起玩，从而有可能沾染上各种坏习惯，有时还有可能会学坏。我常常看到一些没有管束的孩子们聚在路旁赌博，他们在一起打架斗殴，互相用肮脏的语言谩骂着。不知有多少次，我去劝说这些孩子，也不知道为他们拉过多少次架。

每当看到这样的情景，我都感到非常的寒心，他们本可以接受很好的教育，成为有礼貌、有学识的孩子，可他们并没有那样。

这些孩子很不懂事，常常互相抛甩石头，结果造成流血、受伤，甚至眼睛被打坏而致残，这是多么可怕的事！即使是抛雪球，有的孩子也去选那种像石头一样硬的冻雪块，使对方受到各种危害。

我看到那些瞎眼睛、缺鼻子、少指头、坏了脚的孩子时，就常常询问其原因，其结果大都是由在玩耍中受伤所致。这使我时常感到心惊肉跳、毛骨悚然。

卡尔曾经也有一群小伙伴，可当我发现那帮孩子有多么粗野时，便再也不让儿子与他们玩了。

在这里，我并不是想说那些孩子本身有什么不好，但孩子毕竟是不懂事的，由于没有大人对他们做出指导，他们经常做出一些傻事来。

安迪是一个健壮的男孩，可以说是那一群小孩子的领导人物。他又威严、聪明，而且有非常强的组织能力，他经常带着那些比他稍小的孩子玩打仗的游戏。

或许安迪天生就有这种才能吧，他把自己的“军队”管理得井然有序。但是有一天，这位“英雄”终于被“敌人”打倒了。

那天，安迪将小伙伴们分成两部分玩攻城堡的游戏。安迪带领五六个小朋友守城堡，另外的几个人扮作攻城的敌人。

安迪挥舞着他的宝剑——一根木棍，英勇地站在一辆拉货的马车上。他一手叉腰，一手拿剑，他将两只脚踩在高大的马车轮上，口中喊着自己的同伴:“把敌人打下去……”这真是一副大英雄的气派。

当时儿子卡尔也在其中，他和安迪并肩作战。“敌人”将石块、树枝向他们猛烈地投掷过来。安迪用“宝剑”把它们一个个地打翻在地。

“一定要守住城堡。”这是安迪和伙伴们一致的想法。可是敌人的冲锋越来越猛，他们终于抵挡不住了。

敌方中的一人，可能是他们的领袖，冲到了马车上，趁安迪不注意时向他的背部狠狠地踹了一脚，安迪“啊”地叫了一声，从马车上栽了下去。

当时，我正在家中接待一位客人，正在和那位远方来的客人谈论教育孩子的问题。卡尔却慌慌张张地跑回了家，他还未进门时我就听到了他惊恐的叫喊声。

“爸爸，不好了……出事了。”

从儿子的表情看来，我知道一定发生了不同寻常的事。

在儿子的带领下，我和客人匆匆地赶到出事的现场。那种情景使我终生难忘，连我的客人都惊恐万分。

当安迪从马车上摔下去的时候，正好踩在一把放在地下的镰刀的木柄上，也许是太巧了，那把镰刀从地下弹了起来，刀锋正好插进安迪的大腿里。

安迪倒在地上，疼痛让他大喊大叫。孩子们没有谁敢去取下镰刀，是的，那太恐怖了。安迪的腿上全是血。

“安迪真是个大英雄。”事后卡尔这样说。

“儿子，你真的以为他是个英雄吗？”

“是的，他为了保护城堡才受的伤，他表现得很勇敢。”卡尔的眼睛中流露出敬佩的目光。

“不，儿子，安迪的做法不叫英雄；至于把他从马车上踹下去的那个孩子，更是显得无知。”

“爸爸，您不是说过做人应该勇敢吗？安迪不勇敢吗？”

这时，我发现孩子是多么的单纯，他们分不清哪些是应该做的，哪些是不应该做的。

“儿子，今天你们在做什么？”

“我们在玩攻城堡的游戏。”

“对了，那只是一个游戏。那不是真正的战斗。”我抓住“游戏”这个字眼开导他，让他分清什么是真，什么是假。

“儿子，我知道你们都喜欢那些英雄人物，可是，你要知道，英雄并不意味着鲁莽，并不意味着不顾一切地打打杀杀。”

我抚摸着儿子的头，仔细地给他分析其中的对错：

“既然你们是在玩游戏，而且你们都是好伙伴，为什么非要真打呢？这种打仗的游戏很容易把朋友变成敌人。你看，安迪很有可能会永远记恨把他踹下去的那个孩子，因为他受到了伤害。本来很要好的朋友变成了敌人，或许有一天安迪还会去找他报仇呢。我不希望让你和你的朋友们心里面产生仇恨。仇恨会产生恶念，恶念会造成恶行。”

“可是安迪的确很勇敢啊。”卡尔还是没有懂其中的道理。

“我相信他是个勇敢的孩子，也很聪明。但如果成天这样打打杀杀会有什么结果呢？今天被镰刀砍伤腿，可能明天会被石块打坏眼睛，后天又会被摔断手臂。这有什么好结果呢？一个屡屡负伤的孩子，长大后什么也干不了。如果他想当一个将军，那么现在就应该懂得保护自己。一个缺胳膊少腿的人，怎么能够去领导军队打击敌人？”

“你们是孩子，不能把握好游戏的分寸。你要知道，游戏仅仅是游戏，不能真刀真枪地干。如果有一天你们上了真正的战场，敢和敌人去拼个你死我活，那才算真正的英雄。”

“爸爸，我懂了。”

孩子们在游戏中受到的伤害来源于他们的无知。如果父母不能对他们加以细心的开导，结果往往是极为可怕的。

我时常告诫卡尔，不要去参与那些孩子们的斗殴，那种伤害比玩游戏中的伤害更加严重。那不只是对身体的伤害，更重要的是会在孩子幼小的心灵中留下不健康的阴影。

第六章

培养孩子好的性格

要注意你的思想，因为思想会产生行为；要注意你的行为，因为行为会养成习惯；要注意你的习惯，因为习惯会形成性格；要注意你的性格，因为性格会影响你的一生。

性格也是能力

我让儿子学会许许多多的东西，但决不想把他变成那种呆头呆脑、形同枯木、板着面孔、难以接近的人，我应该对儿子长大成人后的行为负责。如果儿子只是一个满腹经纶、知识丰富的人，却不能像其他人一样适应社会，不会对其他的人有所帮助，有所贡献，那样的话，我一定会感到难过和愧疚的。

在儿子很小的时候，我和他的母亲非常细心地照料他，但从不娇宠、溺爱他。我很少将儿子抱在怀里，而是让他随便地爬。父母应该是孩子最早的教师，而不应该是他的保护神。当儿子不慎摔倒在地时，在大多数的时间里，我不会去扶起他，而是让他自己站起来。儿子应该从这些小事中学会独立的能力，他应该明白，他不能永远依靠父母，而要靠自己。

我认为，对孩子独立能力的培养，是对孩子的一种真爱，那种对孩子的娇宠和过分的呵护只会让孩子在将来的生活中吃尽苦头，那可怕的结果只能是一种罪过。

缺乏忍耐、不能自我克制是没有修养的，是会令人瞧不起的。即使是孩子，如果不能学会忍耐，将来也不会有大的作为。在我的家庭中，如果儿子受到伤害，即使他大哭也绝不会在我这里得到过分的安慰和同情。时间长了，儿子渐渐地就会明白，他是生活在一个只能依靠自己的环境当中，不管是哪种痛苦，都不应该求助别人，要自己忍耐。日复一日，儿子慢慢地就形成了一种坚忍不拔的性格。

坚忍不拔，在我看来是世上最了不起的美德。它是与上帝同在的。

我对卡尔的教育，除了培养他学习知识之外，更是把培养他优良的性格放在很重要的位置。我为了让儿子具备各种能力和美德，一开始就从日常生活的点点滴滴中对他长期的性格形成进行潜移默化的熏陶。

我深深感觉到，父母以及其他家庭成员的行为，对孩子的成长起着决定性的作用。家庭是孩子成长的摇篮。我们的言谈举止、行为作风，无时无刻不影响着孩子。

我是一位牧师，并且自认为还称得上是虔诚的信徒。对于卡尔性情方面的培养，我一直是特别注意的。我不想让卡尔成为那样的孩子：本人是牧师的儿子，熟读圣贤之书，却整天油腔滑调，胡作非为。这样的人，即使具有非凡的才华，那也是无济于事的。因此，卡尔从小就受到特别虔诚的教育，以精通圣书而著称，尤其是基督教义，他全部背了下来，而且确实照教义指导行事。

无论是我的朋友还是邻居，绝对看不到我对儿子没有理由的娇宠，儿子犯了错误一定会受到纠正。我是在尊重儿子独立人格的前提下，对他进行应有的约束，让他明白，他的行为不是没有边际的，不可为所欲为。

无论对什么人，我都教他必须懂礼貌，说话客气，对父母也不例外。让他知道懂事而有礼貌的孩子才会受到夸奖。

在儿子很小的时候，我就开始培养他独立生活的能力。对孩子的溺爱和娇宠是孩子独立人格形成的最大障碍。我让儿子学会尊重他人和自我克制，知道自己应对自己的行为负责任。而对我个人来说，作为一个孩子的父亲，也应该为儿子日后的独立生活负责。

有人认为我只是热衷于发展儿子的大脑，这是错误的。在对儿子的教育上，我特别下力气的与其说是智育莫不如说是德育。我不想把儿子变成个聪明却不近情理的人。

我认为，性格就是能力。如果一个人的性格开朗直爽，那么他就很容易被人所接受，交往活动范围广泛，就有走向各种人生道路的可能性。如果性格孤僻，他的交往活动就只会在狭窄的范围中，做任何事情都不愿同人们直接配合，结果往往是半途而废，走向人生道路的可能性就一直处于关闭状态。从某个方面来说，性格是决定一个人成功与否的关键。所谓性格，是在孩子的生命力顺应环境条件的过程中逐步形成的。孩子一生下来，根本不存在什么直爽开朗的性格或孤僻内向的性格。性格是孩子的生命和作为生存能力而表现出来的一种姿态。

有的孩子性格直爽开朗，有的孩子孤僻内向，我认为这些不同的性格既不是天生的，也不是孩子独创出来的。当孩子的生命力作为现实生活的能力得不到充分锻炼时，总觉得自己与现实生活相脱离，不能很好地去适应，其结果就体现在孩子失去原有的那种直爽、开朗、刚强等天性，反而出现了与原有天性不太一致的不良性格。

性格是会改变的，而且会不断地改变。生活环境一旦变化，人的性格也有可能变化。这种性格的变化是由不能适应变化了的生活环境所造成的。

虽然性格会改变，但我相信，性格的基础是由早期生活奠定的。最初几年的生活习惯、父母的态度、家庭气氛都会慢慢改变孩子的性格特点。因此，每一个习惯在其开始形成时都特别重要。

在卡尔的成长过程中，我一直在仔细地观察他，尽量做到在不使他自尊心受到伤害的情况下去了解他的内心世界。目的是想在他有烦恼的时候给予他及时的帮助。如果他有什么不顺心的事，我会想尽一切方法使他将苦恼一吐为快，尽力不让他把不高兴的事闷在心里。我希望儿子能够成为开朗而快乐的人。

有一天，我从外面回来，看见卡尔独自一人坐在院子里出神，他的表情看起来有些忧伤。因为儿子的性格一直比较开朗，他今天的举动让我感到奇怪。我于是就向他走了过去，蹲在他的面前问他发生了什么事。

儿子抬头望了望我，轻声地叹了一口气，又重新埋下了头。

“卡尔，怎么啦，有什么事令你那么不高兴？”我问道。

儿子仍然一言不发。

“儿子，爸爸最爱你了，你有什么事不应该瞒着我。你每次有困难不都是爸爸帮助你的吗？”我看见儿子今天的模样，断定他一定有什么事憋在心里，或许还是一件对他来说挺大的事。

“卡尔，爸爸对你最大的希望，就是想要你成为一个快乐的人。其实，无论什么问题都能解决，只要你有一颗快乐的心。”我继续对他说，尽力通过语言去开导他。

“爸爸，我觉得我不是个男子汉。”卡尔终于说话了。

“为什么？”

“因为我遇见了肯特尔，是村里一个农夫的儿子。他嘲笑说我不够健壮。他还脱了上衣冲着我显示他的肌肉，他说像他那样的才是男子汉，而我不是。”

其实卡尔的身体一直很好，非常健康，但确实算不上一个非常强壮的孩子。本来这不是一个问题，但他却在这时受到了伤害。弄清楚了儿子不高兴的原因，我就开始给他讲一些关于男子汉的道理。

“卡尔，你要知道，一个男子汉并不只是身体强壮。真正的男子汉需要有智慧，有坚强的毅力，并且敢于承担生活中的一切困难和挫折，应该有超人的勇气。

“你仔细想一想，你现在还是个孩子，就已经掌握了那么多的知识，又懂得那么多的道理。等到你慢慢长大，这些知识和道理就会慢慢转化成智慧。而且，从我的眼光来看，你一直是个勇敢的孩子。虽然你的身体在孩子中不算是最强壮的，但也很健康。肯特尔是个农夫的孩子，每天要帮助家里做很多活，而且他的年龄比你大，他比你健壮是很正常的。我想，等你再长大一点，平时又坚持锻炼，以后肯定会比他更强壮的。”

“肯特尔这样对你说话，是非常不礼貌的行为，你干吗要理会他呢？还有，你作为一个男子汉最重要的就是要有独立的头脑，这样才不会轻易被别人的评论干扰。”

卡尔听到我这样说，顿时欢欣鼓舞起来。起初的烦恼是由于听了别人的评价而对自己某个方面产生了自卑感，而他想通了其中的道理后，自信心又重新被找了回来。

我不知道其他的父母在面对这种情况时是怎么处理的。但是我认为，在这种时候不给孩子讲清道理，不打通他思想上的障碍，很有可能使孩子将这一问题永远埋在心里。那么他就会常常为此而烦恼，会直接影响到他的性格，或许一个原本开朗的孩子会由此而变得孤僻、消沉。

对于卡尔的教育，我就是用以上描述的诸如此类的办法让他时刻处在快乐和开朗之中的。

我认为，孩子是否有优良的性格，在很大程度上决定着他能否成为一个全面的人才，也决定着他是否在将来有所成就。

从威特的成长过程中我发现，注重培养孩子快乐的性格，有利于孩子健康成长。那么，如何培养孩子的快乐性格呢？以下几个方面是我的经验之谈：

第一，密切同孩子之间的感情。在培养孩子快乐性格的过程中，友谊起着重要的作用。因此父母要鼓励孩子与同龄人一起玩耍，让他们学会愉快融洽的人际交往。

第二，给孩子提供决策的机会和权利。快乐性格的养成与指导和控制孩子的行为有着密切的联系。父母要设法给孩子提供机会，使孩子从小就知道怎样使用自己的决策权。

第三，教孩子调整心理状态。应使孩子明白，有些人一生快乐，其秘诀在于其有很强的适应能力，这使他们能很快地从失望中振作起来。在孩子受到某种挫折时，要让他知道前途总是光明的，并教孩子注意调整心理状态，使他恢复快乐的心情。

第四，限制孩子的物质占有欲。因为给孩子东西太多会使其产生“获得物质享受就是得到幸福的源泉”这样一种错觉，所以应结合事例教育他们，人生的快乐不能仅与物质财富的占有画等号。

第五，培养孩子广泛的兴趣。平时注意孩子的爱好，为孩子提供各种兴趣的选择，并给予孩子必要的引导，孩子的业余爱好广泛，自然容易拥有快乐的性格。

第六，保持家庭生活的美满和谐。家庭和睦，也是培养孩子快乐性格的一个主要因素。有资料表明，在幸福的家庭中成长起来的孩子，成年后能幸福生活的比在不幸家庭成长起来的孩子要多得多。

乐观远远超出了比较自信的思维，是习惯性的思维。词典中的定义是这样的，乐观是“一种性格或倾向，使人能看到事情比较有利的一面，期待最有利的结果”。

乐观的人不易患忧郁症，在学习和工作中都更容易成功，令人吃惊的是，乐观者的身体也比悲观者更健康。而且最重要的是，即使孩子天生不具备乐观品性，也是可以培养的。

乐观是一种积极的生活倾向，乐观的环境可感染人形成乐观的情绪，在乐观情绪支配下的人热情愉快，无论是学习还是工作都更容易获得成功。乐观的真正意义是精神上的富有，乐观就是财富。悲观是与乐观相抵触的消极心理倾向，在悲观的心理驱使下做事的成功率降低，悲观吞噬了人们对未来的美好希望。

人生活在复杂的环境中，遇事抱有乐观的态度还是悲观的态度，不仅体现了一个人心理承受能力的高低，而且更有现实意义的是，能否使自己从困境中走出来，以乐观的情绪去赢得成功的机遇和希望。长期自卑会使人精神脆弱，总是担心不幸的事情将会来临，整天忧心忡忡，对工作学习失去信心。在漫长的生活中形成对事物的乐观态度，孩子的成长就会更顺利一些。

孩子在生活中常常会碰到老师的批评、同学的欺负、家长的训斥，也会遇到学习上的困难，在这种情况下，往往会朦朦胧胧地感到自己能力不足，这些足以使一个对生活没有经验、持悲观态度的幼小心灵产生恐惧感，如果处理不当就会出现我们不愿意看到的不良后果。在孩子的成长中需要乐观情绪的鼓舞，成人后更需要持乐观的态度去争取人生的幸福。

乐观是一种积极的生活态度，乐观的孩子比悲观的同伴更易成功。用乐观积极的心态对待生活很重要，这是孩子应具备的良好品质。我总是用乐观的方式批评孩子，这样便产生了良好的效果，因为批评孩子的方式有正确与错误之分。方法正确与否，显著地影响着孩子日后性格的乐观与悲观。

首先，批评孩子的第一要点就是恰如其分。过度批评会给孩子造成过度的内疚和羞辱感，超过了使孩子改错的度。而不批评孩子又会使孩子丧失责任感，磨灭其改正错误的愿望。

其次，掌握乐观的解释性的方法，实事求是地解释问题，指出犯错误的具体原因，使孩子明白自己所犯错误是可以改正的。

有一次，我要求卡尔把自己的房间打扫干净，但他却把我的话当作耳边风，房间乱得一团糟，自己却出去玩了。那天正好有位地产代理商来看房子，我很生气，但我后来还是用乐观的解释性的方式对他说：

“卡尔，今天有位地产代理商来看房子，你不打扫自己的房间，我就得替你打扫，结果耽误了其他重要的事。保持你房间的干净，是你自己的责任，而不是我的责任。”

小卡尔低下了头，一脸愧疚的神情，从此以后，我再也没有看见过卡尔不打扫房间，而且，每次都是带着快乐的心境去完成的。

发自儿子内心的严格自我约束

从卡尔 1 岁时起，我就严格要求他。我从来不相信“小时候可以放宽一些，稍长大后再严格一些”这种似是而非的信条。

作为父亲，我有责任和义务教儿子知道什么应该做，什么不应该做。在孩子年幼时，成年人对他们的影响是很深的，如果小时候对他们放宽的话，那种烙印会在他们心中很深很深，稍大后再严格，恐怕已经来不及了。

儿子 6 岁时，我带他去另一个教区的牧师家去，并在那儿住了几天。

第二天吃早点时，儿子洒了一点牛奶。按在家里的规矩，洒了东西就要受罚，因此他只能吃面包和喝水。

卡尔本来就喜欢喝牛奶，再加上牧师全家非常喜欢他，为了他的到来，还给他特意调制了一种牛奶，并添上了最好的点心。这对儿子简直诱惑不小。

卡尔在洒掉牛奶后先是脸稍红了一下，迟疑了一会儿，但终于不喝了。

我装作没看见。

牧师家的人看到这种情况，内心着急了，多次劝他喝牛奶，可儿子还是不喝，并十分不好意思地说："因为我洒了奶，就不能再喝了。"

牧师家的人还是再三地劝说他："没关系，一点关系也没有，喝吧，喝吧。"

我在旁边一边吃着点心，一边仍然故意装着没看见。儿子还是坚持不喝，在万般无奈之下，过于疼爱卡尔的牧师全家就向我进攻了，他们推测一定是由于我训斥了儿子。

为了打破僵持局面，我让儿子出去一会儿，然后向牧师全家说明了理由。

他们听后责怪我："对一个刚 6 岁的孩子，因为一点点过错就限制他喜欢吃喝的东西，你的教育是否过于严格了？"

我只得费尽口舌加以解释："不，儿子并不是因为惧怕我才不喝的，而是因为他从内心里认识到这是约束自己的纪律，所以才忍住不喝的。"

在听了我的解释后，牧师全家还是不相信，于是我只好通过做一个试验来揭示事实真相。

"既然这样，"我起身对他们说，"现在我们来试验一下，我先离开这个房间，你们再把我儿子叫来，劝他喝，看他是否会喝。"

说完，我就走开了。

待我离开房间后，他们把我儿子叫进屋里，热情地劝他喝牛奶、吃点心，但毫无结果。

接着他们又换了新牛奶，拿来新点心诱惑我儿子说："我们不告诉你爸爸，吃吧！"但儿子还是不吃，还不断地对他们说："尽管爸爸看不见，我不能做撒谎的事。"

牧师说："我们马上要去郊外散步，你什么都不吃，途中要挨饿的。"

儿子回答说："不要紧。"

实在没有办法了，他们只好把我叫进去，儿子流着热泪如实地向我说明了情况。

我冷静地听完后，便对他说:“卡尔，你对自己良心的惩罚已经够了。因为马上要去散步，为了不辜负大家的心意，把牛奶和点心吃了，然后我们好出发。”

儿子听完我的话，才高兴地把牛奶喝了。仅仅 6 岁的孩子就有这样的自制能力，牧师全家都深感不解。

很多人会认为我的教育过于严格了。我不否认，从卡尔与一般孩子的行为方式看，这种教育在某种意义上确实是很严格的。但是，这种严格并没有使儿子感到痛苦。

因为对儿子的严格教育从他很小的时候就开始了。卡尔已经养成了习惯，也就不会感到有任何痛苦。

儿子总会向他的父亲学习，父亲不仅是儿子最初的教师，还是他可以学习的榜样。对孩子要严格，首先的是自己对自己也要求严格。

我是个信仰上帝的人，即使有一天站在上帝面前，我也会这样说的：我从未考虑过“小时候可以放宽一些，稍长大后再严格一些”。

我对儿子的严格在不自觉中已经变成了他对自己的严格要求。我时常告诫他，没有人能够约束你，只有上帝和你自己。

卡尔从很小的时候，他很多好的行为都已经形成了一种自觉。比如，卡尔从来不撒谎，这并不是因为害怕我的惩罚，而是因为他从内心之中认为撒谎是不对的。

我几乎不给卡尔买玩具，但并不是让他失去一般孩子都能享有的童趣。就像在前面说过的那样，我采取了很多有益的办法，让儿子既玩得兴致勃勃又开发了他的想象力，同时又从中得到了很多书本上没有的知识。为了让卡尔在玩耍中增长知识，我在房屋外的院子里，特地为他修了一个大游戏场。在上面铺上了 60 厘米厚的沙子，周围还栽有各种花草和树木。由于沙子铺得很厚，下过雨马上就干，坐在上面也不会弄脏衣服。

卡尔时常坐在那里修城堡、挖山洞，尽情地发挥他的想象力，也经常在那里观花捉虫，培养对大自然的感情。我认为让孩子接触自然就是最重要的教育。孩子从中得到的乐趣比那些花钱买来的玩具要多得多。

我曾经也为儿子买过一套玩具，并不是一般的那些花哨东西，而是一套炊事玩具。尽管卡尔还是个很小的孩子，但凡是大人做的事他也什么都想做。尤其对厨房的活，总是想插手。有些父母觉得孩子的这种癖好太琐碎，有些父母甚至对此十分厌烦，这实际上是在埋没孩子们的天性。我可不这样认为，因为对于儿子的这种喜好，如果能引导得好，就能使他的知识极大地增长，并且能够培养他热爱劳动的习惯和亲自动手的能力。

孩子的潜力是无限的，但是孩子的潜力是由父母诱发出来的。

孩子在玩的时候，充满了积极性、主动性。他们的大脑在飞速运动，思想在不断闪出火花，这对培养孩子的各种能力，特别是想象力和创造力，是其他手段难以与之匹敌的。我们知道，有生活的影子，但绝不是对生活的照搬，孩子会根据自己的理解去改造生活。父母不应用条条框框去加以限制，这样，孩子的创造力才能够容易得到充分发挥。

玩本身是一种运动，通过玩，可以增强孩子的体质，可以协调孩子的动作，可以振奋孩子的精神，可以愉快孩子的情绪。但是，在玩的过程中，父母应该给予孩子良好的指导，否则就会发生前面所论述过的种种不良问题。

为了让孩子玩得有趣味，我还做了许多形状各异的木块，他或者用这些木块盖房子，或者建教堂、修塔、架桥，或者筑城。由于建筑游戏需要做游戏者仔细动脑筋，因此非常有利于孩子的智力开发。这一点，我在前面提到过。

不仅如此，这种用木块来玩的建筑游戏也能够培养孩子的毅力。

有一次，卡尔花了很大的工夫用木块搭起了一座城堡，有房屋，有城门、城墙，还有做得精致的小桥。

当他正准备来叫我去看时，由于太激动，不小心他衣服的一角在城堡的主要建筑——一个高高的钟楼上扫了一下。顿时，钟楼坍塌了下来，并且把其他的建筑也砸坏了，还毁坏了他精心搭建的那座最令他满意的桥。顷刻之间，他的杰作变成了一片废墟。

我看到他时，他正愁眉苦脸地坐在那儿发呆。我看到当时的情景，看到那些东倒西歪的木块时心中已经隐隐知道发生了什么事。

“爸爸，它被毁掉了，是由我不小心毁掉的。多可惜呀！它本来很美……”卡尔说着都快要哭了出来。

我问清情况后对他说：“儿子，既然是你自己不小心，就没有理由抱怨，也不应该难过。你自己能做好第一次，也一定能做好第二次。为什么傻坐在那儿呢？干吗不重新做一个？也许还会更好呢。”

卡尔顿时欢欣鼓舞起来。

其实我知道，这话说起来容易，做起来难。因为卡尔搭建的是一组很复杂的建筑群，要他做第二次，非要有很强的耐心和毅力不可。但我相信儿子能够做到。

不出我所料，卡尔终于完成了，并邀请我去欣赏他的作品。

我看了非常吃惊，简直没有想到他会做得那么精确完美。

“爸爸，我认为这一次比前面那个做得更好一些，因为我在做第二次的时候，又对它做了不少的修改，并且做得快了许多。”卡尔自豪地对我说。

这种结果是肯定的，只要孩子能够有信心开始第二次，那么就会有更好的成果。因为他已经在第一次中积累了丰富的经验。

儿子的事情，让他自己做

幼小的生命来到这个大千世界，由于他们的弱小，他们会感到束手无策。但是，尽管他们是那么的脆弱，仍然有勇气进行各种尝试，学习各种方法，使自己适应，使自己能够融入世界之中。

我坚信，不管儿子现在有多么弱小，他终有一日会成为能够在世界上立足的强者。我付出全部的爱去帮助他来尝试融入这个新世界，让他去学习他不懂的东西。

虽然他年幼、弱小，但我从来不怀疑他的能力。很多人认为只有在某一个年龄段，孩子才能做某一种事情。

我从来不这样认为，我看重的是在儿子幼小的心灵中建立起的自信心。

卡尔两岁时就主动地帮助母亲收拾桌子。每当家中的客人看到他手中拿起一个盘子的时候，他们总会说："卡尔，小心，不要把它打碎了。"在这样的情况下，我会对好心的客人说："没什么，卡尔会把它们收拾好的。"

好心的客人不知道，如果我不允许儿子去碰那些盘子，或许我会永远保住那个盘子，但一声"不允许"会在他的心灵上留下一个阴影，可能会推迟他某种能力的发展。邻居的米歇尔就是一个典型的例子：

米歇尔看见妈妈每天都辛苦地做家务，他觉得有必要为妈妈做一点事情，帮帮妈妈的忙。他对妈妈说："妈妈，每天我放学回家就帮你做一点家务吧！"妈妈听了很高兴，问："你希望帮妈妈做什么呢？"米歇尔歪着头想了想，说："我是个男子汉，我应该干重活。妈妈，我帮你拖地吧！"妈妈高兴地答应了。

第二天放学回家，妈妈还没回来，米歇尔就主动把水桶和拖把拿出来，装上水，然后就认认真真地拖了起来。他只顾低着头，结果一不小心把一个花架撞倒了。米歇尔听着那美丽精致的花瓶碎了的声音，吓了一大跳，不知所措地站在那里。这时妈妈回来了，看见米歇尔把从中国买来的瓷器花瓶撞碎了，很生气，说:“米歇尔，看你笨手笨脚的，还说帮妈妈干活呢！还不够添乱的！”妈妈放下手袋，絮絮叨叨地开始收拾。米歇尔觉得很委屈，站在那儿看着妈妈忙来忙去，都不知道该怎么办。

第二天，米歇尔就不帮妈妈干活了。妈妈好像已经忘了这件事，回来的时候很奇怪地问米歇尔，说:“你不是说帮妈妈干活吗？今天怎么不干了呢？”米歇尔回答:“妈妈，你昨天不是说我笨手笨脚、只会给你添乱吗？”妈妈这才想起昨天的事，这时她意识到自己昨天的行为已经在米歇尔心里留下了一个结。

当卡尔尝试自己穿衣服的时候，经常把衣服穿反。我和他的母亲从来没有嘲笑或责骂过他。我不能让他觉得自己无能，而是耐心地教他。

我还鼓励他自己收拾房间，即使他的“动作”很糟糕，我也会夸奖他一番。房间收拾得是否整洁并不重要，对于他来说，他已经做了，这已足够。

在这些亲手整理的过程之中，卡尔在探索，在锻炼。我深信只有通过锻炼和闯荡，他才会使自己成为一个有用的人。

对自信心的培养必须从孩子最小的时候就开始进行。父母首先需注意自己对待孩子的态度，不要什么事都替孩子做。因为，孩子们需要一定空间去成长，去试验自己的能力，去学会如何对付危险的局势。

不要为孩子做任何他自己可以做的事。如果我们做得过多，就会剥夺孩子发展自己能力的机会，也就剥夺了他们建立自信心与自立的机会。

一个真正疼爱孩子的母亲应关注的是孩子将来是否能自己应付外面的世界。将一个在同情庇护下的、毫无自我生存能力的青年人无助地推向未来的社会是最为残忍的事，这是作为父亲母亲不忍心看到的结局。

想使孩子能成功地走入门外的世界，必须从小开始培养他的自立与自信，不畏失败。

如果我们替孩子做所有的事，便不能达到这一目的。并且在这样的抚养下成长起来的青年，外表坚强，内心却是畏畏缩缩，缺乏勇气而不敢面对现实。

我衷心地愿我们有更多的耐心、用最深沉的爱去激励和帮助孩子化解畏惧困难、害怕失败的内心郁结，并用赏识的目光，看待孩子的一切。

给孩子独立思考的空间

很多父母在孩子小的时候对与孩子的交流及对培养他的责任心未能给予重视，认为孩子就是孩子，他什么都不懂，等他长大以后再说吧。殊不知，等他长大之后就不会听你那一套了，或者不等他长大已经满身毛病，年轻的生命被浸染得千疮百孔，后悔时，已经太晚了。

没有责任感、没有价值感的孩子，因为找不到自己的生命在社会中的地位与重要性，便会感到迷惘，从而失去创造成就的动力，容易为其他一些物质性的轻浮的事物所吸引，沉溺于其中。

对卡尔的教育，我一直力图让他看到自己生活的意义，看到自己的行为能为他人带来影响，让他感到自己是为人们所关注，是有用处的，从此而生出自豪感和责任心。随着年龄的增长与社会接触面的扩大，这种责任心与自豪感的内容也会增长、扩大，不只局限于自己的家庭。但从家庭中培养出来的这种感觉却是未来责任感的基础，没有家庭这种基础，孩子长大后对社会对人类的责任感与使命感便不知从何而来。

在我的家庭中，始终让儿子充当一些有意义的角色，使他感到自己的行为对别人产生的重要性，同时也培养他战胜自己弱点、增长各种能力的信心。

我和卡尔的母亲常常有意识地分派给儿子一些力所能及并且与他年龄相当的劳动任务。比如分担适度的家务，例如打扫卫生、负责为花草浇水等。我们与卡尔平等地交流，认为这是培养他责任心的一种方式，我们不但倾听他的心声、感受，还同他谈些自己的喜怒哀乐。当然，内容应该是儿子所能接受的。

有的人会认为：“大人的事怎么可以同孩子讲，我哪里有时间去和孩子闲扯呢？”其实不然，孩子的理解力是很强的，而且对外界的观察很敏锐，只不过他们的心理活动有时被成年人忽略。

我常常会听到儿子的问话：“妈妈怎么啦？怎么不高兴啦？”这是孩子关心父母的一种表现，是我们应当积极鼓励的一种倾向。但很多的母亲却这样回答：“没有不高兴。”或者说：“大人的事，你不懂。”而且以为家里其他的事，更是与孩子无关，久而久之，给孩子留下的印象就是：这家里的事与我没有什么关系，我只要不惹麻烦，衣来伸手、饭来张口就可以了。

我不喜欢这样的父母，他们对孩子的这种忽视只能让孩子失去本来可以培养起来的责任感。

父母除了教会孩子自己的事情自己干，让孩子生活能自理，能帮助做家务外，还要让孩子从思想上做到不依赖成年人，这就要加强对孩子独立思考能力的培养，让孩子做到能独立地提出问题、思考问题、解决问题，养成自觉的好习惯。自觉的培养比起让孩子能生活自理则更进一步了，它是孩子全方位发展的体现，只有做到了自觉，才谈得上尽量不依赖成年人。

自觉包括学习和生活，上面已经讲了生活自理了，接下来谈的是学习上自觉的培养：首先，培养孩子学习上的兴趣和动机，不能在学习上逼得太紧，这容易使孩子产生厌学情绪，应劳逸结合，孩子的学习最好是主动地学而不是被父母逼着学。其次，要培养孩子的学习能力，学习能力的培养与运动能力、动手能力、协调性的培养有关，这些在日常生活中都能培养，所以一定要让孩子自觉地干自己的事。再次，培养孩子的自信心，对孩子要民主，让孩子有自由发展的空间，和孩子一起面对错误、失败，不怕错误、失败，对其加以分析，从中吸取经验教训。

幼小生命初到这个大千世界，世界对他们而言是陌生而又新奇的，因为他们弱小，出现手足无措的情形并不奇怪。然而，无论是多么弱小，他们总有勇气去进行各种尝试，学习各种方法以适应这个大千世界，并融入其中，这是一个过程。明智的父母应该对孩子加以鼓励，促进这个过程，而不是去阻碍这个过程。

当孩子犯错误，或做一件事没有成功的时候，我们不应该用语言和行动向他们证明他们的失败。我们应该清楚，做一件事情失败了只能说明孩子缺乏经验和技巧，并不能证明他本身的无能或是他不愿意做。父母有责任耐心地去指导他们。

作为父母，应该培养孩子敢于犯错误、敢于失败的行为。孩子和成人一样有能力去犯错误，也同样有能力去纠正和改正错误。敢于犯错误和改正错误是同样珍贵的。

只有这样的鼓励才能培养出孩子的自信心和独立能力。所以我在对儿子的教育中，尽量鼓励他去做他力所能及的事。遇到问题的时候，我总是让卡尔尽力想办法自己解决。

对于卡尔，很早我就有意地锻炼他过一种有规律的生活。让他学会周密地计划自己的时间，完成他的学习任务，发挥他的兴趣爱好。这并非是想把他限制在条条框框之中，而是要让他充分地发挥自己的天赋才能，以便真正地完善自己。

有一次，我们和一些朋友去作一个为期两天的野外旅游。在走之前，我给卡尔提出了建议，告诉他应该带一些什么东西。为了培养他自己照顾自己的能力，我让他自己收拾行李。

到了野外之后，卡尔发现不仅自己的衣服带得太少，而且忘记了带手电筒。那天晚上天气似乎特别冷。卡尔对我说："爸爸，我觉得冷，衣服没有带够，我能用一用你的手电筒吗？"

我问他："为什么衣服带少了呢？"

卡尔说："我以为这里的天气和城里一样，没想到这儿冷多了，下次再来，我就知道该如何做了。"

我对卡尔说："是的，你应该先了解一下这儿的天气情况，做充分的准备，那样的话，你现在就不会感到冷了。那么，手电筒又是怎么回事？"

卡尔说："我想到了手电筒，但在出发时，忙来忙去，就把它忘了。"

我说："你一定要记住，以后千万不要粗心大意，如果不细心地对待每件事，你就会尝到粗心带来的苦头。"

卡尔说："我明白了，我以后一定要像爸爸出门时一样，列一个物品单子，这样就不会忘掉东西了。"

"没关系，这次我把你忘掉的东西都带来了，你看，这是你的衣服。"我一边说着，一边把他的东西拿了出来。卡尔一下子就向我扑过来，并狠狠亲吻了我。

我虽然在开始就知道卡尔带少了衣服，而且忘了带手电筒，这样会影响他的这次出游，但并没有立刻指出来，这样就给他一个机会，在尝试中得到经验。我认为这种方法非常有利于启发卡尔从实践中增长经验。到了最后，我把他忘记带和忽略的东西拿出来，既让他感到了我对他的关心，也让他对这件事加深了印象，促使他以后不再犯这样的错误。

我认为犯错误是很好的学习机会。许多父母在孩子犯错误时，不失时机地大加谴责、恐吓，这种做法的出发点或是基于改进的想法或是害怕孩子再犯同样的错误。这种想法是对的，但这样做常常产生相反的作用。

孩子们或因害怕受责备而不敢冒险，失去学习新技巧的热情与胆量，或产生反叛心理，反其道而行之。如果父母处理得当，可以将错误转变为绝好的学习机会，教给他们正确的做法，不必害怕犯错误，而是学会从错误中吸取经验教训。不视错误为坏事，不因犯错误而沮丧、气馁，才能使孩子成为一个快乐的人。

有一次，一位16岁的少年找到我，向我倾诉了他内心的苦恼。他说他的父亲酗酒，经常打他的母亲和妹妹们。有一天，他实在无法忍受了，就去问父亲为什么这样。可父亲说："你还有脸问我？你早该去挣钱养活自己和妹妹们了。"当时他很难过，因为他从来没有考虑过这个问题，小时候父母没有教育他应该怎样做。这位少年告诉我，在这之前，他只知道和别的孩子到处去玩，只是吃饭的时候才回家，也从没有考虑过父母和妹妹们的事。那天，他父亲对他说的话令他吃惊。他说，如果早有人教他应该怎么做的话，他可能现在会把母亲和妹妹们照顾得非常好。少年告诉我，他现在觉得自己是个罪人。

多么好的孩子啊！他的天性是多么的纯良，只不过是因为没有得到很好的早期教育，而白白地浪费了大好时光。

后来，这个少年经常来找我，诉说他的内心世界，我也尽力帮助他学习知识，教他做人的道理。现在，这个少年已经是个非常棒的小伙子了，他娶了妻子，用自己的勤奋劳动拯救了一个快要破败的家庭。他的努力促使父亲改掉了酗酒的习惯，让他的母亲过上了幸福的生活，并把两个妹妹送进了学校。

第七章

我怎样面对儿子成长中的问题

教育的前提在于以一颗宽大的心来了解、引导。对待犯错误的孩子，教育的目的就是把这些不利的消极因素通过适当的渠道转化，引导出积极的有利的因素。

鼓励孩子做一个诚实、正直的人

想要把孩子培养成诚实和正直的人，必须从小开始对他严格教育。

很多父母都会发现，孩子很小的时候就开始撒谎。撒谎的原因是很多的，有善意的撒谎，也有恶意的撒谎。

我认为，幼儿的撒谎很多是善意的。当孩子做错事后，为了逃脱父母的责怪，他们一般会撒谎。针对这种情况，父母应该很细心地了解孩子的内心世界，首先应该知道他们撒谎的原因，然后采取合理的方式去教育他们。

不要以为孩子太小就不懂得道理，千万不要小看他们，他们能够懂的。

在生活中，我常常可以听到一些父母提出如下问题：“我的孩子刚刚

5 岁，可他竟然当面对我说起谎话来，这正常吗？”或：“当我的女儿琼告诉我她没有吸烟时，我知道她在对我撒谎，我该怎么办？”

碰到这种情况时，首先应扪心自问自己是否时常撒谎。成人有时为避免伤害他人的感情，可能会说些无关紧要或无伤大雅的谎话。但在孩子们看来，成人说这类谎话时，可是的的确确在撒谎。

撒谎腐蚀了人与人之间的亲密关系，滋长了不信任，破坏了互相信任的美德。说谎意味着不尊重被骗对象。与经常撒谎的人在一起生活几乎是不可能的。在卡尔稍长大后，我就给他讲这些更深一点的道理。但在他幼小的时候，我一定会告诉他，撒谎是不对的，是会遭到惩罚的。

罗斯蒙德先生是一个十分善于与孩子交流的父亲，他致力于帮助孩子建立起高贵的品德，他给我讲述了对待儿子汤姆撒谎的经历。

“那天我和妻子出差回来，发现厨房和客厅狼藉一片，我问汤姆是不是在家里举办了聚会，他却矢口否认。可是，当我问到汤姆的老师时，才知道汤姆整整缺课一天，和他同时缺课的还有好几个孩子，都是汤姆比较要好的伙伴。我知道儿子对我撒谎了，他没有按时上学，而是在家里和伙伴们闹了一天。”

罗斯蒙德先生在认真考虑了事情的前因后果以后，开始进行反思：汤姆撒谎的习惯从何而来呢？是从父母还是学校里其他有着撒谎恶习的孩子身上学来的？经过反思，约翰·罗斯蒙德发现自己和妻子都曾在不经意间向孩子说过谎话。比如，一次妻子安妮想独自看演出，不想带汤姆去，就谎称自己去买日用品。还有一次，罗斯蒙德先生向孩子许愿在假期带他去海滨度假，可后来由于工作繁忙不得已取消计划。

这些事情显然给汤姆造成了不好的影响。

在校正汤姆撒谎的恶习时，罗斯蒙德先生采用的方式不是告诉汤姆自己已掌握了真相并以一种生气厌恶的姿态斥责他，而是绕过这件事，专门召开家庭会议，讨论有关诚实的话题。

罗斯蒙德先生对儿子汤姆和女儿埃丽说：

“诚实是人的一大美德，在同别人的交往中，一定要做到坦诚相待，不能靠说谎去蒙骗他人，因为谎言一旦被识破，会令对方很伤心，甚至很气恼，而且自己今后很难再得到对方的信任。”他用给女儿埃丽办生日晚会打比方：“如果你举办生日晚会时，不能邀请某位要好的伙伴前来参加，那么就应当如实地告诉这位伙伴，因为父母对邀请多少位客人来家中参加生日晚会，做了严格的限制，所以只好忍痛割爱，没有邀请对方。倘若你向这位朋友撒谎说自己不打算举办生日晚会，或也没有邀请其他伙伴来家中参加生日晚会，那么，一旦这位伙伴了解到事情的真相，你们之间纯洁的友谊就会受到严重的损害。”

罗斯蒙德先生还诚恳地说道：“父母不是完人，有时也可能会出现一些毛病，希望儿子和女儿监督以便我们及时改正。”

在讨论中，汤姆一直红着脸。后来，他终于鼓起勇气向父亲承认了自己逃学在家聚会的事情。此后，汤姆没再撒过谎。

卡尔两岁的时候，在餐桌上打翻了一个水杯。当时我和他的母亲都不在场。因为那天我去了别的教区，只有母亲和他在一起。母亲只去了别的房间一会儿，回来就发现餐桌被弄湿了，而卡尔的水杯都空了。

“小卡尔，是你弄翻了水杯吗？”儿子的母亲问他。

卡尔一个劲儿地摇头否认。

母亲看着他机灵可爱的样子忍不住笑了起来，明知道是儿子弄翻了水杯却没有责备他。

晚上我回家后，卡尔的母亲把这件事告诉了我。

我仔细想了想，认为虽然今天我不在场，但还是有必要和儿子谈一谈。

“小子，今天是你弄翻了水杯吗？”我严肃地问他。儿子仍然摇头否认。

“卡尔，我希望你能对我说实话，无论是不是你干的，你都应该说实话，虽然我和你的母亲都没有见到。”我板着脸说，“我和你母亲，都不喜欢撒谎的孩子。”

后来，卡尔埋着头承认是自己干的。我没有责怪他。

我知道，打翻水杯这件事本身比起养成孩子撒谎的习惯简直是微不足道的。

很多父母认为孩子小小的谎言没有什么危害性，甚至还觉得他们很可爱。我可不这样认为。撒谎一旦成了习惯，在他们长大后就会变成罪恶的源泉。当那种习惯形成后再去改变它，只会是徒劳罢了。

认识卡尔的人都会说他是一个诚实的孩子。我想儿子唯一的“谎言”就是否认他打翻了那个水杯。

在以后很多的日子中，无论他做了什么错事，都会勇于承认。至今，我还没有听谁说过卡尔撒过谎。

做父母的都知道，孩子几乎是刚会说话就开始撒谎，有时可能更早些。比如母亲到另一个房间做事时，两岁半的吉姆弄翻了粥碗。母亲进来后十分生气：“吉姆，是你干的吗？”尽管当时没有别人在场，吉姆还是一个劲儿地摇头否认。

一般说来，孩子撒谎时，父母们总是忍不住要笑。一天早晨 7 点钟，詹妮斯的父亲发现玩偶的脑袋不见了，便问 3 岁的詹妮斯。詹妮斯尽管是嫌疑对象，却还是说不知道。

吉姆和詹妮斯都知道自己的行为不对，因害怕父母生气，但他们却不知道撒谎也是不对的。孩子在 2 ~ 3 岁时，认知和语言能力的发育都不成熟，还不能看出自己的言行之间有什么直接关系。对他们来说，行为远比语言重要，而语言都是模糊的，有多重含义的。

随着年龄的增长，大多数孩子的情商也相应提高，而诚实的性格却不然。5 岁时 92％的孩子认为说谎永远不对，75％的人说自己从未说过谎。到 11 岁时，只有 28% 的人认为说谎永远不对，没有人宣称自己从未说过谎，随着年龄的增长，孩子们逐渐开始区分谎言的类型和轻重程度。为了逃避惩罚而说谎是最坏的，比如“我丢了钟表，所以上午没法不迟到”等。为了不伤害某人的感情而说谎就不那么坏，比如“我喜欢你的新衣服，它使你看上去更漂亮”等。而为了帮助别人而说的利他主义的谎言，已经被看作是可以原谅的、高尚的。比如“艾尔逊把身上弄脏了，是我的责任。是我让他走那条很泥泞的小道的，我以为那是条捷径”等。

孩子不诚实有多种原因，有的可以理解，有的不可以。小一点儿的孩子说谎一般是为了免受惩罚、得到自己想要的东西或让同伴羡慕。少年说谎更多是为了保护隐私（“我刚才出去了，没看见任何人”）、考验权威（“这学期历史课没有期末考试，不信你可以打电话问历史课老师”）、避免受窘（“他们取消了生日聚会，所以不需要同伴”）。

虽然说谎在人的成长过程中是可以理解的，但是如果孩子习惯性地说谎或对关系重大的事情也不说实话，那么就成问题了。正如一位儿童心理学家所描写的那样：“对重要问题撒谎，使父母处理起来更困难，撒谎成为一个问题就更严重。撒谎腐蚀了人与人之间的亲密关系，滋长了不信任，破坏了互相信任的关系。说谎意味着不尊重被骗对象，使得与经常撒谎的人在一起生活几乎变得不可能。”

我认为，幼儿的撒谎很多是善意的。当孩子做错事后，为了逃脱父母的责怪，他们一般会撒谎。针对这种情况，父母应该很细心地了解孩子的内心世界，首先应该知道他们撒谎的原因，然后采取合理的方式去教育他们。

婴儿及幼儿在不开心或不遂意的时候，就会直接用哭啼来表示。孩子逐渐长大后，知道了哭不能解决问题。因此，当他不快、疑虑的时候，往往将自己的感觉隐藏起来。有些孩子会以沉默的方式、独坐一角或摔东西来表现自己的情绪，这样父母也就很容易察觉孩子的异样。但也有些儿童并没有什么表现，只是将困扰的情绪埋于心底，渐渐形成郁结，失去应有的童趣。

很多父母都认为童年生活应该是无忧无虑的，对于孩子紧张不安的表现实在感到莫名其妙。如果父母有这种想法，显然是忽视了孩子的存在价值。由于父母的不了解，孩子也不轻易将内心感受说出来，结果父母常会发现孩子说话口不对心。这并不表示孩子爱说谎话，而是他另找借口以掩饰心中的烦恼。

当有迹象显示孩子情绪受到困扰时，父母该怎样做才能透视孩子的幼小心灵、解除他的焦虑呢？

小孩的心理困惑多是暂时性的，只要父母能从孩子的立场去了解他，为他设想，自然能够舒缓孩子的心结，事情也就容易解决。

不过，父母亦须留意孩子另一类的口不对心，否则任其发展下去，真会养成说谎的坏习惯。惯于说谎的孩子表现虚伪，往往不能真诚地与人相处，对培养良好的道德品质实在不利。

严厉责罚说谎的孩子是没有用的，这样只会令他更加紧闭自己的心扉，或再次说谎以逃避可以预料的惩罚。做父母的应该细心分析孩子说谎的因由：是否父母要求太严格，孩子因恐惧而不敢说真话？是否由于遭受冷落，孩子利用谎言来引起对他们的注意？是否因自卑心理作祟，希望赢得别人的赞美？是否因嫉妒心重，出于报复心理？是否因本身能力问题，承受不了过大过多的压力？

父母在寻找问题的症结时，更要同时反省自己，不要对孩子有过度的期望或干涉，以诚恳的态度认同孩子的感受，让他了解没有说谎的必要。

对于孩子第一次说谎要认真纠正。孩子说谎有个形成过程，假若孩子第一次说谎成功，就会为形成坏习惯打开一扇门，而坏习惯一旦形成，就难以纠正。对初次说谎的孩子，父母不能生硬训斥，又是批评又是打骂，当然也不能轻描淡写，更不能觉得好玩，这样会害了孩子。

当发现孩子撒了谎，大部分父母必定如审问犯人般，追究到底，孩子被追问得急了，便推卸责任。说谎是因害怕说真话而挨骂的避难所。孩子一方面被教导不可说谎，另一方面亦确曾因说实话而遭责骂，这种结果，是孩子因自卫而撒谎的主要原因。孩子常被灌输以“说谎是坏孩子”的观念，可是现实生活里，在现实和父母正统教育的冲击下，他们感到无所适从，甚至反过来怀疑父母的说法。

需要区分的是一个三四岁的小孩捏造一个故事时，他绝不是在说谎，而是他的想象力异常活跃，常将现实和想象混淆：例如他看到别的小孩患病，他也告诉妈妈：“我发烧了！”这是他凭想象而说出的话，根本不懂什么是真，什么是假。

父母不必为他偶然编造的故事而勃然大怒，造成他的罪恶感，更不必为此而担忧孩子会变坏。如果你发觉他时常描述一些假想的朋友或奇遇，你应该想想是否他的现实生活中缺乏玩伴，或是家庭气氛太冷淡？

小孩子常渴望被人拥抱、爱护，也希望父母能够轻松亲切地和自己聊天，如果周围的大人表情太严肃，不轻易表露自己的感情，孩子自然会幻想一些能够安慰他与了解他的朋友，正如饥饿的人一定喜欢幻想一些美食摆在自己跟前一样。

杜绝大孩子说谎的最佳对策是不追究，让他了解没有说谎的必要。对他说：“你可以把实情告诉我，问题出在哪儿，让我们看看有什么解决的办法。”他可能无法立刻给你一个确切的答案，因为很可能连他自己也不太清楚烦恼从何而来，即使是明白到自己的烦恼所在，也未必能立刻坦白告诉你。父母必须花点时间去了解，让他觉得当初若能诚实地告知真相，是会获得原谅的。

孩子“说谎”是常有的现象，有时是因为怕挨骂怕挨打，为了躲避劳动，有时孩子为了得到表扬也说谎话，有时也源于孩子怠惰的习性。

无论大人或小孩，当陷入一个尴尬局面时，最圆滑的退路就是撒一个小小的谎，这种情形没有什么大害，一些开玩笑的谎话，也无伤大雅。孩子渐渐长大，社交关系日益复杂，对社会有了粗浅的认知，这时会有更多的同龄朋友来分享他的内心世界。当他不想完全地敞开自己的内心世界时，有时会在不自觉间找借口来掩饰。父母必须明智地正确引导他们判断说谎的内容和对象。告诉他不能违背良心地推卸责任，因为有些谎言可能会损害朋友关系，惹起事端。

孩子的撒谎，有时并非真正的说谎，而是一种掩饰、一种推卸、一种抗争、一种期盼，他希望大人来读懂它。父母们不要动辄骂孩子：“你怎么撒谎？”“撒谎是坏孩子！”让孩子觉得自己就是个爱说谎的坏孩子，无药可救了，便更加处处掩饰自己，想在别人面前显示自己“很强、很优秀”，以得到别人的夸耀，最后成为真正爱撒谎的人。

放纵孩子的任性不是关爱

有一次，卡尔想吃一块点心。我没有给他，因为我们刚刚吃过晚餐，过多的吃喝会影响他的健康。不到两岁的儿子发起脾气来，他躺在地上，大哭大闹。他的母亲看不过去了，连忙答应了他的要求，她拿着儿子渴望的那块点心说：“好啦，卡尔，快起来。”卡尔的哭闹取得了胜利，他得到了那块好吃的点心。

当时，我并没有说什么，但我认识到，卡尔的哭闹是一种对父母权力的挑战，并且在这挑战中取得了胜利。

后来，我和卡尔的母亲谈到了这件事，并把我的想法告诉了她。

我认为面对儿子这种哭闹的挑战是不应该去迁就他的。由于儿子还小，这种迁就的恶果不易看出来，但已经种下了不良的因素。如果儿子长到了十四五岁，仍然以这样的方式对他的话，他将会变成一个蛮横无理的人。

由于他知道哭闹能得到他想要的东西，下次他还会哭闹。长大之后，他的能力，他的方式就不仅仅是哭闹了。那种无理将不只是针对他的母亲，还会针对其他的一切人。他会以无理的方式要求其他的人也来满足他的要求。

我可以找出许多例子来证明，父母与孩子早期的关系会影响孩子将来与人之间的关系。

有一个女孩，出生在一个非常富足的家庭。她长得非常漂亮，也非常聪明伶俐，是我们这一带很有“名气”的小姑娘。由于她天生可爱，又是一户有钱人家的女儿，所以很多人都非常喜欢她。

她的父母更是把她当作掌上明珠。

去她家拜访的人，总会给她带去最好的玩具。据说，那些做工精美且很昂贵的洋娃娃就有成百个。

小女孩可以说是每天生活在玩具的世界之中。

我曾经告诉过她的父亲，不要让女儿太多地把时间花费在玩具上，应该尽早地对她实施教育。可她父亲不以为然，他说让孩子现在学习可能太早了，等她长大些后再说吧，不仅如此，他还嘲笑我说：“威特牧师，听说你正在培养天才儿童，什么时候带来让我瞧瞧吧……你可别把你的宝贝儿子变成个书呆子了啊。”

对于这样的父亲，我还有什么话说呢？

后来，我听人们说起那个小女孩：由于她的玩具太多，就一点儿也不爱惜它们。她时常把那些可爱的洋娃娃扔在路边的小沟里，有时还用小刀之类的东西把洋娃娃割得乱七八糟。每当她发脾气的时候就把玩具摔在地上用脚使劲地踩踏。

当家里的人教训她时，她甚至威胁父母：“我会用刀杀死你们。”

有一次，因为佣人做的饭菜不合她的口味，便记恨在心，吃饭时她什么也没有说，只是在饭后将一把小刀悄悄地藏了起来。

第二天，当那位善良的女佣正在厨房做饭时，小女孩乘她不防备将那把小刀插进了她正在洗菜的手中。

女佣大叫起来，鲜血从她的手背上流了下来。小女孩并没有因此而有所顾忌，还大声嚷嚷："你做的菜太难吃了，是不是你的手太笨了？"

当我听说了这件事后，感到非常的痛心。那是一个多么可爱的小女孩啊！怎么会变得这么无理和残忍！这种事情的发生，只能怪她不负责任的父母。他们不知道孩子的这种性格会对她的将来有多大的坏影响。我不知道她的父母对这件事的发生有什么想法，但真希望他们能好好反思，从而去学会合理地教育孩子。

一味地纵容孩子并不是关爱孩子。如果希望把良好品德传授给孩子，做父母的必须以身作则，必须自己就先具备良好的品德。

在以后的日子里，在我的家庭里，再也没有发生这样的事，即便卡尔再怎样哭闹，他也不会得到他不应该得到的东西，不管是食物还是玩具。因为我要让他知道，哭闹是没有用的。

有一天，一位邻居告诉我有关他儿子的事，他觉得他的儿子糟糕透了。由于卡尔学识和品德都是很优秀的，众所周知，所以这位邻居想向我请教怎样教育孩子。

他垂头丧气地告诉我："我和妻子在儿子幼儿期和童年期忽视了对他性格的管教，那时他把整个家庭搅得一团糟。妻子认为他还小，相信以后长大后会变好的。可是事实却不是这样，他变得越来越坏，脾气暴躁，自私贪婪，自以为是。他做错了事，我们简直不敢管他，他甚至比我还厉害。他现在 12 岁，已经变成了我们一点也控制不住的野马。他真令人讨厌，时常向我们发脾气，蔑视家庭和父母，似乎家中的一切都不如意。"面对这样的情况，我能说些什么呢？放纵孩子的任性只能带来恶劣的结果，绝对不是对孩子的关爱。父母固然应该尊重孩子，但绝不能养成孩子放任的性格。

父母在教育孩子前，首先要搞清楚什么是对的、什么是错的，应该首先知道采取什么样的方式去对待孩子的过失。

我是这样对待儿子的：如果卡尔在房间里行为笨拙，撞翻了桌子，打翻了杯子，或者不小心弄坏了我的东西。这些事情并不是他无理取闹，不属于他应该负责的范围。他并没有恶意，并没有向我挑战，只是不小心罢了。这种情况，我不会去责怪和惩罚儿子，只是随时提醒他以后要小心，不要那么鲁莽。

如果卡尔为了引起我的注意或因为某件事不顺他的意而向我挑战的话，我一定会采取一些方式制止和惩罚他。

幸好这样的情况在卡尔身上极为少见。因为在卡尔很小的时候，我就以身作则先尊重他，从来没有无故地对他施加暴力，他尊重我也是极自然的事。

有的孩子很任性，动不动就又哭又闹，使性子，把父母搞得一筹莫展。很多时候，父母只好迁就，我认为这种做法是极端错误的，因为这样孩子就会得寸进尺，越来越任性。

众所周知，父母是最了解孩子的。对于孩子的脾气和性格父母应该最清楚，应该知道孩子在什么情况之下会发生什么样的任性行为。在预料到他要做出任性行为之前，父母应该采取一些预防措施，避免孩子发脾气。

比如，孩子吵着要买玩具，但是父母以为没有必要，就应该对孩子说：我去问一下你的姨妈，看你这样大的孩子适不适合买这种玩具，如果她说合适，我再给买。如果不合适，那么就不买了。事先把不买的可能告诉孩子，孩子会进行自我调节，做好心理准备，这样就可以防止任性的发生。

在卡尔的成长过程中，我非常注意观察他内心世界的变化，目的在于养成他良好的性格。从一开始，我就注重用各种方式培养他的品性，因为一个人的成功与否不光是源于他的学识和能力，性格往往也是决定成败的关键因素。

对待儿子，禁律不能随意通融

我对待儿子，一贯是是非分明、始终如一，行就是行，不行就是不行。一切都要认真，这会对孩子产生良好的影响。

不允许的事，一开始就不允许，这样对孩子就没有什么痛苦。有时答应，有时不答应，反而会给孩子带来痛苦。

我周围的很多父母，他们的“禁律”出尔反尔，反复无常，不能始终如一。有时行，有时却又变得不行了。这样久而久之，就在孩子的心灵上很早打下父母的“禁律”是可以打破的烙印。父母对自己的言行都那么草率，那么不认真，又怎么去教育孩子认真呢？

所以，要教育好孩子，父母必须对事物的好坏有一个始终如一的定见，无定见是教育孩子的最大禁忌。在实施某些惩罚措施时应特别注意这一点，不要在批评过孩子以后，见到孩子哭或不高兴就又立即去安慰爱抚他，这将使孩子最终蔑视父母的命令和法则。

在孩子两岁的时候，我就开始从细微之处培养他良好的生活习惯。即使在餐桌上，儿子也会受到严格的教育，我告诉他，盛入自己盘中的食物一定要吃光，这样能够培养起他勤俭节约的意识，同时又是一种磨炼。

如果卡尔想吃水果或点心，不论那种诱惑力有多大，我也会让他必须先吃完饭菜。我不会对他有丝毫的通融。

由于我和儿子的母亲对孩子正确行为的反复训练和动之以情、晓之以理的教育，时间一长习惯成自然，儿子就把遵守适当规则当作了自己的本分。

我希望卡尔在生活成长过程中能够确立有“分寸”的意识，我一直按照这样的原则去教导他。我要求他诚实、守信、准时，因为这些都是作为人应该具有的优秀品质。

父母的言行一致，赏罚分明，会对孩子产生积极的效果。如果你要求孩子不说谎话，你自己就不能采取欺骗吓唬的手段；如果事先与孩子定好了制度，父母就更要认真对待。

对儿子的惩罚，我一向讲究原则。我对他的惩罚一定要让他心服口服，否则惩罚便失去了教育的作用。惩罚之前，我总会给他警告，他犯错之后我一定言出必行，并且要对他讲清原因，告诉他我为什么要惩罚他。

我认为必须让儿子懂得他的一举一动能产生不同的后果，那么随着时间的推移，他一定会形成什么事都认真的习惯，他会知道无论做什么事都不能马马虎虎。

我曾经对卡尔说过：“你必须早上按时起床，否则我会认为你是放弃你的早餐，你要为你的行为负责。”

有一次他起床太晚，超过了给他规定的时间。当他来到餐桌前时，我们早已经收拾好了一切，并把他的早餐收走了。

卡尔看着我，似乎想为自己的过失辩解一番，但我先开口对他说：“真遗憾！我也很想把牛奶和面包留在你的位置上，但我们以前有过约定，我不能随意破坏它。这只能怪你自己。”

这样的情况下，作为责罚的内容，早餐并不是最为重要的。重要的是他应该知道，我们以前的约定是认真的，是必须遵守的。

所以说责罚的目的不仅仅是责罚本身，而是要让孩子遵守禁律，不做不能做或者不应该做的事。

在一次散步中，我发现了一件令人深思的事情。在散步的过程中，邻居史密斯太太发现女儿的裙子被弄脏了，她立刻生气起来，开始冲着女儿大声责骂。看见女儿大哭以后，她又马上给了女儿一小块点心。我问史太太:“你为什么责骂女儿呢？”“她总是这样经常弄脏自己的裙子。”史太太这样回答。“可您为什么又给她一块点心呢？是为了表扬她的行为呢，还是给她受责骂的补偿？”史密斯太太哑口无言，她不知应该怎样回答我。

这时，小女孩已经被弄得糊里糊涂，她不知道为什么母亲会责骂她，更不知道挨了骂后她为什么又得到了点心。母亲这样的做法，让女儿弄不清是非，这对她的成长是相当有害的。

我对儿子的奖与罚都不太频繁，但它们一旦实施，确实对儿子有着重要的作用。我对卡尔的奖赏绝不会仅停留在物质上，而是要让他体会到奋斗与创造的真正喜悦。

我时常教育儿子，读书、品学优良是为了他自己的成长，而家务活本身也是每个家庭成员必须履行的职责。如果卡尔有相当出色的表现，我会给他一定的物质奖赏，还会带他去一个他向往的地方。

杜绝儿子产生恶习

孩子毕竟是孩子，在他们成长过程中不可避免地会产生各种不良习惯。因为他们太小，对事物的判断及对事情的处理上都显得能力有限。作为人之父母应该首先注意这个问题，不能把孩子的“恶习”与成人的恶习相提并论，因为孩子的“恶习”还不具备成人恶习的性质和危害。比如说，当一个孩子说“我恨死你了”的时候，就和成人说“我恨死你了”不是一个概念。父母在面对这些时，应该多从孩子的立场出发，多去考虑一下孩子说话、做事的动机，以免小题大做，弄假成真。

在成长过程中，孩子总会暴露出这样或那样的不良思想或者恶习。他们还都不懂得所说或所做的事意味着什么，而对此父母必须及时发现并给予矫正，以防种种看似微小的毛病最终成长为难以挽救的道德缺陷。

然而可怕的是，有些父母对孩子的小毛病置若罔闻，认为树大自然直。甚至个别父母还会对孩子的毛病加以夸奖，以致孩子逐渐在邪恶的引诱下越滑越远，直至走到犯罪的边缘。

有这样一个古老的故事。

很久以前，有一个小男孩从小就养成了偷东西的不良习惯。有一天，他趁邻居不注意时偷了邻居家的一个鸡蛋，并且把鸡蛋拿回了家。他的母亲并没有责怪他，反而还表扬了他，说他真能干。这样一来，这个小男孩不仅只偷这些小东西，慢慢地变成了见什么就偷什么，每一次偷了东西回家后都会得到母亲的夸奖。后来，这个小男孩长大了，成了一个无恶不作的强盗。上绞架之前，他要求和母亲说句话。当母亲把耳朵凑到他的嘴前时，他却狠狠地咬下了她的耳朵。

母亲大哭起来："我对你那么好，可是你为什么这样对我？"

强盗说："如果在我第一次偷东西时你就教训我，我今天也不会落到这个下场。"

尽管说强盗的结局属于咎由自取，但他的母亲确实要承担很大的责任。因为孩子在做坏事或出现不良思想或行为时，对其所作所为还不能有足够清晰的认识，此时需要由父母将他引向正确的航向。

"失之毫厘，谬以千里"，用于儿童恶习的产生发展上可以这样解释，孩子目前看似微小的毛病在将来很可能成为罪恶的开端。

不少父母看着孩子一天天长大，却发现他们在一天天变坏，而且是越大越不听父母的话。这虽然是孩子一天天变得独立的表现，但是如果管教不力，就很容易形成各种各样的不良习惯，甚至"恶习"，对此要有十分清晰的认识。

孩子的任何一点恶习都可能成为一座堤坝上的蚁穴，若不及时填塞，就会在未来的某个日子里出现洪水泛滥的情形。

卡尔5岁时，我发现他在没有得到别人允许的情况下拿别人的东西。我之所以没有用“偷”这个词，是因为我认为儿子这样做并非是真正的偷盗，而是因为他年龄太小，不知道这种行为的恶劣。

有一次，我和儿子一同去外面买东西，当我们快要回到家时，我发现儿子的手中拿了一只苹果，这让我感到奇怪，因为今天我们根本就没有买苹果，那么儿子的苹果是从哪里来的呢？我仔细地回忆当天外出购物的情景，我们在路上曾在一家水果店前停留过，我意识到小卡尔在别人不注意时拿了那只苹果。这件事让我大吃一惊，因为我从来没有想到过自己的儿子会做出这样的事。但当时我并没有对他大加指责，而是耐心地向他询问这只苹果是怎么来的。卡尔也没有隐瞒，老老实实地把实情告诉了我。他说：“我看见那只苹果很可爱，我想那一定很好吃，所以就把它拿了回来。”

晚饭后，当家里只有我和卡尔两个人的时候，我把他叫到了我的书房，并把儿子抱在膝头。

我问儿子：“今天你从水果店里拿那只苹果的时候付钱了吗？”儿子说：“没有。”

我说：“今天带你出去买东西，我买的每件物品都是付了钱的。你知道为什么要这样吗？”

儿子摇了摇头，不知应该怎样回答。

我说：“拿了别人东西后要付钱，这叫作买，如果不付钱，就叫作偷，买东西是正常的事，而偷东西是邪恶的事。”

儿子说：“可是水果店里有那么多苹果，拿一个有什么关系呢？以前那位先生还给过我好吃的果子呢！”

我耐心地开导他：“水果店里当然有很多水果，可是那些都是用来卖的，是水果商谋生的手段。水果商必须把水果换成钱才可以维持生活，如果都被别人在不付钱的情况下拿走了，他怎么能够继续把店开下去呢？那么他又靠什么生活呢？所以，不付钱就拿别人的东西是极为错误的行为。至于有时那位店主送给你一个果子，是因为他看你是个孩子，对你有好感。这是他给你的礼物，你可以接受。但是，这并不是表示你可以随便拿。再说，别人对你那么好，你就更不应该随便拿别人的东西。”

这时，卡尔明白了我的意思，并且承认了自己的错误，表示以后再也不这样做了。

当儿子发脾气的时候

有一位慈祥的母亲对我说，她的儿子脾气暴躁，动不动就发脾气，真不知该怎么管教他。其实，要想让孩子变得有涵养而不粗暴，首先要弄清楚原因。

为什么容易发脾气呢？

我认为，小孩子之所以容易发脾气，是因为孩子的感情比较脆弱，容易被激怒，心中有一种无法遏制的东西，这种东西就是由挫折所形成的一种负担。孩子太小，不知该怎么办，只有通过发脾气才可以发泄出来。

孩子发脾气时忘掉了周围的一切，内心被怒火所控制，他感到害怕、痛苦，但是自己控制不了。

孩子发脾气时很可怕，好像着魔似的。父母不仅应该充分注意孩子发脾气的问题，还要弄清楚他发脾气的原因并且采取一些可行的方法防范他们发脾气。

我认为，父母应该尽力去安排好孩子的生活，让孩子少受挫折，或者让孩子所受的挫折在能够容忍的限度之内。不要过分地规定孩子做什么事，也不能太过分地强迫孩子不做什么事。

严格地教育是应该的，但万事都有个限度，不能让孩子去承受他们极限之外的事。因为这样反而将孩子逼上了死角，他就会不知所措，会情绪极差，那自然就会乱发脾气了。不仅是孩子，连成年人也会有无法承受的东西。

当孩子情绪不好时，不要过多地招惹他，在他遇到困难时不要用过激的话刺激他，要等他平静下来之后再去慢慢开导。

如果孩子发了脾气，应该采取相应的办法进行处理，以免造成更坏的结果。

我在教育儿子和研究别的孩子的过程中逐渐积累了一些经验：当孩子为某事就要发火时，应该转换他的注意力，使他暂时忘记不高兴的事，慢慢地安静下来。

父母在这种情况下一定要冷静，不要火上浇油，更不要用简单粗暴的行为加以制止。

孩子静下来之后，父母要加倍体贴，好言安抚他。有的孩子发脾气时不准人抱，抱着他就等于火上浇油，那么父母不要硬去抱他，只需收拾好易碎的东西，保护好孩子不受伤就行了。万事都要等他冷静下来后再说。

当孩子正在气头上时，不要直接与他讲理，因为这时他是什么都听不进去和不讲理的。这时，父母更不该向孩子发脾气。发脾气就像传染病，用发脾气的方法制止发脾气是不明智的，这只能使他的脾气越发越大。

对于孩子的坏脾气，父母不应该去奖励或惩罚，应该让孩子懂得发脾气得不到什么也不会失去什么。

例如，孩子因为不想吃饭而发脾气，脾气发完之后，饭还是要吃的，当然父母要给他讲清楚道理。如果平时吃饭后会得到奖励，那么脾气过后吃饭仍旧要奖励。

如果孩子在大庭广众下发脾气，父母一定不能顺从他。很多父母由于害怕孩子当众发脾气而常常顺着孩子，这种做法是极为有害的。因为孩子虽小，但自有他狡猾的一面，他们常常利用父母的弱点发起进攻。父母一定要想办法不要让孩子知道这一点。

要做到这一点也不难，如果孩子当着他人提出什么要求，父母最好给予帮助，合理的要求就满足他。如果硬要等到他发脾气再去帮助他，后果就不好了。

对孩子的要求要有选择地满足，不合理的要求可间接地答复他，如告诉他回家再说，或对他表示等客人走了再说等。孩子发脾气主要是因为自己太弱小，面对问题感觉无能为力。

随着孩子一天天长大，他们的能力增加后，日常生活中受到的挫折也就会越来越少。他也会慢慢地变成一个心平气和、通情达理的孩子。

第八章

让孩子在赏识中前进

最重要的教育方法就是要鼓励孩子去相信自己，使他有积极进取的人生态度和百折不挠的意志力。同时我用各种方法来教育卡尔，防止他骄傲自满。尽管这样做要花很多的工夫，但我想最终一定会获得圆满的成功。

信任孩子，我为我的儿子自豪

世上所有的父母都知道，自信心对一个人一生的发展所起的作用，无论在智力上还是体力上，或是处世能力上，都是具有决定性的。一个缺乏自信心的人，便缺乏在各种能力发展上的主动积极性，而主动积极性对刺激人的各项感官的功能及其综合能力的发挥起着决定性的作用。

一位教育专家做过一个试验，将一个学习成绩较差班级的学生当作学习优秀班级的学生来对待，而将一个优秀班当作问题班来教。一段时间下来，发现原来成绩距离相差很远的两班学生，在试验结束后的测验中平均成绩相差无几。原因就在于差班的学生受到不明真相的老师对他们所给予的鼓励（老师以为所教的是一个优秀班），学习积极性大长；而原来的优秀班受到老师对他们怀疑态度的影响，自信心被挫伤，以致转变学习态度，影响了学习成绩。

信心像人的能力催化剂，将人的一切潜能都调动起来，将各部分的功能推到最佳状态。而高水平的发挥在不断反复的基础上，巩固成为人的本性的一部分，使人的能力发展到一个新的水平。一个人的成长路线如果是沿着这样的积极上升式行进，可以想象其积累效果是十分可观的。在许多伟人身上，我们都可以看到这种超凡的自信心，而正是在这种自信心的驱动下，他们敢于对自己提出高要求，并在失败中看到成功的希望，从而鼓励自己不断努力，最终获得成功。在人才辈出的国家里，在那些伟人、名人身上我们同样可以找到自信的催化作用，在我们周围的优秀人才身上，也不断放射出自信的光彩。

对自信心的培养必须从孩子最小的时候就开始进行。首先父母需注意自己对待孩子的态度，不要什么事都替孩子做。因为，孩子们需要一定空间去成长，去试验自己的能力，去学会如何对付危险的局势。可以说，如果我们做得过多，就会剥夺孩子发展自己能力的机会，也就剥夺了他们建立自信心与获得自立的机会。

其次，父母应当对孩子的尝试予以积极的鼓励。

在一个孩子的成长过程中，接受鼓励而产生自信心是非常重要的成长内容，是做父母应时刻关注的步骤。每一个孩子都需要不断的鼓励，就像植物需要阳光雨露一样。许多儿童教育家都十分强调鼓励的作用，认为这是最重要的成长因素。一位著名的教育家多次讲：“离开鼓励，孩子就不能生存。”可见鼓励对孩子的自信心有多么重要。

孩子在刚出生的婴幼儿时期，面对着大千世界，他们常常感到束手无策。但是，他们仍然有勇气进行各种尝试，努力地学习各种方法，以使自己适应，使自己能够融入这个世界中。然而在这个时候，我们成年人往往无意中给他们设置许多爱的障碍，而不是对他们非凡的勇气与努力进行鼓励。

作为父母我们常常有一种先入为主的概念，认为孩子到了某种年龄才能做某种事情。否则的话，他就是太小，太缺乏能力，不能做这类事情。但其实孩子在那个时刻往往是可以做得很好的，而我们却人为地推迟了他们学会本领的时间。最为关键的是，我们这种做法会使孩子失去自信，怀疑自己的能力，进而削弱他们的进取心。这种消极影响将会对孩子的一生都产生不良影响。

比如当孩子要帮妈妈收拾桌子时，妈妈经常夺过碗碟："小宝贝，你会把碟子摔碎的。"为了不使碟子破碎，结果使孩子的自信心破碎。要知道，孩子有天生的主动性，他们很小就认为自己有能力做事情了。尽管尚处于学习摸索阶段，但孩子们都愿意努力去发现自己的长处和能力。他们总想试着干这干那，好奇心驱使他们一次次地接受挑战。所以孩子总爱跟在大人身后，你做什么，他就去做什么。而我们却说："你不会，乖乖，我来做。"当他们自己吃饭时，我们说"看你把衣服弄得多脏"，我们还一把抢过勺子喂他们吃。就这样，我们让孩子看清楚了他们是多么的不行。如果孩子不乐意，不肯张口吃饭，坚持要自己吃，我们还要大发脾气。我们没有意识到这些事会打击孩子的积极性。很多小孩子不好好吃饭，他们紧紧闭着嘴，甚至把刚喂进去的食物一张嘴全喷出来，而且好玩似的大笑起来。做父母的在这时既不要生气，也不要无奈，应该好好想想在此之前是否有打击孩子自信心的行为。

在我对儿子的教育中，我深深地感到：最重要的教育方法就是要鼓励孩子去相信自己。

我认识很多这样的父母，他们对自己妄自尊大，而对孩子缺乏应有的尊重。婴儿、幼儿，虽然他们并不明白什么叫自尊，但他们却拥有自尊心。他们能够十分敏锐地感触到父母对他们的情绪。对于抚爱和夸奖，他们以微笑和撒娇加以回报；对于嘲弄和漠视，他们以发怒和任性来加以回应。

我们应该让孩子敢于犯错误，敢于失败，同时又想办法不损伤他们的自尊心和自信心。孩子和成人一样有权利去犯错误。对于父母来说，我们自己首先就不能泄气或失去信心，而要用鼓励的方法去培养起孩子的自信心。

学会适时鼓励孩子并不是一件容易的事，每一个做父母的都要仔细地研究与思考，如何去鼓励孩子，养成经常反思的习惯。孩子的自信程度是表现在他的行为中的，如果孩子缺乏对自己能力的自信和对自己价值的信任，那么他所表现出来的就是缺乏效率，缺乏积极主动性，他不会通过积极参与和贡献来寻找自己的归属感。

对孩子不公平，或者体罚，孩子都会以自己所特有的手段来回应，他们或者哭闹，或者任性，或者干一些“坏”事来加以回报。

我时时反省自己，是不是对卡尔有足够的尊重。我在卡尔的成长过程中发现，认真调整自己对孩子的态度和做法，孩子的任性很容易被克服。“自信”是信心的基础。没有自信，谈不上信心。通过有效的夸奖可以很容易培养起孩子的自信。

自信其实很简单，就是自己相信自己。无论大人还是孩子，无论干什么事情，对自己缺乏自信，必然一事无成。反过来，一个人如果对自己充满自信，对工作信心十足，那么他无论干什么事情，也会百折不挠。

“你是非常聪明、非常好的孩子。”这是我在对卡尔的教育之中用得最多的一句话。每当儿子遇到困难和挫折时，我总是用这么一句世上最美的语言帮助他摆脱内心的苦恼。

每当儿子痛苦和失落之时，我会对他说：“你一定行的，我相信你。”儿子毕竟是孩子，他太弱小，在他的人生中会遇到很多难题，我应该尽可能地帮助和支持他。每个人都会有失落的时候，每个人都会有失去信心的时候，何况是孩子。只有让儿子充满信心，他才能在未来的人生中面对一切挑战，才会拥有幸福的人生。

信心从何而来，来源于父母有效的夸奖。孩子需要夸奖，需要鼓励。“夸”不仅仅表明了父母的信心，同时也坚定了孩子的信心。只有孩子对自己充满了信心，父母才能培养出优秀的人才。如果从一开始我就对卡尔缺乏足够的信心，儿子现在会变成什么样子，这是我简直不敢想象的。

卡尔刚开始学习写作的时候，对自己的能力一点儿也没有信心。当他战战兢兢地把他的第一篇文章递给我时，我就注意到他眼中的不安，似乎他在等待着我的审判。读完他写的文章后，我发现那的确是篇糟透了的文章：问题没有交代清楚，句子不完整，还有很多错别字。我应该怎样去评价它呢？由于我感到儿子对写作缺乏自信，我知道我不能简单地说一声“不好”就能解决问题。在我沉默之时，儿子流露出忧伤的眼神。可他没有想到，我对他说了一句令人兴奋的话：“非常不错，这是你第一次写作，爸爸刚开始写作的时候比你差远了。”这时，儿子的眼光中闪烁出兴奋的光芒。

不久，儿子把他的第二篇文章给我时，已经是天壤之别了。

如果我看到卡尔的文章不尽如人意，立刻就把他否定了，甚至骂他“笨”、“蠢”，这样就伤了儿子的自尊心，也毁掉了他的自信心。恐怕他以后再也不会用笔写文章了，也就扼杀了他的一种才能。

评价事情总有个优良中差之分。卡尔得了“优”，我自然要夸他一番，更增加了他的信心。得“良”、“中”，夸奖是必要的，可以找找差距，但重要的依旧是夸。即使很差，也要善于夸奖，不要给孩子世界末日之感，多帮孩子找一些原因，关键是要找出孩子身上的闪光之处给予夸奖，在这种时候，千万不能让孩子失去信心。

美好的东西总是让人回味无穷，丑陋的东西总是令人胆战心惊。“夸”可以使被夸者产生美好的心境，从而留下美好的回忆，从此激励自己不断前进。

每当卡尔做了一件好事，我总会夸奖他一番。这时他总会眉飞色舞，信心百倍。我认为，只要孩子有一点可取的地方，就应该毫不吝惜地给予夸奖。即使他有什么地方做得不对，也不能去挖苦讽刺。孩子做错了事，只要他能够诚恳地改正，父母就应既往不咎。

任何人都有成功，也有失败，失败往往比成功更多。孩子失败了，父母绝不能说“我就知道你不行”之类的话，而是要帮助他从失败中走出来，要多加鼓励。

多用赞赏和诱导的方式

对儿子的教育，我把培养他的想象力放在第一位，往往把它看得比知识更重要。不少人教育孩子，总是使劲灌输各种知识，却忽视了他们的想象力。我不主张只把孩子学习知识作为目的，而是主张学习知识只是手段，让孩子通过学习知识去开发他们的各种能力，培养他们的各种能力和素质。

想象力没有一个具体目标，只有在具体活动之中才可以有效进行。孩子越小，这一点显得越重要。

每当儿子在扮演古代骑士，模仿小鸟的飞翔，我知道这是他的一种想象力的表现，在此时我往往夸奖他做得很好，其效果是不言而喻的。这样孩子年龄越大，想象力就越丰富，越独特。

孩子喜欢听故事，这似乎是一种天性。他们会不厌其烦地让父母讲一个相同的故事，并且经常在父母讲述的过程中查漏补缺，有时甚至添油加醋。这是一个绝好现象，父母应及时进行鼓励，夸孩子有想象力，即使补的不对，加的不合理，也千万不要打击他们的积极性。

儿子有时会虚拟一些并不存在的事情，尽管漏洞百出，前后矛盾，我也没有认为他是在说谎，我力图给他堵补漏洞，化解矛盾。我知道父母的责任应该是夸奖他们的想象力，并引导着他们继续想下去。

通过对儿子的夸奖和诱导，我发现他的想象力越来越精妙，越来越发达。

卡尔小时候，我时常发现他趴在地上，聚精会神地观察两只蚂蚁搬一颗饭粒，这是因为好奇。在这种时候，我绝对不会去打扰他。他有时还会把观察后的结果告诉我，说那只蚂蚁怎么啦，另一只蚂蚁又怎么啦。这时，我会夸奖他观察得仔细。

夸孩子的好奇心，对孩子创造力的培养十分有益。通过夸奖可以使孩子的好奇心更强。我时常把儿子引向大自然，让他去观察花鸟草虫，去遥望满天星星。闪电雷鸣、阴晴雪雨，他会感兴趣；日升月没，昼夜交替，他会不断提问。

对于孩子的好奇心，父母不能感到厌烦，而应该加以保护，并且善于将其引入恰当的轨道。这种夸奖，能把孩子带进知识的海洋，读书，做手工，搞实验，会给孩子带来无穷无尽的乐趣。

很多孩子的大胆想象常常不被父母所理解，这是因为父母心目中有许多条条框框，并且经常用这些条条框框去封杀孩子的创造力。

我认为，孩子的创造力之所以如此大胆丰富，就是由于他们的脑袋里没有什么条条框框，而且根本不想受条条框框的限制。

有一天，我的一位老朋友来我家做客。他看见卡尔正在用蓝颜色画一个大大的圆圆的东西。

他问卡尔："孩子，你画的是什么啊？"

卡尔回答道："是一只大苹果。"

朋友说："可为什么要用蓝色呢？"

卡尔回答："我认为应该用蓝色。"

朋友对我说："我的老朋友，你应该教教孩子。他用蓝颜色画苹果，你应该告诉他那是不对的。”我感到很惊讶，说：“这是为什么呢？我为什么一定要告诉他用红色呢？我认为他画得很好，也许孩子今后真的会栽培出蓝色的苹果呢。现在的苹果是什么颜色，他吃苹果的时候自然会明白的。”

孩子的创造力就是在这样的不断的夸赞中培养起来的。如果用要求大人的标准去要求孩子，那么一举手一投足都有许多不合“规矩”的东西。如果对孩子的不合乎“规矩”的行为时时加以“纠正”，那么孩子的创造力就会渐渐消失了。

孩子一生下来就在学习，逐渐形成了自己的长处和短处。扬长避短，优先发展，是每一个父母的神圣责任。

对于不同年龄的孩子，“玩”对他的意义是不同的。“玩”的方法也是变化和发展的。“玩”不仅仅在于“有趣”，而且还在于通过“玩”，孩子可以学习更多的东西，发现许多他认为奥妙的东西。我们知道，玩可以充分运动孩子身体的各个部位，可以帮助他的各个感官的发展，可以开发与培养孩子的智力和创造力。

我看着儿子长大，他的一举一动都在我的观察之中。我发现，对于他来说，并非只有游戏才是玩，吃、喝、拉、撒、动，甚至睡觉都是一种玩。

在儿子有兴趣的时候，我总会让他玩个够，玩得开心。

玩是孩子的天性，这一点很多做父母的都知道。但是怎么玩，玩什么，很多人未必有清楚的认识。很多孩子玩得很盲目，为玩而玩。由于这种现象，孩子本来可以从玩之中开发智慧和能力，但却被白白地浪费。应该明白，孩子不能为玩而玩，而是要玩出名堂来。

孩子在玩的时候，充满了积极性、主动性。他们的大脑在飞速地运动，思想在不断发出火花，这对培养孩子的各种能力，特别是想象力和创造力，是其他手段难与之匹敌的。我们知道，“玩”有生活的影子，但绝不是对生活的照搬，孩子会根据自己的认识和理解去改造生活。父母不应用条条框框去加以限制，这样孩子的创造力才能够得到充分发挥。

孩子对音乐有天生的兴趣，听优美的乐曲可以使大脑得到有效的训练。如果孩子对音乐节奏十分敏感，对音乐十分入迷，那么这个孩子可能有音乐天赋，父母应该提供更多的“音乐奖励”，孩子一表现出这方面的兴趣，父母就应该用各种方式进行“奖励”。

孩子的绘画才能是从分辨各种颜色开始的，如果孩子对颜色有很大的兴趣，并且经常在地上、墙上涂画各种东西，那么这个孩子可能有绘画的天赋，父母就应该为他购买画笔、颜色和纸，鼓励孩子画画的兴趣，还应该及时带他去观察大自然的风光，开阔孩子的视野。这些都算是对孩子的夸奖，对于开发孩子的天赋十分有益。

喜欢背诵、说话、讲故事的孩子是具有语言天赋的表现。说话特别早的孩子尤其应该引起父母的重视。孩子的语言天赋除了天生之外，很大程度上是后天训练而成的。经常与婴儿“说话”，尽管他可能不会说话，但至少可以激起他对语言的兴趣。

语言能力是人的一种最基本的能力，因此，父母对此要特别加以“夸奖”。孩子小时候说话多，长大了肯定会能言善辩。父母在孩子发音不准，用词不当时，绝不能讥笑，应该在他无意中加以引导，给予相应的鼓励。

要明白，孩子说错了话是完全正常的，不说错话才是奇怪的事。只要孩子说话就应该鼓励。

卡尔在 9 岁时就能熟练地运用并翻译法语、意大利语、拉丁语、英语以及希腊语，在很大程度上归功于我对他年幼时的夸奖。

教儿子学会面对失败和挫折

通往天堂之路是漫长的，第一步都是刻骨铭心的，我认为 5 岁是其中的第一步。在儿子 5 岁的时候我就开始培养他各方面的能力了，但我认为更重要的是，从这时起就应该去培养他快乐的性格。

人一生之中会有很多失败，教育儿子学会面对失败，不怕失败，是非常重要的事。很多时候，因为害怕失败而失败了，很多时候，因为不怕失败反而胜了。

害怕失败，孩子的心理压力很大，本来能够做的、轻而易举的事情也做不好，做不了；害怕失败，孩子心里会产生不做不错、多做多错的想法，丧失尝试的动力，以至于长期处于无能的心理状态。

我在这方面对儿子很宽容，即使他在某一件事上失败了，我也能够允许他再失败一次。任何人都知道，孩子吮乳、说话、走路，谁也说不清楚，到底失败了多少次，可是最终却胜利了，成功了。这不是对做父母的一个最好的启示吗？

害怕失败的心理不予消弭，久而久之，孩子就会形成一种对事物缄默冷淡或者不参与任何活动的习惯，这对他的健康成长极为有害。这种心理会导致孩子变得自闭、忧郁、阴沉，这样的人怎么会有快乐的性格和美好的人生呢？

无论儿子做什么，只要他不违反固有的原则，不做有损于自己和他人的事，我都尽力支持他去闯去干，在行动上鼓励他去尝试。我认为，只要让他有了不怕失败的勇气，再加上正确的引导，一切都会成功。

对于孩子的失败，这里有几点建议：

1. 站在孩子的立场上来对待这次的失败，抓住这一时机，让孩子真正体会到失败并不可怕，使孩子树立起正确的失败观，做到胜不骄、败不馁，这样的教育才能使孩子坚强起来，相信我们都不希望自己的孩子脆弱不堪，经不起任何的打击。

2. 帮助孩子寻找失败的原因，失败总是有原因的，也许是客观上的原因，也许是主观上努力不够，只有找出失败的原因，从中总结经验教训，才能避免下次的失败。要让孩子明白努力的方向，使孩子看到成功的希望。

3. 鼓励他不要因为失败而丧失信心，告诉他努力了终将会有收获。失败时的孩子更需要的是安慰和支持，绝不是指责和嘲讽。家长的期待和信任对失败的孩子来说，是一种强大的精神力量，能帮助孩子迅速恢复信心，走出失败的阴影。

4. 应该给失败后的孩子新的起点，在孩子的努力过程中不失时机地鼓励他的进步，哪怕进步非常的微小，你的表扬和肯定是帮助孩子走出失败沼泽地的最好的精神动力，它们能恢复孩子的自信心，增强孩子面对困难的勇气。

我不赞成父母把孩子本来自己可以做的事全包下来。久而久之，孩子便失去了独立思考的能力。无论何事，都要父母拿主意，这是完全错误的。

对于卡尔，自己能做的事情我总是叫他自己去做。我尽力杜绝他以“我不会”作为借口换取父母的帮助。每当儿子对某件事说不会的时候，我总对他说“我教你”，而不是自己一做了之。

由于儿子在各方面都得到了良好的发展，每当他遇到挫折的时候都会得到我和他母亲的帮助和鼓励，他也从鼓励和夸奖之中逐渐建立起了自信心，直到现在，他的性格一直是健康和快乐的。

把握好夸奖和责备的尺度

在生活中，我经常发现这样的情况：孩子表现出了不良行为，比如打架、浪费、偷东西、撒谎……这时父母着急了，训他，骂他，甚至打他。我认为这样做的结果非但解决不了问题，而且会产生更大的副作用。

孩子的不良行为更能引起父母的注意，他们往往在这些行为上的印象更深。因此孩子往往会选择引起父母注意的行为，而不愿选择父母毫不理会的行为。

有些父母错误地认为，关注孩子的坏行为，对孩子进行惩罚，可以制止不良行为的发展。其实，对孩子来说，这种惩罚都似乎是一种奖励，因为这一行为引起了父母的重视。这就是不少孩子爱恶作剧的原因所在。

父母关注什么行为，这种行为就会逐渐形成孩子的习惯。因此，我认为父母应该多加关注孩子好的一面，对良好行为给予及时、恰当的奖励，而对不良行为采取漠然处之的态度，让它没有加深印象的机会。

很多父母对孩子好像总是爱责备，而不善于表扬。

有许多父母为纠正孩子的缺点，总是先情绪激昂而后没完没了地责备孩子。有的父母曾找我座谈，说最初“因不责备就不改”而责备，后来因“即使责备也不改”而苦恼，最后又认为“不可救药”而放弃不管了。

一味地责备，不用说孩子，就是连大人也会失去信心的。这样下去，就会逐渐将其培养成为因设法保护自己而产生反抗心理的孩子。

通过责备让孩子做与通过表扬让孩子做，二者对孩子的影响完全不同。因此要用冷静的态度和温暖的心去对待孩子，要注意和发扬孩子的优点。

有人说：“处于反抗期的孩子，难以对付。”人本来没有什么反抗期，但因孩子具有旺盛的生命力，若不给予正确引导，就会以“反抗”等的形式表现出来。因此说，“反抗期”不是自然形成的，而是由父母培植起来的。

如果总责备孩子，任何孩子也都会产生反抗的心理。正如能力法则所确定的那样，若给孩子以反复的刺激，就会使孩子逐步形成“反抗”这一能力。例如，常用烈性药物，细菌就会迅速产生抗药性，不久这种药对细菌就完全不起作用。同样，对孩子越是一味地责备，其反抗心就越强，最终还是以屈服于孩子而告终。有人对我说：“请教给我好的责备方法。”我没有那种好方法。也有人说：“现在孩子不听话，难道不责备就算好吗？”我认为即使不听话，也绝不能责备，要真心实意地、正确地培养孩子的能力。不过，我们要有耐性才行。

在此，我建议那些已经做了父母的人，不要因为孩子的不良行为而专门去教训和打骂，而要去发现孩子的长处。对于那些个性很强、精神旺盛、从不受别人指使的孩子，更加应该这样。父母发现了孩子的长处，尽量对他的良好行为进行夸奖，当他听到父母的夸奖时，一定会变得听话起来。

在对儿子的教育过程中，我发现良好的行为在得到不断夸奖时，这一行为就会不断重复而形成习惯。很多父母可能没有意识到这一点，他们认为孩子的良好行为是自己与生俱来的，是理所当然的，因此无话可说，就不想夸奖。其实，孩子良好的行为如果得不到及时的夸奖，孩子的心里不会增加印象，良好的行为就慢慢停止了。

我发现不少的父母甚至在不知不觉之中采用了完全相反的做法，对孩子的不良行为给予夸奖。比如对撒娇的孩子给予不恰当的呵护，父母们就在这样的无意之中强化了孩子的不良行为。

对于孩子好行为的夸奖越早越好。孩子年龄越小，实施起来效果越明显，也越容易。我曾经对其他的孩子做过一些研究，当孩子进入少年时代，这种夸奖就有一定难度了，因为少年时代的成长过程中，孩子有一个反抗父母的阶段。为了更好地实施这一方法，父母应该明确区分孩子的情感与行为。孩子的内心世界，如爱、高兴、生气等，是孩子独有的，父母往往对此鞭长莫及。孩子感到高兴或生气，他们自己也无法控制。孩子的行为是外在的，是看得见、摸得着的，孩子自己也能控制。孩子无法控制自己的情感，但是可以控制自己的行为；父母难以控制孩子的情感，但是却可以对孩子的行为施加极大的影响。

我认为，对孩子的夸奖，应针对的是孩子的行为而不是他的情感。

我认为父母应该注意到孩子的行为是指具体的行为，而不是抽象的或分析出来的。那些说不清楚的行为，父母无法施加影响，也无法去加以控制。明白这一点至关重要。哪些行为是说不清楚的行为呢？比如："这孩子尽做些令人最头疼的事情"、"这孩子爱欺负人"、"这孩子不负责任"等。哪些行为是具体的行为呢？比如："他打了别人的小孩"、"他在墙上画了一只小动物"等。

我们应该明白：夸奖的是孩子的行为而不是孩子的情感。应该夸奖具体的行为而不是"说不清楚的行为"。作为父母，主要是对孩子好的行为给予及时夸奖。如果孩子没有做到，千万不要责备。孩子偶然做到就是一个不小的进步。只要孩子表现出良好的行为，父母就应该及时进行正面强化，巩固这种行为。我对卡尔的夸奖，一般有两种方式，一种是情感方式，一种是物质方式。我深深地感到，情感方式往往比物质方式更有效。

情感方式有表扬、亲吻、拥抱等口头或身体的行为。这种方式取之于父母，千万不要吝啬。

物质方式是一种补充方式，如给孩子一块点心等。卡尔每次在这种情况下得到了奖励总是欢欣鼓舞，并不在乎奖励的多少。

通过对卡尔的这种教育，我发现他在年龄很小的时候，大部分时候采用情感方式奖励就足够了，特殊情况时再采用物质奖励。

我认为，只要及时地对某一行为给予正确夸奖，这一行为就会在孩子身上不断重复出现，良好行为得到及时的强化和巩固。久而久之，孩子就会养成自然而持久的良好行为习惯。

但是，我何时夸奖卡尔，并不是随意确定的。如果太随意，那么他就无法明确地知道我因为什么夸奖他。我总是在他表现出良好行为时给予夸奖，并且告诉他因为什么事而得到夸奖。

每当卡尔开始使用新的且令人满意的方式做事时，我都会及时给他奖励。我认为这样对于培养他的良好行为十分重要。当他学会了新的行为，并且理智地去实施这一行为时，我便不再每次都给予夸奖，而是拉长夸奖的时间间隔，实施间断性或随意性的夸奖。这种夸奖只能偶尔为之，要让他感到意外。

我发现让儿子适应偶尔得到奖励的方式，他便会继续表现他的良好行为。因为已经形成习惯，儿子知道怎样做会使我高兴，他也为此对自己的良好行为感到满足和高兴。

同样，当在用于惩罚时，情感方式的杀伤力也要比物质方式更厉害。我所做的一般是让孩子明白我为他的行为生气、悲伤或者失望，而不是愤怒地扑向他。一旦这种时候，卡尔总会显得有些羞愧，然后很自觉地改掉错误行为。有时，为了留给他深刻的印象，我会用取消他的度假或其他本来用于奖励的计划以及物质来惩罚他。

我绝不空洞地和不真切地表扬儿子

对于孩子的善行和出色表现给予奖励和表扬是十分必要的，这可以鼓励孩子更加努力，也有益于增强孩子的自信心。但尽管如此，我仍需提醒那些善良的父母，不要过于随便地奖励和表扬。因为这会使奖励和表扬失去它应有的作用。

我反复强调奖励和表扬在树立孩子自信和鼓励孩子上进方面的重要性，但这并不意味着用夸大其词使孩子无法真实地认识自己，正确有效的奖励和表扬应建立在事实的基础之上。也唯其如此才可能使个别用于治疗孩子自卑心理的奖励和表扬发挥效用，否则过于泛滥的奖励和表扬只会为孩子未来的自卑埋下隐患，因为孩子将会发现现实中的自己并不像父母眼中的或者自己想象的那样。

即便卡尔学得非常好，我也只是说到“啊，不错”的程度。当儿子做了善行时，我对他的表达可能会进一步，我会对他说：“好，做得好，上帝一定会高兴。”但不会表扬过头。

对孩子的奖励和表扬都要符合实际，父母在对孩子实施奖励和表扬之前应保留一分清醒，确信自己明白这一行为的原因和目的，并注意行为措辞的方式和方法。

假如卡尔的妈妈回家后，一进门发现卡尔已经把房间的地毯清扫了，并换了新的垃圾袋。她感到非常高兴，因为她并没有要求儿子这样做。儿子的母亲对儿子说：“你简直太好了，做了这么多的事，我真喜欢你，这样吧，为了表扬你今天的表现，我给你 5 马克零花钱。”

那么卡尔的妈妈在这里犯了错误，什么错误呢？卡尔主动做了额外的工作，完全是自愿，没有得到其他孩子的帮助，做妈妈的当然会夸奖她，说他是好孩子，并表示对他的喜爱，那也很合情合理，又有什么错呢？这里的根本问题在于妈妈所有的评语都集中在卡尔身上，将卡尔本身的好坏与所做的事联系起来，将是否爱他与他所做的事情联系起来。这虽然是个很细微的地方，但应引起父母的注意。这样做的危险之一在于孩子小，不大肯定父母是因为他做了这件事才爱他，还是即使他不做此事也会爱他。这种“爱不确定”的心理也会给孩子的成长带来阴影。对父母的爱不确定的孩子会花费终生的精力来找到答案，这对孩子和父母都是一种痛苦的论证。另外一个问题是如果我们对孩子做的好事大加赞扬，他会对自己感觉良好，充满自信，但同时却认为自己的每一点努力都应当得到别人的注意和夸奖甚至奖励，否则就对自己没有把握。但是在我们的生活中，大多数情况下，是没有人时时刻刻站在那里表扬他的。即使做了很好的事，可能也不会有人来表扬你。孩子面对这样“冷淡”的现实，又会怎样感受呢？他们会认为生活不公平，而顾影自怜。他们会想：“我真可怜，没有人能欣赏我的努力。”“我做了那么多，谁也没看见。”现实使他们泄气，甚至使他们放弃自己的努力。

给卡尔 5 马克零花钱作为奖励，这更加剧了不好的效果。这一举动教给卡尔，如果他做了额外的努力，就会得到报酬。这样似乎在告诉卡尔他做好事就是为了报酬。他会很有意识地去期望什么人会给他物质奖励。但事实上我们不会为自己所做的每一件事、每一件额外的好事受到奖赏，即使在家里。如果妈妈因为太忙没有顾及卡尔的努力或忘记了奖励，卡尔会怎样反应呢？他的积极性会不会受到打击呢？给孩子奖励，以此激励他们做得更好，是否由此给他们勾画了一个虚幻的未来，即每做一件事都会有人奖励他们？这样我们实际上在为他们的未来设置障碍，所以必须使孩子们准备好过真正的没有人拿着糖果奖励的生活。今天孩子会因你的奖励而欢笑，明天却会为现实的“冷酷”而灰心丧气。这就是不恰当的奖励和赞扬对孩子有害处的原因。

在儿子成长的过程中，我不仅自己不过多地表扬他，同时也绝不让别人表扬他。

每当别人要表扬卡尔时，我就会把儿子支出屋子不让他听。对那些常常不听忠告仍一味夸赞儿子的人，就谢绝他们到家里来。为此，我甚至被人视为不通人情，是一个老顽固。但是，为了杜绝孩子养成这种不良习惯，我对别人的议论是不会去计较的。

我教育儿子：知识能博得人们的崇敬，善行只能得到上帝的赞誉。世上没有学问的人是很多的，由于他们自己没有知识，所以一见到有知识的人就格外赞赏。然而，人们的赞赏是反复无常的，既容易得到也容易失去，而上帝的赞赏是由于你积累了善行才得到的，来之不易，因而是永恒的。所以不要把人们的赞扬放在心上。

我告诉卡尔，喜欢听人表扬的人必然得忍受别人的中伤。仅仅因为别人的评价而或喜或忧的人是最蠢的。被人中伤而悲观的人固然愚蠢，稍受表扬就忘乎所以的人更是愚蠢的。

有些父母的想法或许与我不同，他们大多喜欢在众人面前炫耀孩子在这方面或那方面的“与众不同”，这样就很容易使孩子感到自满。我很担心，这种做法很可能把一个未来很有潜质的孩子毁掉。

我认为，没有经过早期教育而靠天赋产生的神童，只不过是一种病态的暂时现象。这样的神童，往往容易夭折。这就是“十岁神童，十五岁才子，过了二十岁是凡人”这一谚语所表达的现象。一些潜质很好的孩子之所以没能如愿地成为栋梁，正是源于孩子的骄傲自满，狂妄自大。

世界上再也没有比骄傲自大更可怕的了。骄傲自大会毁掉英才和天才。

意思是一个自幼就表现出某种天赋的孩子，因为一出生时就让别人感到他灵气逼人、聪明伶俐，人们都说这个孩子一定是个天才，他的将来一定极为辉煌。

有人说：“莱恩一定会成为一个伟人，你看他那种机灵的模样，说不定会成为一个伟大的将军。”也有人断定他会成为一个可以令大家引以为荣的艺术家。

莱恩的父母为此专门给他请了家庭教师，试图在音乐方面给予他最好的培养。他确实非常聪明，老师教的一切他都能很快地学会。四五岁的时候，他不仅掌握了基本的乐理知识，而且会演奏多种乐器。他的钢琴和小提琴演奏极为出色，并且很快就举办了自己个人的音乐会。

莱恩的父母把他当成一个宝贝，生活的全部重心都转到了他的身上。他们逢人就夸奖自己的孩子。甚至当着众人的面，说莱恩的音乐水平已经远远地超过了他的老师和其他同时代的音乐家。他们说莱恩注定会成为像巴赫那样的音乐大师。

莱恩被这些过多的赞誉蒙蔽了，他陶醉在沾沾自喜之中。

有一天，他的音乐老师告诉他在音乐表现上存在着很多的不足。虽然他的技巧确实已经相当不错了，但音乐的本身魅力在于内涵而不单单是技巧。

莱恩被激怒了，他狠狠地对老师说：“你以为我只会技巧吗？那些音乐的内涵我早已清清楚楚。”

老师说：“但我明明发现你有这些问题呀！”

莱恩说：“那不是问题，是我故意那样演奏的，我就是那样理解这首曲子的。”

老师为了让他能够明白一些音乐表现方面的东西，开始给他做示范。碰巧老师在演奏的过程中犯了一个小小的错误，这样就被莱恩抓了个正着。

“喂，您都弹错了。我亲爱的老师，就您这样的水平还能够教我吗？”他的语气中带着极大的嘲笑。

老师气愤极了，虽然他认为莱恩是个有才华的孩子，可还是马上辞去了这份工作。尽管莱恩的父母请他原谅孩子的做法，并尽量地挽留他，但他仍然头也不回地离开了。

自从老师走后，莱恩越来越得意。因为他自认为是天才，胡乱地改动那些大师的作品，并经常说这些作品不过如此。

他拒绝父母再给他请老师，说那些老师都是不中用的人，根本不配来教他这样的一位百年难遇的才子。

结果是可想而知的。事过多年，我听说莱恩已经变成了一个酒鬼，他愤世嫉俗，说人们不理解他这样的天才。

我知道有很多伟大的艺术家在生前或未成名之前很难被人理解。但莱恩绝不是那样的人，因为他一生从未写出过美妙的作品，甚至连平庸的作品都没有。而且过度的饮酒摧毁了他的听力和灵巧的手指，恐怕他已经变得连最基本的音阶都不会演奏了，更不用说是演奏出美妙的音乐。在对卡尔的教育中，我担心的正是这一点。我下了很大的功夫就是防止他自满。我把莱恩的事讲给他听，让他明白骄傲自满和狂妄自大会带来多么大的危害。

我很庆幸对儿子的教育有如此的成效。我曾经无数次地告诫卡尔：无论怎样聪明、怎样通晓事理、怎样有知识的人，与无所不知、无所不能的上帝相比，只不过是九牛之一毛，沧海之一粟。只有粟粒大的一点知识就骄傲的人，实际上是很可怜的。奉承话大抵八成是假的。说来可笑，正是这八成是假话的奉承话竟是世之常习。因此，谁要不折不扣地相信这种奉承话，那他就是糊涂虫。

第九章

我如何培养儿子好的品德

教育不应当只从智力上着眼，还要力求使受教育者变得更加敏锐、文明，更加宽容、仁慈。

提高儿子对善恶的判断能力

如果一个人心底只有善良，只有同情心，那么这种善良的泛滥就很可能淹没他对是非的辨析能力。而且，由于长期缺乏对丑恶不良现象的憎恶和仇恨，缺乏正义感带来的力量，这个人还可能会逐渐向黑暗面妥协，并变得懦弱可欺，甚至在无力维护善良的情况下最终走向善良的反面。

真正品格教育的核心绝不是让孩子去无休止无辨别地奉献，而是在教孩子做一个品德高尚者的同时学会分析判断世间的是与非。只做好人而不辨是非、不憎恨丑恶和不良现象是绝对不可以的。因为这样的好人很容易因为表现出过强的讨好倾向而成为一个毫无原则并且让人蔑视的好好先生。我们要学会善良，更应学会去维护善良。有一天，儿子突然说了这么一句话：

“我看那个警察也不像我以前想象的那么好。”

“哪个警察？”我奇怪地问道。

“就是我们去镇上时常看到的那个在巡逻的大个子。”

“你为什么这样说呢？他得罪你了吗？”当时我还真的有些不明白他的话，便仔细地问他。

“他当然没有得罪我。因为我是尊敬的威特博士的儿子，他对我很好，每次看见我都非常热情地同我打招呼。可他对待别人就是另外一回事了。”

“怎么？他对别人不好吗？”

“岂止不好，简直就是恶劣。那天我见他对待一个进城来的农妇，好像突然之间变成了另外一个人。不，是变成了一个魔鬼。”

“有这样的事？”

“当然，这是我亲眼所见。”

接着，儿子给我讲述了那天他亲眼所见、并对他产生深刻影响的一件事：

“你好，我们可爱的小博士！”大个子警察一见到小卡尔就亲切地招呼他。

“您好，埃尔先生，您在巡逻吗？”儿子也很有礼貌地向他问好。“是的，我在巡逻。”“您真是太辛苦了。这么热的天气，您仍然在大街上工作。”

“哦，这没什么。这是我的工作，也是我的职责。现在有很多不规矩的人，有很多坏分子。我可不想让他们来伤害像你这样守本分的好心人。”大个子警察埃尔先生兴致很高地谈论着。

突然，他的眼睛像猫看见老鼠一样闪出一道锐利的光芒，接着向前面的人群中走去。

卡尔顺着埃尔先生行走的方向望去，看见一个农妇正在向过往的行人不停地说着什么。

“你在干什么？”埃尔先生一走到农妇的面前就冲着农妇大吼起来。

“哦，警察先生，”可怜的农妇似乎受了惊吓，战战兢兢地说，“我……我迷路了，我正在向那位先生问路，可他也不知道，您能帮助我吗？”

“什么，迷路了？”埃尔先生眯起他那双略显细长的眼睛，带着怀疑的语气说道：“那么你为什么那么紧张呢？我看你不是在问路，而是另有所图。”

“什么？你的意思是……”农妇吃惊地看着他。

“我的意思是你可能有不良的意图。趁我还没有发怒，老实说你到底想干什么？”

“天哪！我没有什么不良的意图！不，我只是迷路了。”

“不要装作一副可怜巴巴的样子！你这样的人我见多了。”

“什么？我不明白。”

“你不明白？别装傻了。快说，否则我把你抓起来。”

“不，警察先生。我可是守规矩的老实人。”农妇惊慌地辩解道。

这时，我儿子卡尔走上前去，他想去帮助那个农妇，便对埃尔先生说：“哦，埃尔先生，我看这位太太是吓坏了。她只是迷路了，您别这么吓唬她。”

埃尔先生转过身，又换成和蔼的面容，说：“卡尔，你真是一个善良的老实人。但你还太小，不能看清他们这种人的真面目。”

儿子不解地看着他。

埃尔先生继续说：“这阵子有很多家庭被窃，我怀疑就是他们这种人干的。天知道这个女人是不是盯梢的眼线。我看她那副贼眉鼠眼的模样，肯定不是好东西。”

“可是，您没有证据，埃尔先生。”

“把她抓回警察局就有证据了。”说着，大个子警察埃尔先生就去推搡那位可怜的农妇。在拉扯之中，他将那位农妇的包袱打散在地，什物撒落四处。

农妇就这样被抓进了警察局。

没过多久，儿子了解到那个农妇的确仅仅是个迷路的人，她到这里是来找在城里工作的儿子的。

后来，卡尔还听人说起大个子警察埃尔先生，说他经常欺负那些陌生人和弱小商人，还经常向那些商贩收取非法的费用。据说他把这些钱都拿去赌博和喝酒了。

听完儿子讲述的这件事，我陷入久久的深思。社会上的确有不少这样的人，他们平日里衣冠楚楚，但在骨子里却凶恶至极，天生一副坏心肠。

在那一刻，我感到教会孩子用清醒的头脑看待身边的事物是一件非常迫切的事。

很多时候，我们都需要对生活中的事物做出鉴别，并决定自己的行为选择。我们的孩子在成长后也将面临无数和我们一样的问题。所以，若想真正使孩子建立健全的理性，就绝不能仅仅停留在一些一厢情愿的人生准则上，而应对社会现实保持敏锐的观察力，通过对事物的准确判断做出适当的行为选择。这在一个充满欺骗和诱惑的世界里尤为必要。

让儿子懂得同情和关怀

我和妻子同心协力，下功夫培养儿子在常识、想象力和爱好等方面的能力。我不喜欢没有爱好和常识的人。我还努力培养儿子的情操和情感，使他具备高尚的品德和虔诚的爱憎好恶。

我力图让他学会怎样去爱别人，让他懂得什么是同情，什么是人生最美好的东西。具有同情心的孩子都不会霸道蛮横，并且能从事对社会有益的事情，比如帮助他人，分担他人痛苦等。这些孩子更能得到社会和大人的喜爱，在学校和日后的工作中会有更多的好机会，成人后更能与朋友、家庭建立起亲密无间的关系。我时常教育卡尔爱的魔力，告诉他爱是上帝赐给我们最伟大的力量。能接受别人、同情他人，他所得到的回报将是无限的。

同情心是一种把自己放在对方所处境况、设身处地地为对方着想的心理，它使人体验和感受到对方的痛苦并产生安慰或帮助对方的想法和行动。

同情心可以说是一切道德的源泉。它滋生爱、信仰、体贴、善良、谦让等一切高贵的品质和行为。

对父母而言，如果想培养孩子的高尚品格，使其善良、富于爱心，最好的办法莫过于从同情心开始，保护他的同情心并刺激其成长。

卡尔 3 岁时，有一次家里来了好多人，他们和卡尔海阔天空地谈论着。

这时，我们养的一条小狗跑了进来。卡尔像其他孩子那样，一把拽住小狗的尾巴，把它拉到自己身边。

我看到后，立刻伸手揪住了卡尔的头发，脸色吓人，拽住不放。卡尔吃了一惊，把拽着狗尾巴的手放开了。

在卡尔放手的同时，我也把手放开了。

我问儿子："卡尔，你喜欢被人拽着头发吗？"

卡尔红着脸说："不喜欢。"

"如果是这样，那么对狗也不应当这样。"说完，我就让他到外面去了。

对于儿子这种很不合教育要求的做法，我总会严厉指正。

我之所以这样教育儿子，就是为了让他能够站在他人的立场上来考虑问题，让他出于自己的感受去帮助别人，而不是被某种道德和命令所强迫。

由于我严格的管教和指导，终于使卡尔成了一个心地善良、富于同情心的人。他不仅对同胞怀有深情，就是对鸟兽之类也富于怜悯心，最终成为一个能够得到别人尊敬和喜欢的人。

正因为有了同情心，人们才会懂得别人和自己一样需要爱，需要关心，才会懂得如何才能更体贴地照顾别人的心灵，才会懂得不做欺凌弱小的事情，懂得谦恭礼让。

在孩子年幼的时候，不用讲太多的道德理论给他听，这些枯燥的东西不但不易被孩子所理解消化，而且还很可能阻塞孩子自然活泼的天性，只要注意呵护孩子的同情心并适当引导它的成长就可以了。

我曾经告诉儿子，我们每个人都应该关心他人。我们每一个人都受到过别人的帮助，我们应该随时准备着把别人的帮助转为对别人的关心。我竭尽我有限的知识，时常给他讲述那些古代圣人的故事，还有《圣经》中那些关于爱的篇章。

在一个令人心旷神怡的黄昏，和往常一样，我牵着儿子的小手，一边散步一边耐心地解答他那些如潮水般涌来的问题。

一个流浪汉从我们身边走过。没想到，这个流浪汉却引起了卡尔的注意。卡尔抬起头问我:“他为什么要流浪呢？他需要什么呢？”我没有立刻回答他，因为对于儿子的问题，我都要给他一段自己思考的时间。这一次，卡尔并没有像往常那样反复追问，而是跑上去追上流浪汉的步伐，向他提问:“先生，您为什么要流浪？您需要什么吗？”

“我需要一个面包。”流浪汉哈哈大笑起来，他或许从来也没有想到过一个只有 5 岁的孩子能够帮助他什么。

流浪汉摇了摇头，继续向前走去。

“先生，请你等一等。”儿子的话音未完，便向家的方向飞奔而去。

流浪汉停下来给我打招呼:“先生，这是您的孩子吗？”

“是的，是我的儿子。”

“多可爱的孩子啊，他真幸运……”

站在路边，我和流浪汉攀谈起来。他告诉我他家乡的情况，给我讲他的流浪生活以及他对命运的感叹。不多久，卡尔气喘吁吁地跑了回来，手里拿着两块面包。

他看了看我，我微微点头表示赞许。“先生，这是我和我的家人送给您的。”儿子把面包递到了流浪汉的手中，他的神态和动作似乎都在说，请接受吧。

事后我问儿子:“你当时怎么会有给流浪汉送面包的想法？”

“我想您和妈妈都会赞成我的做法，因为您曾经对我说过，人只有在行善时，才能接近上帝。”

很多的孩子，在成长的过程中都能自然而然地产生出同情心，不论是男孩或是女孩。

那似乎就是一种天性。随着他们认识能力的成熟，渐渐能区分他人精神痛苦的不同表现，并能用行为表达自己的关心。

但是，随着孩子同情心的发展，父母还应逐步教会他如何正确运用这一高贵的品质。

其中很重要的一点就是注意不要让孩子滥用同情心。

我见过许多品行十分优良的父母，他们力图使孩子善良而富于爱心，他们告诉孩子对别人遭遇的困难和麻烦应感同身受，但他们忘记了教孩子如何判断是非，抑或他们自己也不十分善于此道，于是在未来的日子里就会发生这样的情况：一向善良本分的汤姆竟然帮朋友窝藏偷来的赃物；杰西为了避免伙伴艾米回家挨骂，便帮助他撒谎，等等。

不要让孩子滥用同情，同情心毫无约束的发展正导致孩子是非观的模糊和不自觉的懦弱，父母们在鼓励孩子使用同情心之际有必要教他们分辨善恶对错，告诉他们什么值得同情，什么不值得同情。

教育孩子信守自己的诺言

对孩子的信用教育，往往是品格教育中十分关键但又很容易被忽略的一项。因此，事实上，很多父母自身对于信用也缺乏足够的理性认知和实践上的遵守。而实际上这一方面无论对于树立孩子的品格还是在未来事业和生活上的发展都至关重要。所谓四时有序昼往夜来，是天地遵守的信用。言而有信，言出必行则是人应遵守的信用。

许诺就应做到，可是有的时候一些事情的确是许诺者所无法做到的，而并非出于情感上的自私或有意反悔。那么，就该尽量避免此类现象的发生，不许诺自己做不到的事。

中尉乔姆讲了这样一个故事：

我很小就爱玩打仗游戏。这种游戏极易引起人的兴趣。每当此时，我都显得特别激动和兴奋。

这一天，我们的计划是要攻破敌人的一个“堡垒”。由于这个“堡垒”位于较高的地理位置——一个废弃仓库的第二层楼，虽然已废弃，这个旧仓库的大门仍然被一只很大的锁牢牢锁住，孩子们要攻入“堡垒”的唯一办法就是要从那扇破败的窗户爬进去。

兰迪——这次战斗的指挥官威严地向我们做了布置：“由于敌人的炮火很猛烈，我们必须发动分批分组地进攻。乔姆负责率领自己的小分队作先锋，吉米、瑞森的小分队作为第二批进攻者，我负责掩护。”

“行吗？乔姆，那个窗户可比较高哇。”兰迪问道。

“没问题。交给我了！”我充满信心地大声回答。

就这样，“战斗”开始了。

我首先冲了上去，我幻想自己面对着敌人的炮火，或是来回奔跑，或是匍匐前进，或是找掩体躲藏，不一会儿，我便攻到了“敌人”的“堡垒”下。

“第二分队，向前冲锋，去支援第一分队。”兰迪的命令一下达，吉米和瑞森也勇敢地向前冲去。

就这样，我们三个人就像真正的战斗那样勇敢地冲到了仓库的墙前。剩下的事就是要爬进那扇窗户——“敌人堡垒的大门”。

“乔姆，冲进窗户，打开大门，迎接大部队！”兰迪指挥道。

我猛地向窗户扑过去，使劲向上跳，可就是够不到窗户。一下，两下，三下，还是不行。

兰迪着急地问：“好了没有，乔姆，敌人已经冲过来了啊！”

可我的个子实在是太小了，就是不能爬到窗户里去。兰迪生气地说：“刚才不是问你了吗？你说没问题！你耽误的时间让一个团都牺牲了。”我惭愧极了。中尉乔姆解释道：我之所以对小时候这次游戏念念不忘，是因为在我当兵以后发生了一件几乎完全一样的事。但区别在于那不是游戏，而是真的战争。那个夸口能做到但实际上没做到的也不是我，而是汤米上士。当时敌机轰炸得很厉害，我们需要攻占的目标，对整个战役的胜负起着十分重要的作用。团长布置任务时反复斟酌，后来问道：

“谁做先锋，先抢占目标前面的小山头？”

“我！”急于立功的汤米上士说，“我只需要45分钟。”

“45分钟？你确信能在45分钟内赶在敌人前面抵达那里吗？”

“我保证。”汤米上士说。

但结果呢？汤米上士对周围的地理环境一无所知，绕到了岔路上，整整一个小时，他也没有赶到目标前的小山头。很快，敌人赶到了，在扼守住目标前方的一个小山头后，敌人很快就在目标站稳了脚跟。而此后，我们花了整整一个月时间才重新占领小山头。可以说汤米的许诺葬送了几百名士兵的性命。

在信用遵守中准时是最基本的内容。有些父母可能会说，我们在对孩子的教育中有那么多无暇顾及的方面，准时这样的小事又何必专门挑出来教导孩子呢？

这种提法是不对的。准时虽是小事，却与孩子许许多多其他方面的能力和品格素质密切相关。想想看，一个连约定的时间都不能遵守的孩子又怎么会信守其他的事情呢？不懂得准时的孩子往往无法形成效率生活的概念，做事容易拖沓懒散。并且，不懂得准时的孩子还常常有很强的自我中心倾向，没有尊重别人的自觉意识，所以在实际生活中的合作能力比较差。此外，不懂得准时的孩子在撒谎和轻易原谅自己不良行为的概率上也要高于那些准时的孩子。

我从小就十分注意向卡尔灌输准时的观念，所以卡尔一直很重视遵守时间约定。

有一天，卡尔回到家里，十分疲倦的样子。

妈妈看到儿子绯红的脸颊，摸了摸，发现儿子正在发烧。

“你发烧了，卡尔，赶紧躺在床上，休息一会儿。”

“可是，妈妈，”卡尔无力地说，“我上星期和米吉约好傍晚 6 点去看木偶戏的，他叫了我好几次了。”

“不过是一场木偶戏罢了。以后看吧。”妈妈心疼地对儿子说。

“不，说好了的事怎么能因为自己的原因不去呢？”卡尔软绵绵地靠在沙发上，“我休息一小会儿就去。”

“哎呀！那就多休息一会儿吧？我给你冲一杯热饮。”妈妈说，“要不，我给米吉打个电话，告诉他你晚点去？”

“哦，不，妈妈，我等会儿就走，爸爸说了，约好的时间不应该不遵守，也不应该随意变更。”

在日常生活中，家长常常为了诱导孩子做一件事，就轻易许诺，而事后就忘记了。孩子的希望落空了，他发觉家长在欺骗自己，在向自己撒谎。比如，妈妈嘱咐儿子，在家要听话，如果表现好，就赏你甜点心。结果，孩子努力去做，表现得很好，而妈妈星期天有许多应酬，就把日期推后，而且一推再推，最后不了了之。孩子因为妈妈的诺言没有实现，感到失望，并因受骗而愤怒。

因此，教育孩子信守诺言首先得从自己开始。想想看，一个自己做事都出尔反尔、从不信守诺言的父亲或母亲，怎么能教育出信守诺言的孩子呢？因此，从父母做起是十分重要的，一点也马虎不得。

教育孩子信守自己的诺言，可以从生活中一点一滴的小事做起。如卡尔每天做得好，我就如期给一个戈比，若做得不好，是不给钱的。父母信守诺言是为孩子信守诺言做楷模，孩子一旦失诺，这个时候，提醒孩子要信守自己的诺言是十分必要的，也是可行的。因为，孩子自己也知道，如果这次说话不算数，那么明天就不会如愿以偿了。

这是在小事中培养孩子信守自己诺言的方法，在大事情上，也可以运用同样的方法来实行。久而久之，孩子就会变得格外信守自己的诺言了。从小培养将使孩子终身受益。

培养儿子的善行

我认为，理想的人是品德、健康、才能都得到良好发展的人。只重视他的身体，孩子将成为四肢发达的可悲的愚人；只重视智力，孩子会成为弱不禁风的病夫，或者成为社会上的恶棍。然而，只重视品德教育，孩子会成为病夫、懦夫。这种人对社会、对人类都是无用的，因此，孩子的教育必须三方面并举。

教育孩子不仅是发展他们的智力，同时要培养他们的品德及善行。我认为，如同智力的培养需要从孩子一出生就开始一样，孩子优秀的品德也必须从摇篮时期就开始熏陶，否则是没有希望的。对孩子进行道德教育，越早越好。

孩子的心灵是一块奇怪的土地，播下思想的种子，就会得到行为的收获；播上行为的种子，就能得到习惯的收获；播上习惯的种子，就能得到品德的收获；播上品德的种子，就能得到命运的收获。在孩子品德的培养中，父母起着至关重要的作用，因为父母是离孩子最近的人，也是相处时间最长的人。父母的一言一行都是孩子模仿的对象。

我始终这样认为，由于社会上没有专门培养孩子品德的机构，这个任务就落在了父母的身上。那些不注意培养孩子品德的父母，是没有尽到责任的父母。母亲爱虚荣，那么女儿必然是这样的。父亲好喝酒，儿子也会喝酒；父亲管不住自己的嘴，儿子也会如此。父母如果严格要求自己，作孩子的表率，努力培养孩子的好品德，就会为他们的美好前程创造条件。这样的父母是令人尊敬的。

我认为孩子是父母的影子，孩子是父母的翻版。我向卡尔灌输任何东西，自己都要做出榜样。为了培养儿子的品德，我知道我的行为要自慎，应处处做他的表率。

我在对卡尔的教育中，特别注意培养他从小养成勤恳的习惯。我认为，勤恳是一个人最主要的品德，是幸福的源泉，而怠惰则是万恶之源。一个孩子的精力不用到有益的方向，就会成为破坏力量，那是很不幸的。

我无数次地对卡尔提到柏拉图曾说过的那句话：“任何坏人也不是出于本人意愿成为坏人的”，以此来教育他要严格要求自己，一切的行为都要以行善为宗旨。人之所以成为坏人，大多是父母教育不良的结果。

我告诫所有的父母，应从小使孩子养成勤恳的习惯，使恶魔无机可乘。教育他们从小就爱劳动，好学深思，关心和同情他人，这样，孩子一定会成为幸福的人。我时常教育儿子一定要成为勇敢的人，因为勇敢是人的一种重要品德。

有的父母看到孩子受了一点委屈就过分地安慰他，反而加重了孩子的痛苦，这是一种错误的做法。正确的做法是不过分地谈这件事，应该把孩子的注意力迅速转移到其他方面去，以帮助他忘记痛苦。有的人专门靠别人的怜悯生活，再也没有比这种毫无骨气的人的生活更加悲惨的了。但是，勇敢的人并不是无情的人。我常常告诉儿子，应该做一个既勇敢又有同情心的人。

同情和关心他人非常重要，它关系到一个孩子将来能否成为一个受欢迎的人。如要想孩子长大后具备同情心、爱心，就必须从小开始对他们加以培养。

不仅是我，卡尔的母亲也非常重视对儿子的性情教育，她对儿子在善行方面的教育非常重视。为了防止孩子变成一个只顾自己不顾别人的人，卡尔的母亲在儿子还只有两岁多的时候，就开始训练，具体的方法就是让他从心疼妈妈开始。她教他在妈妈生气时过来给妈妈消气，妈妈生病时给予体贴的表示，帮妈妈做一些力所能及的事。

正是通过这些训练，我和他的母亲成功地培养起了儿子的同情心，使他对别人的情感和思想非常敏感。他周围的人都能感受到他减轻他人痛苦、替他人分忧的纯真情感，并因此而喜欢他。

在培养儿子的善行上，我下了很大的功夫。从卡尔很小的时候我就开始给他讲从古到今有关行善的各种故事。只要儿子做了好事，我就马上表扬他：“好！做得好！”有时还在妻子和亲友面前表扬说：“卡尔今天做的这一件事很不错。”当然，我对儿子的表扬并不会做得太过分，以防止他产生自大情绪。我也不把这些事到处张扬，只是对少数了解他的人提及。

在卡尔稍大一些以后，我就开始教他背诵各种道德诗。我认为，德国有很多讴歌仁爱、友情、亲切、宽容、勇气、牺牲等方面的诗篇，这些都是培养孩子品德和善行的宝贵财富。我一直让他多接触这些美好的东西，在卡尔刚刚几岁时就能很熟练地将这些诗篇背诵下来。

为了鼓励儿子，我为他做了一个“行为录”，将他做的好事记到上面，留做永久的纪念。由于这样的鼓励，幼小的卡尔就立志要一辈子多做好事。在卡尔的孩提时代，总会为自己的好事上了“行为录”而兴奋，并且时常翻看它们。

每当这时，我总会从儿子的脸上看到幸福的笑容。就像培养儿子其他方面的好习惯一样，在培养卡尔行善方面，我从不强迫他去做他不愿做的事，而是将功夫下在让他以此作为一种乐趣上，让他享受做了好事和克制自己时的喜悦。当然，让孩子理解和记住这些喜悦的趣味确实很难，但也绝非不可能。我相信，只要耐心教育，孩子就能学到并尝到做了善行和克制自己的乐趣。

我下大力气培养卡尔的善行，是为了使他成为一个高尚的人。为此，我常向卡尔讲述有关做坏事的人遭到报应的故事，并对这些人的恶行加以严厉的批判。我用这些反面的典型作为劝诫儿子从善的手段。

我认为，每一个人的行为都要受社会规范的约束。社会规范不是玄妙的观念，也并非很空洞的一种说教，它是一种行为法则，包括我们每个人形成的思想、感情和行为。对于孩子而言，最初的约束来源于身边最亲近的人，只要身边这个人善良、公正和有责任感，他就会把这一美德传授下去，孩子是可以和能够被教育的。作为父母不应仅仅教他们如何享受好的物质生活，更重要的是关怀他们的成长，真正表里如一地成长。

希望培养出善良、有责任感的孩子，仍是为人父母最根本的要求和愿望。关于美善与公正的个人标准结构，对孩子在未来的人生成长中能否成为公正和善良的人非常重要。只要我们在这方面稍加放松，不良习性就会乘虚而入。一个没有或不讲良知的孩子，会成长为社会罪人，他们伤天害理，冷漠，没有任何同情心。他们没有任何羞耻地去伤害他人，扰乱社会，是多么令人心痛！在揭露他罪行的同时，人们会感叹，这原本也是一棵可以成材的小树，却不知在哪个季节浸染了病毒？很多人在看到这样的孩子时，一边痛心疾首，一边捶胸自问：为什么我的孩子会是这样？

第十章

我教孩子与人相处的本事

整个一生，我们都有赖于从一些人中获得友爱、赏识、尊重、道义支持和帮助。孤独必败。

避免以自我为中心

我认为，一个再聪明的孩子，如果不懂得如何与人交往，那只能是一个“孤家寡人”式的神童。这种孩子不可能在将来有所作为，即使他是个所谓的神童，也不会做出什么惊天动地的事来。因为一个人只限于自己的知识，而不懂得与人相处，那么他的潜能也根本无法施展出来。这样的话，即使是才富八斗，那也只是个闭门造车的书呆子。

对于卡尔的教育，我一直非常注意对他与人相处方面的培养。为了他能够与别人相处和睦，为了让他成为有很多朋友的人，我曾给他提出必须做到的要求：友爱、协作、大方、开朗、公道、礼貌、自尊、责任心、组织能力等，目的是让他以这些作为与他人相处的准则，让他能够与别人以适当的方式交往。

善于与人交往就会觉得一切都很顺利，反之就会处处碰壁，以至于什么事情都做不成。而且，能与别人沟通的人永远是快乐的人，不能与人相处的是孤独和不幸的人。一个无法适应集体生活、不能被同龄群体接纳的学生，常常只有被忽视，陷入无边的孤独中。

那些动辄发火，总是怀疑别人居心不良，或者胆怯、焦虑、畏缩，或者遇事总是那么别别扭扭、尴尴尬尬，弄得所有人都不自在的孩子，往往是最容易被排斥的人。实际上周围的孩子是否接纳他，关键在于他怎样去接纳别人，适应社会。

由于某种原因，我弟弟的孩子维尔纳曾来我家住过一段时间。他比卡尔小一岁，是弟弟。维尔纳非常可爱，我们都很喜欢他，由于他住在我们家，我们不想让他有不自在的感觉，所以卡尔的母亲对维尔纳极为疼爱。这样一来，卡尔就觉得母亲的爱都转到了维尔纳身上。

卡尔在一段时间里认定，在他和弟弟维尔纳的争执中，母亲总是偏袒维尔纳。这是孩子很容易产生的情绪。认为父母的关怀被弟弟分享而产生不平衡的心理。卡尔的母亲则希望卡尔在与维尔纳的相处当中，应该学会调整自己的心态和举止，消除对别人的敌意，学会照顾别人，以后才能处理好与别人交往的问题。

但是面对卡尔的气恼，母亲并没有直接用道理来教训他，或是问他：“为什么要跟比自己小的弟弟过不去？”而是郑重地对两个孩子说：“我给你们提个建议，以后你们自己要搞好团结，我不干预，你们已经是有理智的孩子了。卡尔，你是不会在感情上伤害弟弟的，对吗？如果你们俩还不团结，再来找我好了。”这样，卡尔母亲就把一个关心者、照顾者的角色交给儿子了。

在这以后，卡尔和弟弟维尔纳之间有了更加亲密的手足之情。母亲的提醒使卡尔意识到自己的责任，感受到自己是这家里负责任的一员，从而变得渐渐成熟起来。在这以后，卡尔对弟弟维尔纳百般照顾，除了陪他玩还教他读书，并给他讲有趣的故事。

在一个人的生活中，沟通和理解极其重要。而家庭中对沟通技能、方法的掌握与学习，与孩子未来社会适应能力的高低紧密相连。如果一个孩子从小在家庭中学会了与家庭成员沟通的技巧，当他走入社会时，他也能很快地与他人沟通。

所以父母应当及早打开与孩子沟通的大门，不要只是进行单向性的灌输教育，或用一味地宠爱和责骂制造孩子与父母间的沟通障碍。在沟通过程中逐渐引导孩子进行换位思考，去设身处地地想想别人的心态和反应，以达到增强孩子理解他人的能力的目的。

孩子加入的第一个团体便是家庭。尽管家庭与孩子的同伴团体不一样，但可以为孩子学会社交技能铺平道路，孩子还不必担心会被拒绝。家庭会议就可以被视作是一个团体，能让孩子有机会扮演不同角色。比如，会议主题是计划旅行时，孩子就可以发表意见，你也应该加以考虑。当讨论某个星期六下午干什么事时，孩子可以当主持人，集中其他人的意见，主持投票，宣布结果等。

所以，定期召开家庭会议是很重要的，最好一周一次，以便让孩子学习社交技能，养成乐观自信的性格。如果只在出现大事时才召开家庭会议，这时每个人都不冷静，不但孩子学不到正常的社交本领，而且还会影响孩子性格的培养。

卡尔在 4 岁的时候，原来是很喜欢水的，对洗澡一直很积极，可有一次不知何故总是不愿意洗澡。晚上睡觉前，我把热水温度调好，过来叫他去洗澡，他总是借故拖延，到卫生间一看到浴盆扭头就跑。

其实孩子的心理是想和我较量一下，看看爸爸到底能把他怎么样。如何解决这种陷入僵局的事，让孩子配合洗澡呢？千万不能用简单粗暴的方法，硬将孩子抱入澡盆中。孩子不洗澡和我僵持不下，我便先放下这个问题，暂且不洗澡，等卡尔平静以后，再讲明道理。原来孩子是故意与我较劲，由于他还是喜欢洗澡的，并已习惯了按时洗澡所带来的快感，最后还是高兴地洗了澡，改了错误。

当遇到这种情况时，千万不能求他，在表情和口气上都不能表现出乞求的意思，否则，他会认为这很好玩，和一场游戏一样，可以天天重演。如果父母之间因孩子洗澡发生分歧，事情会更糟，一方要坚持，一方要妥协，面对争执不休的父母，孩子也许会偷笑，由于他的行为引起父母的争论，他会觉得很得意，成了胜利者，从而导致更多的矛盾。

父母在要求孩子做某事时，最先要考虑的是让孩子从心里明白为什么要这样做，这样他才会心甘情愿。假如孩子并没有从心里懂得父母要求他们的意图，事情往往就不会很顺利。例如孩子的房间很乱，需要收拾一下。这时父母会说，自己的房间自己收拾。按道理，孩子应义不容辞地去收拾自己的房间了，但现实往往不是这样。孩子可能在收拾房间的过程中又发现了什么有趣的事，干到一半就开始玩，把房间搞得比没收拾前还要乱。或者爸爸也许有些不高兴了，就开始大嚷，孩子不听，爸爸就会跑过来打一巴掌，然后逼迫他把自己房间的玩具收拾好，装到盒子里，把枕巾铺整齐等。

孩子刚才玩得兴致很高，被爸爸这么生气地干涉后，从内心里很不情愿，结果产生逆反心理。他也许会躲在墙角，任你千呼万唤就是不理睬，甚至顶撞，对父母做鬼脸，就是不去按父母的要求做。对这种情况，建议由爸爸另找时间和孩子进行探讨。问题症结何在？从孩子的本质来讲，是很愿意帮助父母干事情的，因为这样做证明他们有能力。父母应该和蔼地告诉自己的孩子，对他们为父母所做的每一件事，都表示感谢，认为孩子已经长大了，懂得帮父母的忙，是件值得庆幸的事。这会使孩子很高兴，会更积极地进行配合。

相互理解的力量

许多家庭问题的发生，如家庭成员之间情感的疏离和冷漠、孩子心理上的缺陷等，都与家庭中的沟通有关，往往起源于相互之间不能很好地理解。就拿孩子的撒谎行为来说，很多时候就是在当孩子感到与父母处于不平等的地位，经验告诉他们，父母不愿意与他共同探讨有些事情该如何对待，不愿意去理解他们做的某些事，而会对他们所犯的错误给以严厉的叱责，所以他们就选择不把真话说出来。

我认为，成功的家庭沟通，应该注意以下因素：理解、关怀、接纳、信赖和尊重。理解要求父母和孩子双方能够设身处地为他人着想；关怀不但存在于内心，更要切实付诸行动；接纳要求考虑到每个人的个性，懂得欣赏人们身上的优点；信赖是要做到既信任别人也信任自己；而尊重是指尊重他人特别是孩子的权利，尊重他们的意见和选择。

有的时候我看到儿子的问题，希望儿子可以主动地认识到，并真正地予以纠正，于是让他也来做一个决策者，我来问孩子："现在有这样的麻烦，我们应该怎么办？"这样的做法更利于建立我与儿子之间的感情，更加有利于增进双方的相互理解。只要双方有了理解，那么一切问题都会迎刃而解。

有一次，卡尔和弟弟维尔纳商量好到田野中去玩。我答应了他们，但是要求必须在傍晚之前回来。可是他们可能玩得太尽兴，天黑之后才回到家。对于他们未在规定时间里准时回来的事，我当时并没有说什么。等他们再次提出类似的要求时，我对卡尔说："有件事令我和你的母亲很担忧，就是在约定好的时间里你们没有回来。那天可把我们急坏了，不知道究竟发生了什么事，你母亲都快要急哭了。你看应该怎么办呢？"由于孩子亲自参与对问题的决定，所以他会很自觉地按照要求去做。后来，卡尔再也没有发生不守时的事。我认为，通过对一个现象或问题的共同协商，父母最后想让孩子明白的是“理解、信任、承诺、准时”等观念的重要。通过协商的方式，最容易让孩子站在他人的立场上思考，也最容易让孩子养成理解他人的习惯。如果面对上述的那些情况，我并没有采用协商的方式，而只是斥责，那么儿子就不会真正地理解父母的一番苦心，甚至还会向相反的方向发展，会变得越来越不听父母的话。

我认为，与人良好沟通的基础是能够理解他人，也就是说，这是一个人与人交往的最基本素质。如果没有人与人之间的相互理解，那么每个人都会固执地从自己的角度出发，认为自己永远对而别人总是错误的；如果把自己限制在狭小的自我之中，那么他就不可能去理解他人，不可能去发现别人的长处，那么与他人的沟通就无从谈起；如果孩子长大成人后不能理解他人，不能与他人达成良好的合作关系，那么即使他是一个三头六臂的超人，也不能顺利地做好每件事，只会为自己设下许多无法逾越的障碍。所以我们认为，能够理解别人的孩子才有可能成为一个全面发展的优秀人才。

要建立一种积极健康的家庭沟通交流关系，应该改变父母是决策人、孩子是接受者这样僵化的家庭角色的分配。父母在家庭教育中应该懂得进行角色交换，每一个家庭成员都可以对他表述的愿望予以积极的辩解。当孩子能够参与讨论家里通常是成年人的问题时，他们方能够更好地理解父母；而父母一方面可以调动孩子的主动性，使自己清楚地认识孩子的才干，另一方面可以得到有关自己教育的反馈信息。我记得有一次家庭会议上，我们全家人讨论了卡尔所设想的在周末搞一次野炊的计划。他想尝试发挥家长的职能。他选定了野炊的地点，宣布出发的时间，并且对准备的食品提出建议。最后我和他母亲加以表决，以推动计划的进一步展开，大家还不断地在本子上记下一些要点。现在，我们的这次家庭会议就如何庆祝节日、馈赠礼品、请客、游玩等活动进行了安排，它成为一个家庭的情感和生活紧密联系的纽带。在家庭会议中，我们对儿子的想法也有一些不同的意见，但我们并不急于提出更正，而是以某种巧妙的方式，让他自己改变看法，再做出正确的决定。

所以，我认为沟通和理解对孩子的成长是最重要的。家庭中对沟通技能、方法的掌握与学习，与孩子步入未来社会适应能力的高低有重要关系。如果一个孩子从小在家庭中学会了与家庭成员沟通的技巧，当他走入社会时，他必定能很快地与他人沟通和合作。同时更重要的是让孩子知道与他人沟通是建立在理解的基础之上的。如果每个人都固执地从自己的角度出发，而骄傲地认为自己永远正确而别人都是不对的，如果把自己限制在狭小的自我之中，那么他就不可能去理解他人，不可能去发现别人的长处，那么与他人的沟通就无从谈起。如果孩子长大成人后，还不能理解他人，不能与他人达成良好的合作关系，那么即使他是一个个人本领很大的人，也会无形中增大来自各方面的社会阻力，不能顺利地做好每件事。所以我认为，能够理解他人是与人交往的最基本素质。只有知道与别人合作的观念和行为，孩子才有可能成为一个较为完善的人。

学会倾听的艺术

我在教育卡尔的过程中，渐渐掌握了一些与孩子进行沟通的经验，其中之一我称之为“倾听的艺术”。我和妻子每天在卡尔入睡以前，都要留一段时间听孩子讲今天发生了哪些事情，于是很多时候儿子自然就会做出评价，哪些事情做得好，哪些事情做得不好。在叙述的过程中他逐渐习惯了反省自身，而我们也会对儿子的个性、待人处事有清楚的了解。我认为，做父母的总是希望孩子对自己敞开心扉，希望孩子有什么事都与自己商量，征求自己的意见。但父母应该首先营造真心倾听的氛围，赢得孩子情感上的信任，才能与孩子达到无拘无束交流的默契。

晚餐对于我们来说，是一个最美好最重要的时刻，我们时常在餐桌上讨论家庭问题。每当这个时候，我都不许有任何人来打断我们。家里的每个人都有机会讲出自己的想法。我发现，利用这种时刻与儿子进行沟通交流效果确实与平时不大一样。卡尔在此时谈论的事情也最能引起我们的注意，他自己也会产生一种得到尊重的满足感。

我有时还会专门选择一定时间与儿子聚在一起，我们一起去田野，一起去树林中野炊，共同分享彼此的情感。在这样轻松愉快的过程中，我和儿子谈心就显得非常自然舒畅。

我认为“倾听”是一种非常好的教育方式，因为倾听对孩子来说是在表示尊敬，表达关心，这也促使孩子去认识自己和自己的能力。如果孩子感到他能自由地对任何事物提出自己的意见，而他的认识又没有受到轻视和奚落，这样可以促使他毫不迟疑、无所顾忌地发表自己的意见。先是在家里，然后在学校，将来就可以在工作上、社会中自信勇敢地正视和处理各种事情。

有一天，一位朋友对我说起他家庭的事：“我们有时候会出现问题，可是我们又不愿意实实在在地说出来。部分原因是害怕，部分原因是觉得丢脸。大家全都是这样，包括我和妻子，还有我们的孩子。”

我告诉他：“如果大家愿意痛痛快快地说出心里话，我建议你们举行一个家庭会议，在会议上每个人都可以发表自己的意见。”

朋友听了我的话，他们每人买了一个笔记本，在上面记下所有其他人和自己做错的事情。他们规定一个时间举行会议，每次会议结束时选出一个新的领导，由他来安排所有的事情。

后来朋友告诉我，自从有了家庭会议后，家里的气氛好多了。每一次会议他们都像过节一样，大家欢聚一堂。开始时，他们彼此还有所顾虑，有很多矛盾。可是到了后来，大家都敞开心扉，畅所欲言，渐渐地那些矛盾都在不知不觉中消失了。

以前，孩子们不敢与他多说话，妻子也有些害怕他，他自己也确实很不自在。现在，孩子们逐渐地向父母袒露了他们的情感要求，他们希望父母经常晚上陪他们一起玩一会儿，父母毫不犹豫地答应了，但同时也提出了对孩子的建议，即孩子要做到及时上楼、吃饭和洗澡。他们一家人都很赞成这种交谈方式，这使父母与孩子可以轻松地畅所欲言，而且大家都乐于去实施民主做出的决定，家庭的情感沟通、家庭教育都收到了理想的成效。并且，我的这位朋友和妻子的感情也恢复到了新婚时那样美满。

这种做法被我称为自助的家庭教育方式。我认为家庭生活可能会使家人之间产生心理障碍与隔阂，但家庭也同时具备一种积极的力量，应该主动而充分地利用它来解决所遇到的问题。比如，母亲要面对繁杂琐碎的家务，而孩子的不整洁更增添了她的负担；父亲忙碌了一天的工作，回到家却是孩子调皮捣蛋、吵吵闹闹。这时父母也许会容忍下去，但这种做法不仅不利于孩子的教育，而且会让父母感觉到压抑，甚至觉得世界都对他充满敌意。那么火冒三丈，大声责骂又怎样呢？这显然也不是明智的举动，而且会产生与孩子情感上的裂痕。

如果父母采取一种积极解决冲突的态度和方法，让全家人都坐下来，在家庭会议和谐融洽的气氛之中，这样的提议无疑是具有建设性的，而且会收到较为满意的结果。

积极的沟通不仅是父母与孩子对话、教育孩子的重要途径，它本身也是一种教育。受父母的言谈处事的影响，孩子对他所处的环境也能以主动和自信的姿态出现，能够从容理智地解决问题。

我从卡尔 3 岁起就让他加入类似于家庭会议这样的活动，与我和他的母亲以及女佣讨论某个问题。尽管他那时还不能每一个字都懂，但他已经注意到，发生了什么事，别人相互间怎样交谈，解决一个问题需要具有什么样的能力。

家庭会议的方式会涉及家庭教育中很多具体而重要的细节，而这些可能是被教育的双方所忽略了的。如母亲表示，她的孩子如果能帮她洗衣服和晒衣服，她会很高兴的。而孩子希望父亲能够多花一些时间陪他玩。对于父母而言，把握了这些孩子所在意的细节，无疑有助于他们更深入地理解孩子。这种深入的理解令孩子信任父母，更乐于接受父母的教育。

我想尽一切办法让我与家人能和儿子有良好的沟通，这不仅更加加深了对儿子的了解和感情，也教会儿子怎样去与他人沟通交流，以培养儿子能够善于与他人交往的能力。

选择好的交往伙伴

择友是人生大事。良友对于一个人的性格、心态、未来的发展都将起到积极的促进作用，而品质低劣的恶友只能使这个人丧失辨别是非的能力并走向深渊。不同个性的朋友对人生的影响根据个人本身的性格心理各自不同，所能激发的潜质也有所区别。

作为一个成人择友尚需慎重，何况一个心灵尚未成形的孩子呢？孩子择友更多凭着新奇和单纯的喜恶，而对朋友的本质缺乏鉴别，所以这就需要父母睁大眼睛，认真分析并给以指引了。

我们给卡尔选了两个在附近受过最好教育的女孩子做朋友，会唱歌、会跳舞，儿子和她们俩玩得很愉快。可是结果正如我所预料到的，出现一些不好的苗头。

自从让卡尔和小女孩一起游玩以后，并不任性的儿子变得任性起来，从不说谎的儿子也开始说谎了，并开始使用一些低俗的语言，他也变得自以为是和傲慢了。

这种变化令我担心。

我对儿子与两个小伙伴玩耍时的情形进行了观察，发现这是由于两个小女孩什么事都顺着他而造成的。

为此，我告诉小女孩们，不要什么都听卡尔的，如果卡尔自以为是，就跟我们说，但仍然无济于事。最后我们只得选择不让儿子再跟她们玩了。

为什么会这样呢？事后我仔细地分析了其中的原因。

首先，她们都是受过良好教育的孩子。有人会说既然她们都受过好的教育，那么彼此之间就只有好的影响了吧。其实不然，人都有好胜之心，更别说孩子了。

两个女孩子都会唱歌，会跳舞，卡尔也会，这里面就有一个谁做得好的问题。每当两个女孩翩翩起舞之时，卡尔总会在旁边指手画脚，说她们这个动作不对那个姿势不好看。这时女孩子们就会请他也来一个。卡尔会毫不客气地跳起来。由于他是男孩子，他的动作肯定有力而舒展，不像女孩那样婀娜多姿，这时女孩们又会说他的舞姿太生硬、太难看了。

那么，矛盾就开始产生了。

结果是，儿子和女孩们展开了激烈的争论。如果是争论其他的问题还好一些，就舞蹈来说，他们各有不同的观点。儿子说舞蹈应该有力，而女孩子说跳舞就应该优美。

由于他们掌握的知识和词汇都有限，争到后来，就看谁的嘴快，谁的声音大了。卡尔是个男孩子，由于他强硬的语气，往往在这种争论中让女孩们认输。即使她们心中不服，却也找不到说服卡尔的理由。

卡尔的胜利完全是因为气势压倒了对方。这样就会给他造成一个印象，女孩子们没有他行。他的优越感由此而产生，可是实际上他没有明白，自己的获胜并非是在知识上比她们强。

这样，在错误的感觉中，他变得自以为是，认为自己什么都懂了。

第二，由于在争论中屡屡获胜，儿子开始渐渐地轻视同伴，认为她们的智力不如自己。

我发现儿子在很多情况下为了说服女孩们而开始撒谎。他对待争论已经超出了问题本身的范围。为了获胜，儿子开始变得不择手段，甚至编造一些故事来欺骗她们。

两个女孩和卡尔一样，都是年幼的孩子，她们的知识面都极为有限。单纯的孩子是极易被欺骗的。潜在的危害随之而来。

一方面，卡尔从一个不撒谎的人变得像一个骗子，他的欺骗不是为了金钱或其他的什么东西，而只是为了在争论中获胜，这会使他产生什么都可以通过欺骗得到的想法，这种恶果将会危害到他的将来。

另一方面，两个女孩子成了受害者，她们从卡尔那里得到了错误的知识。这也会对她们的将来产生不良影响。由于卡尔本来就有一定的知识，再加上他的气势以及撒谎的伎俩，这样在任何情况下他都能占上风。

如此，卡尔就让两个女孩佩服得五体投地。最后，她们干脆什么事都听卡尔的，什么事都顺着他。到最后，卡尔甚至认为可以随便指使她们，还常说她们太蠢太笨，一些低俗的语言也就随口而出了。

想想看，仅仅是不适当的朋友就会引起孩子性格的动荡变化，更何况那些品德不好的朋友呢？所以，在孩子的人生之途上，父母一定要把好这个重要的关口。

我发现随着卡尔年龄的增长，他产生了一些摆脱各种束缚和依赖的独立倾向，这是儿童心理发展的正常现象。另一方面，与独立性同步进行的是，与人交往的心理需要。孩子期望得到旁人的理解和同情，盼望早日迈入成人的社会中，发展独立性和社会性，这是儿童达到自我与社会统一的必要前提，是儿童教育中重要的内容。

儿童本来是以自我为中心的，即一切事物都以自己为中心去认识，不能明确自己和别人的关系，把自己禁锢在自我的躯壳中。

儿童怎样才能摆脱这个自我封闭的躯壳呢？只有一条路——参加社会生活，发展他们的社会性。孩子只有接受社会，才能了解他人，了解自己以外的所有事物，即通达事理，他们的身心才能健康地成长。

如果孩子缺少与同伴交往的机会和体验，加上家长的溺爱娇惯，就会使他们形成任性固执、不知道爱人、缺乏责任感、依赖性强、性格懦弱孤僻等心理弱点。同时，单元结构的住宅环境，也不利于孩子的社会活动。

孩子必须走出封闭的家门，加入小伙伴的社会活动中，才能健全地发育和成长。从对卡尔的教育中我发现，儿童到 3 岁时就想交朋友，需要小伙伴，这就是社会性的萌芽。一个哇哇大哭的幼儿，妈妈怎么哄他也无济于事，如果过来一个小朋友逗他玩，他立即就会破涕为笑，这是因为小伙伴之间容易形成“共鸣心理”，能互相接受对方的影响。小伙伴的作用是大人所顶替不了的。儿童和亲人的关系是“竖”的关系，和同龄儿童的关系是“横”的关系，伙伴们的关系与母子关系不同，他们之间是平等的，要求友谊、信赖和合作。小伙伴们在一起，起到了“儿童教育儿童”的作用，他们在这里逐渐了解自己与他人的区别和联系，他们开始认识到随心所欲、任性、以自我为中心，是无法与其他儿童交往的，他们必须要遵守伙伴中的“法则”，谁违背了法则就会被排挤，不受欢迎。这样，他们就逐渐从“自我”中走出来，学会了谦让和互助，了解了自己的权利和义务。

小伙伴之间的关系往往十分密切，它不仅满足了孩子心理发展的需要，而且满足了孩子社会心理的需要，从交往中孩子发展了独立性和社会性，增强了自主能力和社会能力，为他们健康成长、走向社会打下了基础。

我们有的家长，往往不重视孩子之间的友谊和交往，他们封闭自己的家门，不但不许自己孩子出去，更怕孩子带小朋友来玩，常把孩子的朋友拒之门外。他们以为这是爱自己的孩子，实际上这样做不仅破坏了孩子与人交往的心理需要，伤害了孩子的感情，而且堵塞了孩子的正常发展道路。

家长们要尽量支持孩子们共同玩耍，一起活动，特别是当孩子发生争执或打架的时候，更不要感情用事，过早干预。其实，孩子们打架是难免的，他们在打架中碰了钉子，就会意识到互相之间应该忍让、考虑一下别人的意见，为了使活动继续进行，他们很快就会解决纠纷，言归于好，从而获得了与人相处的经验。

凡是做父母的人都懂得，人的一生离不开朋友，但是对许多人来说，一生中最真挚、最恒久的友情都是在孩童时代建立的。孩子的合作精神也正是在这种友情中逐渐培养的。

友情能使孩子有一种归属感，自觉获得同辈支持。他们是家庭和外面世界之间的桥梁。罗伯特·施尔曼说："童年时代的友情是日后所有其他亲密关系的排练；有没有这种友情，意义重大。"许多小时候老是愁眉苦脸和心事重重的人，长大后却变得乐观开朗，"个中原因往往就是：他们交到了朋友。"

有些孩子不懂得怎样结交朋友，但只要大人给予他们正确的引导和支持，这种情况是可以转变的。你虽然不能主宰孩子社交生活的方向，但可以通过种种方法鼓励和帮助他们结交朋友。

作为成年人，我们都知道交朋友是件很慎重的事。我们不但应该用爱心去对待别人，还希望我们的周围都是同样用爱心对待我们的人，而不愿意去和魔鬼打交道。

成熟的成人有时都会在不良的影响下走上歧途，何况孩子呢？所以我一直主张孩子不要去接触那些有坏习惯的人。

有的人会说，你这样不是太自私了吗？你应该去帮助那些有坏习惯的人。我也想这样做，但我知道那几乎是不可能的。其实每个人只要认真地对待自己，坏习惯自然会消失。

我的好友和同行沃尔夫牧师与我持不同的观点，他认为好孩子的好习惯能够传给坏孩子。我承认这是一个美好的愿望，但这几乎是不可能做到的。就这一问题，我曾经和他讨论过很多次，但他始终坚持自己的观点。我觉得既然不能用理论去说服他，那就只能看事实了。

威廉是沃尔夫牧师的儿子，他接受的几乎是和我儿子卡尔相同的教育。我不得不承认，沃尔夫也是一位非常出色的教育家，因为他的儿子在很多方面都不会比卡尔差，无论是知识面、语言，还是品德，威廉都表现得相当出色。

沃尔夫牧师与我不同的是，他鼓励儿子去和那些坏孩子交往，他告诉自己的儿子应该去帮助那些有不好习惯的小朋友。

帮助别人，是一种美德。但在我看来，沃尔夫牧师的做法未免太迂腐了，我认为他对自己的孩子极为不负责任。

由于对玩伴的不加选择，沃尔夫牧师的儿子威廉渐渐地发生了变化。我曾经无数次告诫过沃尔夫，但他仍旧置之不理，他坚持自己的观点，他相信最终一定是自己的儿子会改变那些坏孩子。

对于他的固执，我有什么办法呢？

不该发生的事终于发生了。

沃尔夫牧师有好几次发现儿子威廉很晚才回家，已经超出了他规定的游戏时间。于是他问威廉为什么会这样。儿子告诉他，因有几个小朋友在一起发生了矛盾，他试图去劝解他们，他还给他们讲一些《圣经》上关于友善的故事。

“原来是这样。”沃尔夫牧师相信了儿子的话，并为他的这一举动感到高兴。因为这是他所希望的，儿子能够帮助别人，真应该为他高兴。然而，他不知道，他被自己儿子的谎言欺骗了。这也不能怪他，因为儿子威廉在此之前从来都不说谎。善良的沃尔夫牧师做梦也没有想到儿子会渐渐染上了那些坏孩子的恶习。后来，当沃尔夫知道真相，几乎气得昏过去。威廉所谓的帮助别人，实际是他们聚在村外的树林中赌博或讲那些低级下流的故事。沃尔夫应该知道，赌博在农夫之中非常盛行，这是那些没有受过教育的人的唯一乐趣。而那些下流的故事在他们之中极为流行。可是，他完全没有引起重视。

威廉的那帮小伙伴几乎都是这些人家的孩子，他们从小就没有得到很好的管教，没有良好的教育，他们只是去模仿家人的做法，坏习惯和低俗的语言对于他们来说是家常便饭。威廉天天和他们在一起会有什么影响，那是显而易见的事。有一天，威廉气喘吁吁地从外面跑回家，什么话也没有说就跑进自己的房间。沃尔夫看出他显得惊恐万分，赶忙去问他发生了什么事。

威廉一言不发，无论他怎样问他始终不肯说一句话。沃尔夫感到非常奇怪，他还认为是有人欺负了自己的儿子呢。“沃尔夫牧师……沃尔夫牧师……”门外有人叫他。

当沃尔夫牧师走到门外时，看到了一个满脸怒气的农妇。

“太不像话了，沃尔夫牧师，您应该好好管教您的儿子。”

沃尔夫很惊讶，他一直以为自己的儿子是个好孩子。有什么事会让这位农妇那么生气呢？

“请问出了什么事吗？”他大惑不解地问。

“您的儿子带着其他的孩子来偷我们家的鸡。这不是第一次了。以前我们家的鸡无缘无故地失踪，我还以为是魔鬼干的，但今天我发现是你的儿子威廉干的。您是牧师，不能教孩子干这种坏事……”

原来，有很多次，那些孩子指使威廉去偷农妇家的鸡，并一起在野外烤来吃。

我不知道沃尔夫知道了事情的真相后会怎么想，但他一定会非常难过的。后来，沃尔夫牧师终于承认了我的观点，再也不让儿子和那些坏孩子玩了。

很多人都有这样的观点：孩子如果没有与之游玩的小朋友就会变得自负或者任性。这种观点极端错误。

在我看来，真实情况恰恰相反：不加选择地让孩子们在一起玩，他们就互相逞能，有可能变成利己主义者，结果沾染上狡猾、虚伪、说谎、任性、嫉妒、憎恨、傲慢、说坏话、争吵、打架、诽谤、挑拨等坏品质。

孩子学会与人合作的几种方法

在对卡尔的培育过程中，我总结了以下一些关于学会与人合作的方法，这些方法都是行之有效的。

1. 多安排孩子与同龄人在一起

因为同龄人的一举一动是最能与孩子产生共鸣的。父母要利用这一点，尽量创造条件，让孩子与同龄人相处。即使孩子之间发生冲突，父母也要搞清情况，尽量少干涉，因为孩子们之间的冲突，父母处理的再好，也不如孩子自己解决的好。几次吵架之后，孩子们相互就会找到适合自己的“位置”和“角色”，开始快乐地玩到一起了。

2. 鼓励孩子参加特定团体

孩子 7 ~ 8 岁以后，应该鼓励他们尽可能参加各种类型的团体。父母也许希望孩子参加比较大的团体，那些被同伴拒绝的孩子在这些团体里很少成功，仍然不能被同伴接受。但是，他们却更容易与范围比较窄的团体融为一体，如以某项技能、兴趣爱好、交流指南、社会服务等为基础的特定团体等。这些有主题的团体成员在个性、兴趣和社会技能方面更有可能更加相近，因而孩子们更容易欢乐融洽地相处。

3. 自己加入团体，给孩子做个榜样

父母永远无法过高估计自己作为榜样的力量以及对孩子所能产生的影响。如果父母自己消极对待各种成人活动，那么就该好好考虑参加活动对自己和孩子的好处。孩子会看出他的父亲或母亲的态度，而这点对他会产生很大影响。如果父亲喜欢垒球运动，经常穿着运动衫在屋子里走来走去，并且带着孩子一起参加，孩子肯定会受到感染。相反，如果父亲勉强加入了“父母一老师协会”，每次开会都抱怨不停，并且嘲笑其他孩子的父母如何无知，那么孩子不可避免地会对协会产生负面印象。

当然，要想让孩子充分了解团体的价值，最好的办法便是带孩子一起参加。我们这一带保留了一个很好的传统——邻里俱乐部，每年大家一起举行化装游行。往往是一家几代人同时参加，一起制作服装、演奏音乐、排练戏剧小品等，从中享受无尽的快乐，诱发和培育孩子的乐观性格。对我们这一带的居民来说，俱乐部实际上形成了一个社会网络，几乎和家庭一样重要。

几乎每个社区中都有教堂团体、户外活动团体、业余爱好团体，父母和孩子可以一起参加。

4. 提高孩子的社交能力

社交能力的培养也需要从孩子抓起。家中来了客人，教孩子如何礼貌待客，什么是彬彬有礼；孩子有了自己的朋友，父母应该爱屋及乌，为他们提供创造良好的交往条件，比如聚会、郊游、生日活动等。当然父母更要指导孩子如何择友、交友，在交往中要真诚、坦荡、磊落、大方、不卑不亢。父母要教孩子在客人面前学会介绍自己，如让孩子用乐器表演一首曲子，唱一首歌，画一幅画；孩子得到客人的表扬，会增强自信心，会心情愉快，下次在客人面前就会主动些，慢慢就不会害怕见生人或在生人面前害羞了。

5. 鼓励孩子与人交往

孩子的交往活动，是父母不可忽视的内容。如果缺乏同龄伙伴，那么这样的孩子就会缺乏集体主义的意识，步入社会后也会无所适从，或是不尊重他人，自傲、任性，或是封闭自己，自私、孤僻。

孩子的交往活动，最先是从家庭开始的，与父母亲人交往。然后，随着年龄增长，与越来越多的同龄的或不同年龄的朋友交往。孩子最愿意与同龄人交往，孩子们的伙伴群体交往，是孩子们一种自我教育和自我学习的过程。伙伴群体交往，有益于孩子自我个性的形成，由于伙伴中每个孩子的智慧差异和个性品质不同，有的充当了这个群体的“头目”（指挥），有的充当了“军师”（出谋划策），有的随大流（执行任务）等，每个孩子都自然而然地找到一个适合自己的角度来扮演，并且尽心尽责。这种群体“游戏”使每个孩子的能力和个性都有了充分展示的机会。因为他们无论做什么，都是“我想做”或“我能做”。在这种群体交往中，每个孩子都会从他人的眼光中发现和认识“自己”，这必然有利于孩子自我个性的形成。父母们不要阻拦或过多参与孩子们之间的交往，孩子们之间自有一套评价朋友好坏的标准，即使孩子们在交往中吃了亏，他自己也会从中吸取教训。如，有个年龄大的孩子打了年龄小的孩子，或者骗了小孩子一块巧克力吃，下次这个小孩子就学会了自觉防范，“吃了亏”就知道如何保护自己了。作为父母保护孩子一次两次，保护不了三次四次，不如索性放开，让其相互交往。当然父母也要对孩子“心中有数”，要有尺度，把握在一定的安全范围内。

第十一章

教孩子具备良好的心理素质

情感的自我控制是一个人必备的基本素质，也是一个人走向成熟的心理要素之一。父母对孩子的关心应该是有分寸的，不要过分地呵护，并要培养他在各方面都具有独立的能力。从小培养孩子的自信、独立和勇敢的精神是为了他日后更好地工作、生活。

锻炼孩子的意志

没有人的生活是一帆风顺的，在我们的生命中总是充满着这样或那样的困难和问题。但有理由相信，挫折和困难正是上帝给予我们的试金石，它淘汰懦弱和无能者，坚强者更懂得人生，懂得如何去完善自己，也获得更多的经验和教训。

的确，从一个人成长的一般规律看，逆境、挫折的情境更容易磨砺意志，顺境当然可出人才，逆境也可出人才。在逆境中经过挫折千锤百炼成长起来的人更具有生存力和更强的竞争力。因为，逆境中奋斗的人既有失败的教训，又有成功的经验，更趋成熟；他们能把挫折看成一种财富，深谙只有失败才可能成功，成功是建立在失败的基础上的，因此更具有笑对挫折、迎难而上的风范。

要拥有坚忍不拔的毅力，首先应有恒心，也就是说在认准一个目标后保持在该目标上的持久注意力。

父母完全可以通过一些具体行为来培养和锻炼孩子的恒心。

在儿子还没有出生的时候，我和他的母亲就决定要把他培养成一个成功的人。尽管当时还无从谈起应努力让他在哪个领域里成功，但我们有一点是十分清楚的，就是要想取得成功，只有认准目标，坚持不懈。所以，在卡尔还只能趴在床上蠕动的时候，我们就开始对儿子作持久力的训练。在这一方面，卡尔的母亲做得非常好，只要儿子遇到困难，她就会用各种方法去鼓励他：坚持一下，再坚持一下。直到他取得胜利。

在卡尔很小的时候，为了训练他的持久力，他母亲先从他的注意力的持久性开始训练，因为注意力持久是行为持久的前提。为了培养儿子注意力的持久性，他母亲用了一个能够引起儿子注意和兴趣的玩具，一只用布做的黄色的小猫。卡尔的母亲先把那只小猫放在儿子前后左右吸引他的注意力，等到他发生兴趣之后就把小猫放在他伸出手差一点就能够得着的地方，吸引他去抓。当儿子老是抓不着准备放弃的时候，母亲便用手推着他的脚鼓励他：使劲儿！使劲儿……儿子在母亲的鼓励下往往会用力蹬几下腿，尽力地将小猫抓住。在小猫被儿子抓到手后，他母亲就用欢呼和亲吻来庆祝儿子的胜利，让他体验奋斗、成功的喜悦。在卡尔能够爬行的时候，母亲便增加了训练的难度，在他马上就要够着目标的时候，把吸引他的玩具挪到更远的地方，然后鼓励他继续爬着去拿。卡尔的母亲告诉我，这样做既培养了毅力，又练了爬行，实在是一举两得。

拥有坚忍不拔毅力的关键是正视生活中的挫折和失败。

没有人生活在真空里，困难和挫折就好像我们生活中的冬季一样，无法拒绝，所以我们必须学会怎样度过它。

在儿子稍大一些以后，我就开始告诫儿子，人的一生要遇到很多困难和挫折，但他必须成为一个坚强的人。我告诉卡尔，心理承受力差的人很容易被困难打垮，而一个坚强的人恰恰就在挫折中找到了成功的途径。我教育他必须能够接受失败，否则无法养成持之以恒的性格。我教他从一开始就学会忍受失败带来的负面影响，并勇敢地面对它。

我告诉儿子，为了避免失败而逃避工作，是那些劣等性格中最顽固不化的东西。那些坏孩子就是这样，他们通过拒绝参加学习来逃避考试，越是这样，自卑感就越来越膨胀。那些坏孩子为了给自己这种自欺欺人的想法找出正当的理由，他们往往会自我美言，贬低自己不愿意干的事，或攻击勤奋的人“虚伪”、“愚蠢无知”等。他们会自我安慰，“失败”标志着独树一帜，标志着个性强等，借此给自己创造一份虚假的自豪感。

我尽力教育卡尔懂得一个道理：犯错误，甚至失败都是走向成功的必由之路。关键是要尽自己的最大努力。

在锻炼孩子勇气方面，英国人的做法是值得我们学习的。我听说过这样的事：英国西南部的瓦伊河畔，有一所由少年探险组织建立的河流探险训练中心，专门为孩子们提供进行探险活动的机会，以训练他们的勇气和坚强的意志。

在这里，孩子们每天一早就来到河边，由专门的人负责教他们游泳和划船。训练是艰苦而紧张的，每一次练习都有孩子落水，也有些人受伤。在激流中拼搏，需要具有坚强的意志和勇气。孩子们在这里不仅仅学习了划船等技术，更重要的是锻炼了他们的意志，培养出勇敢的精神，同时也懂得了互敬互爱和团结合作。

在英国很多地方都有类似的活动，目的不是为了学习某种技巧，而是为了锻炼孩子的意志和勇敢精神，为以后的工作和生活做好各方面的准备。

我认为，英国人的这种做法是值得提倡和推广的。

有时候，锻炼孩子的勇气，常常对父母自己的勇气是一个考验。如果父母自身就对困难或对带有一些危险的活动感到害怕，那么这样的父母培养出来的孩子就不可能有勇敢的精神。有些父母仅仅是为孩子的安危担忧而牺牲给孩子锻炼的机会。我认为这样做事实上是很自私的，因为这些父母更多的是为了保护自己的感情不受到万一可能发生的危险所带来的伤害。

在卡尔 4 岁的时候，我带着他去游玩，在爬一个小山坡时，卡尔显得胆子很小，他一步一回头，不停地看着我，很想让我把他抱上去。我想有意地锻炼他一下，装作没有看见他的暗示，只是不停地向上爬着。因为我知道，虽然是第一次爬坡，可小卡尔是可以爬上去的，这是锻炼他胆量和技巧的一个绝好机会。爬到半坡时，我看出了小卡尔有些胆怯了，不肯再往上爬。

这时，我回过头对他说：“卡尔，不要怕，你看爸爸不是已经爬得这么高了吗？没关系的，不会有任何危险，我相信你是个勇敢的孩子。”

卡尔在我的鼓励下，终于战胜了恐惧，最后还是凭自己的努力爬了上去。

后来，同行的人责怪我，说我不该让卡尔置于危险之中。我对他说：“如果卡尔没有爬上去的能力，我是不会让他这样做的。而且，我的目的是要让他成为一个勇敢的人。”

儿子虽然小，但他也可以胜任很多事。如果大人总是提心吊胆地在那里显出担心的样子，那么他本来具有的能力也会被恐惧所吞没，本来有的勇气也会消失得无影无踪。

我发现，卡尔有时很反感别人总是像放风筝似的用绳子牵扯他，他也期望我们不要总是过于细腻地表现出来那种关心，因为这样他会觉得在别的小朋友面前很没面子。看到别的孩子放心大胆地玩耍而自己的父母总是陪着会觉得很厌烦，认为父母多事，对他不公平。我们对他越不放心，他就越气恼，从而产生逆反心理。

很多父母为求保险而对孩子加倍保护，造成孩子缺乏勇气。这种做法是不对的。

我认为父母应该克服这种自私，为孩子的将来着想，应该大胆鼓励孩子去做力所能及的事情，做一个勇敢的人。

让儿子摆脱对我们的依赖感

我反复地强调，孩子自己能做的事，就让他自己去做，千万别替他去做。这是一个很重要的准则。我对儿子的教育一直是按照这个准则去做的。

替孩子做他们能做的事，是对他们积极性的最大打击，因为这样会使他们失去实践的机会，这样就等于在对他们说："我不相信你的能力、勇气。"

如此一来，孩子会感到危机、不安全。安全感是建立在能够用自己的能力去对付要处理的问题的基础上。如果孩子不自信，哪来安全感呢？

有个孩子的父亲去世了。他的母亲加倍疼爱他。当孩子 4 岁时，母亲还是整天喂他吃饭，给他穿衣穿鞋。

当他长得再大一些的时候，他仍然不会自己吃饭，不会自己扣衣服上的纽扣，也不会穿鞋。而和他同龄的孩子做这些小事都做得很好，相比之下，他显得手忙脚乱，而且很可怜。有人告诉他的母亲，让他学习自己去做这些事情，因为像他这么大的孩子应该学会穿鞋戴帽。可是他的母亲却说："我爱我的儿子，他现在是我的一切，我宁愿为他做出更多的牺牲。"

这位好母亲并不知道，她这样做对孩子的发育是有害的。实际上她对儿子的爱是对儿子的可怜。她认为她是一个好母亲，她把自己的一切都贡献给了孩子，却不知道她的做法实际是在告诉儿子：你是无能为力的，没用的，不行的。这种超常或过分的爱引起的负面效应是很多的。孩子产生了极强的依赖性，他可以什么都不干，不想学习做什么事情，只顾自己玩耍。而有一天妈妈不再这样照顾他，便会有失落感。

卡尔的母亲在培养儿子自己的事自己做时表现得很好。

当卡尔应该学会自己穿衣服的时候，她就开始让他自己尝试，而并不是替他穿好了。她一边指导示范，一边看着他自己穿好。她不催促他快点儿，而是慢慢地说："你可以自己穿上，慢慢来，不行妈妈再帮你。你忘了，你已是一个大孩子了。"如果卡尔还坚持他不能自己穿，她也并不理会这些，继续鼓励他："你肯定能自己穿上。妈妈闭着眼睛数十下，看你能不能穿上。"这时卡尔可能继续下去，也可能开始哭起来，不再做任何努力。母亲这时就不再理他，当卡尔发现他的哭闹并不能引起母亲的同情时，他便继续尝试靠自己解决自己的问题。事实证明，卡尔很快就学会了自己穿衣服。

我和卡尔的母亲就是从这些小事开始培养儿子的独立意识的。

我认为，父母对孩子的过分保护会使孩子失去自信和勇气，久而久之，孩子会产生强烈的依赖心理，并认为自己不能做什么，没有力量。

我在对儿子的关心上是非常有分寸的，从不过分地呵护他，而是培养他在各方面都具有独立的能力。要知道，日常生活中的意外伤害是随时随地存在的，有些磕磕碰碰的事情是不可避免的。对孩子来说，有些时候应该不逃避各种危险，学会去面对、去忍受，因为长大之后的生活环境需要忍受的东西更多。所以从小培养孩子的自信、独立和勇敢的精神是为了他日后更好地工作、生活。

我可以肯定地说，一个碰伤的膝盖是容易治愈的，而受了伤的自信心和没被开发出来的勇气是终身难以实现其真正作用的。

父母不必事事包办，许多事情孩子自己完全可以做得很好，这一点非常重要。放心地让孩子做自己的事，让孩子认识到“我能行”，能够培养出孩子的自信和勇气。

卡尔从小就明白勇气的价值。

有一次，他和别的孩子一起做游戏，不小心手指被同伴弄出了血，疼痛异常，实在令他难以忍受。但他在心里告诫自己，一定要忍住。最后，他强忍住快要流出的眼泪，装出一副若无其事的样子，和同伴们继续玩耍。

后来，卡尔告诉我，他不能让同伴看到他的软弱，一旦眼泪掉下来，同伴会瞧不起他，也许从此不再和他一起玩了。

我一直注意对儿子勇气的培养，也非常欣赏那些力求让孩子变得勇敢的父母。

英国人在这方面做得比较好。他们的小学生有所谓的童子军，经常组织小学生探险，在险恶的环境中生存，目的十分明确，就是为了锻炼孩子的勇气和探索新鲜事物的热情，以及在艰苦的环境下生存的本领。

某些成年人看来是危险的事情，认为不适合孩子们做的，实际上孩子是可以胜任的，只是父母出于爱心或对孩子的能力缺乏正确的认识，导致阻止孩子去探索新的事物，熟悉新环境，剥夺了孩子锻炼自身的机会。我一直认为，受到过多呵护长大的孩子，自然会具有缺乏勇气的弱点，对他的人生会有不良的影响。

一个人是否具有勇气和自信心，是他能否获得成功的重要因素。我时常对卡尔说：“你能行！”这就是要鼓励他充满自信，让他有勇气去做一切他想做的事。

无微不至的关怀往往会造成孩子能力低下，同时也不为孩子全部接受。进入少年的孩子经常与父母发生冲突，有许多情况是对父母关怀他们的一种反抗。他们不愿让别人看到自己是个无能无用的人。他们需要在人们面前显示自己的存在，显示自己的能力，父母的包办自然造成他们的反抗。

在德国古代的时候，儿童就被当作独立的成人来对待。贵族们往往让自己的孩子离家到另一个城堡的其他贵族那里进行学习怎样作真正的骑士。他们认为就是在离家独立成长的过程中，可以使孩子具备一个骑士所应有的素质和知识。

可见，对孩子独立意识的重视，是我们民族的一个优良的传统，这对我们民族和国家发展何等重要。

其实，注意考虑到了孩子作为一个未成年人的能力范围和性格特点，但是放手让孩子去锻炼去挑战困难，以培养孩子自立自强的品质，这种传统意识至今并未遭到摒弃，我们周围有很多父母甚至认为这是比传授孩子知识更重要的职责。这种做法应该得到极力推崇。我也是这样教育卡尔的。

孩子在感到不安和无能为力的时候，会习惯本能式地到父母那里寻求慰藉，他们知道父母的爱会给自己以温暖与支持。因此为了确保可以一直获得这种舒适的感觉，有些孩子一直把情感的支点靠在父母身上。而这些人在交出了自己情感领地的独立权的同时，也就不得不接受他人对自己的情绪支配。

一些在此方面有心理障碍的人，情绪上通常高度依赖别人。因为他们没有自我感，自己不能为自己创造心理上的满足。为了支持自我以及在思想、价值和行为上，他们都依靠别人。他们按照父母或其他权威者的样式思考和行动。

他们的自我感实际上是他人的反映，而由于他们精神世界的寄生性，所以他们依赖的权威体系一旦坍塌，他们通常会陷入一种绝望而危险的境地。

我认为，真正具有独立精神的人对自我意识有一种强烈的需要，他们不借助这样那样的依赖就形成自己的意向，做出他们自己的决定，自我实现的方向指引着他们履行自己的动机和纪律。“伟大的人们立定志向来满足他们自己，而不是满足别人。”

由于这类依赖意识相对而言更具隐蔽性，所以就对父母提出了更高层次的要求。父母必须追问自己对孩子的爱当中是否有这样的成分：固然知道应该让孩子独立，但由于害怕失去孩子，而总希望孩子生活在他们为孩子所设想安排的状态里。

替孩子做太多的事，会使孩子失去实践和锻炼的机会。这是显而易见的。不仅如此，更严重的是过分地为孩子做事，实际上等于告诉孩子他什么也不会做，是个低能儿，他必须依靠父母，否则就不能生活。这种环境中长大的孩子，一旦走上社会便会无所适从，会到处寻找帮助。然而家庭之外是找不到父母式的照顾的，独立意识更无从谈起，这实际上是害了他们。

加强心理承受力，避免情感脆弱

从一个人成长的一般规律看，逆境、挫折的情境更容易磨砺意志，顺境当然可出人才，逆境更可出人才。在逆境中经过挫折千锤百炼成长起来的人更具有生存力和更强的竞争力。因为，逆境中奋斗的人既有失败的教训，又有成功的经验，更趋成熟。他们能把挫折看成一种财富，深谙只有失败过才可能成功，成功是建立在失败的基础上的，因此更具有笑对挫折、迎难而上的风范。

要想让孩子具备能够勇敢面对挫折的能力，必须从小磨炼他们的心理承受力。

挫折，简言之就是遇到困难，或者失败。挫折就是这种困难或失败在心理上的感受。当然这种感觉是不好过的，因为它使你的需要得不到满足，或者难以得到满足。然而对不同的人而言，确切地说是对意志品质不同的人来说，挫折的意义极为不同。脆弱，容易被激怒，心中有一种无法遏制的东西，这种东西就是由挫折所形成的一种负担。孩子太小，不知该怎么办，只有通过发脾气才可以发泄出来。

孩子发脾气时忘掉了周围的一切，内心被怒火所控制，他感到害怕、痛苦，但是自己控制不了。孩子发脾气时很可怕，好像着魔似的。父母不仅应该充分注意孩子发脾气的问题，还要弄清楚他发脾气的原因并且采取一些可行的方法防范他们发脾气。

我认为，父母应该尽力去安排好孩子的生活，让孩子少受挫折，或者让孩子所受的挫折在能够容忍的限度之内。不要过分地规定孩子做什么事，也不能太过分地强迫孩子不做什么事。严格的教育是应该的，但万事都有个限度，不能让孩子去承受他们极限之外的事。因为这样反而将孩子逼上了死角，他如此就会不知所措，会情绪极差，那自然就会乱发脾气了。不仅是孩子，连成年人也会有无法承受的东西。

当孩子情绪不好时，不要过多地招惹他，在他遇到困难时不要用过激的话刺激他，要等他平静下来之后再去慢慢开导。

当孩子正在气头上时，是什么都听不进去和不讲理的。这时，父母更不该向孩子发脾气。发脾气就像传染病，用发脾气的方法制止发脾气是不明智的，这只能使脾气越发越大。

对于孩子的坏脾气，父母不应该去奖励或惩罚，应该让孩子懂得发脾气得不到什么也不会失去什么。例如，孩子因为不想吃饭而发脾气，脾气发完之后，饭还是要吃的，当然父母要给他讲清楚道理。如果平时吃饭后要得到奖励，那么脾气发过后吃饭仍旧要奖励。

如果孩子在大庭广众下发脾气，父母一定不能顺从他。很多父母由于害怕孩子当众发脾气而常常顺着孩子，这种做法是极为有害的。对孩子的要求要有选择地满足，不合理的要求可间接地答复他，如告诉他回家再说，或对他表示等客人走了再说等。因为孩子虽小，但自有他狡猾的一面，他们常常利用父母的弱点发起进攻。父母一定要想办法不要让孩子知道这一点。要做到这一点也不难，如果孩子当着他人提出什么要求，父母最好给予帮助，合理的要求就满足他。如果硬要等到他发脾气再去帮助他，后果就不好了。

孩子发脾气主要是因为自己太弱小，面对问题感觉无能为力。随着孩子一天天长大，他们的能力增加后，日常生活中受到的挫折也就会越来越少。他也会慢慢地变成一个心平气和、通情达理的孩子。

我告诫卡尔：无论在什么情况下都不要走极端。有些爱走极端的孩子，甚至用自残来避免失败，因为他们害怕不能满足父母、老师的期望而焦虑甚至恐惧。少年时代，掩盖对失败的恐惧感的最普遍方式就是酗酒、打架。我认为，这些坏行为都是孩子们到了最在乎别人对自己看法的年龄后才开始的，并非巧合。

许多经验告诉我们，只要从小培养孩子勇敢、坚强、自信的心理，采用理解、信任、鼓励、谈心的方式帮助他们，那么，一些不良的极端行为自然能够避免。

我认为，人的自我欺骗的能力是无穷无尽的，因而我对教会儿子以现实为基础进行思考，是非常重视的。一个人只有面对现实，才会有所成就。很多人不能面对现实，整日沉浸在幻想之中，就是一种对现实的逃避心理。

虽然，人总是不可避免地受制于逃避现实的心理，但也必须学会面对现实。我时常这样教育儿子，尽量让他的行为既有利于自己又有利于别人。

为了防止儿子形成自我欺骗的心理，我教育他要按照世界真实的样子认识它，并做出恰当的反应和决定。

许多的父母没能教会孩子这方面的技能，反而教得孩子不能面对现实。有些人总想保护孩子不受残酷现实的影响，结果更加强化了他们的逃避心理。在我看来，这些父母在不自觉中对孩子造成的不良后果，可以说是一种犯罪。

我对卡尔采取的做法是：不管有多么痛苦，都要帮助他正视现实。当我向儿子解释事实、教他处理问题时，他就会渐渐明白：父母有能力来面对和应付那些哪怕是最困难的处境。

每当这时，卡尔会说："我也能做到。"

一些父母在大多数情况下都低估了孩子的承受力。他们会认为自己的孩子太软弱了，根本无法对付生活中的现实。这种态度将会使孩子形成对自己的错误认识。孩子会认为自己没有能力对付一切。

有一年鬼节，我给卡尔买了一身漂亮的服装和面具，准备在那天晚上到邻居家去要糖吃。

看着各家门口摆出的南瓜灯和鬼服，卡尔像所有的孩子一样兴奋极了。那天早上，我将糖果准备好，放在门边，准备孩子来上门讨吃时送给他们，同时也给卡尔准备好了面具和服装，等到晚上用。

但是到了傍晚，忽然下起了雨夹雪，卡尔在窗户上看了好一会儿，跑过来问我："爸爸，这雨会停吗？"我知道，如果卡尔不能出去讨糖吃，一定会感到非常失望。我说："再等一等看，也许会停的。"

但是，吃了晚饭后雨还没有停，而且连一点儿停的趋势也没有。卡尔看到这样的情况，开始掉起眼泪来。

我很为他难过，走过去拉着他的手说："我知道，你心里很难过，但是没有办法，好在鬼节每年都有，我们可以等到明年，好吗？"

"明年，那还要等一年哪。"卡尔失望地说道。

"是的，我知道，可有什么办法呢？今天下雨，真是糟透了。"我说道。

“我不干，我不干。”卡尔一下子就变得非常的不可理喻，大哭大叫起来。

我很为他难受，于是抱着他，向他保证说：“卡尔，我明天带你到玩具店去，你可以挑选一件你最喜欢的玩具，什么样的都可以。”

尽管这样，卡尔仍然大哭大叫。看到他这样，我便不再去安慰他，而对他说：“今天下雨是个事实，我也没有办法。我知道你真的很失望，我同样也很失望。你要明白，在失望的时候，没有谁能够同情你，只能自己想办法解决。”

听我这样说，卡尔便不再哭叫，而是到另外的房间去玩其他的东西了。过一会儿，他高兴地跑过来对我说：“爸爸，我们来玩鬼节讨糖的游戏好吗？”

对于孩子来讲，由于天气的原因，不能参加鬼节的活动确实使人失望，但起初卡尔的反应，在很大程度上是由于我对他的同情而扩大了。可见，孩子对事物的反应很大程度是受父母的反应的影响的。

当我告诉他天气不好是个无法改变的事实并让他学会面对现实后，卡尔就从那种失望的情绪中解脱了出来，并开始考虑解决问题的办法，并最终找到了玩讨糖游戏的办法来抵消了看似不可排解的失望。

在对卡尔的早期教育中，我把培养他敢于接受生活中的失望及失败的勇气放在很重要的位置。我尽力让他做到不依赖别人，不依赖别人的怜悯，因为这一点对他将来能否成为一个幸福的人极为重要。

如果做父母的能够平静地对待孩子失望的现实，对孩子实施好的影响，会使他们能够更容易地接受失望，迎接希望。这样，孩子在将来的成长中才会真正体会到生活的快乐而不会只看到失望和不幸的一面。

我教儿子怎样控制自己的感情

我们知道，人有多大的力气也不可能把自己提起来，人要战胜自己是一件不容易的事，而能战胜自己就是对自己控制的成功。

情感和欲望的自我控制是一个人必备的基本素质，也是一个人走向成熟的心理要素之一。我们认为，要想让孩子学会控制情感，必须以毒攻毒，用以情感为基础的解决办法来解决情感问题。

我曾经用一种“平静下来”的巧取火柴棍的游戏用以训练卡尔加强自我控制的能力：面对一小堆散乱重叠在一起的火柴棍，卡尔全神贯注，要把最上面的火柴棍一根一根地取出来，并且不碰动其他的火柴。因为他太专心，他的手都有些发抖。这时，我对着他的耳朵吹了一下，弄出点噪声，并不停地与他说话逗他，试图分散他的注意力。但卡尔完全不为所动，慢慢做深呼吸，放松肌肉，眼睛紧紧盯着目标。他知道，要想赢得这场游戏，就必须不受我的影响，集中注意力。他暗暗告诉自己:“只看眼前的目标。”果然，他把每一根火柴棍都取出来了，而且没有碰动其他棍子。

我认为和卡尔玩的这种“平静下来”的游戏，可以帮助他对付别人的干扰。这个游戏的规则是要求参加者在一定时间内从一堆火柴棍中移走一根，不能碰动其他火柴棍。

虽然内容很简单，但需要参加者能集中注意力，具备很好的动作协调能力，目的是教会儿子情感控制技能。卡尔玩时，我可以在一旁以任何方式取笑他，但不能碰他。每取出一根火柴棍，得一分，如果对取笑毫无反应，就得两分。

我认为，此种游戏对教会儿子情感控制技能很有用。儿子在遭到我取笑时，光告诉他怎么做是不够的，同时还要告诉他应该学会控制住自己的情感。

训练儿子认识和了解情感在身体上的反应非常重要。这样他就能逐渐学会自我控制。

当孩子生气时，脸色通红，身体发紧，处于过度紧张状态，在姿势、面部表情和体态上都有表现。而这种“平静下来”的成功的训练方法是要孩子首先认识这些标志，然后通过深呼吸、分散注意力等方法，使自己的身体平静下来。

有了好的控制能力，孩子就会正确地认识自己，并且对周围的干扰无动于衷，以一种轻松的心情面对一些不好的事情，而不是一怒而起。这对他们在学习和生活上都有极好的作用，并能够在将来的生活中协调地处理好一切人与人之间的关系。

让儿子的心中充满光明

有些父母为了某种原因，或是为了管教孩子，或是因为闲着无聊，给孩子单纯的头脑中灌输恐怖和迷信的故事，让孩子从小就失去了探求真理的信心。他们的做法使孩子不能正确地判断周围的一切事。本来孩子因为幼小而脆弱，他们正处在需要帮助的时候，而那些迷信的认识却将他们的思维引向了歧途。

在幼儿时期灌输到孩子头脑中的恐怖和迷信等，如同病菌一样，会在孩子的内心之中恶劣地蔓延，是致使孩子精神异常的病因。所以，我坚决反对给孩子讲幽灵、恶鬼、地狱、妖怪之类的故事。用这些故事来恫吓孩子则是有害的。它直接影响到孩子已形成光明的内心世界，也直接阻碍了孩子的健康成长。

生活中，特别是在民间给予孩子以恐怖和迷信等方面的影响很多，所以我们要采取各种防范措施，尽力不要让它们给孩子带来极其不良的影响。我认为，对于那些不良的东西，不仅仅要预防，还要给孩子采取免疫的办法。让孩子在干干净净、没有病毒的精神世界中健康发展。这样，孩子就会像种上牛痘、打上预防针一样，即使碰到精神病菌，他们受到的毒害也少。

据我所知，一个人精神异常的主要原因之一就是在幼儿时期被灌输了恐怖和迷信等东西，这些东西一直会在人的头脑中作怪。甚至长大成人之后，也会时常受它们的困扰和危害。我曾经就这事请教过精神病专家，他告诉了我这个外行想不到的数字：有几百万被称之为机能性精神病患者的人，他们的病因大多是在幼儿时期遭到过惊吓，或遇到过恐怖的事，或是听说过让他永远无法忘记的恐怖故事。他还告诉我，如果小时候教育得法，是可以避免的。而且，得法的教育会使机能性精神病大大减轻。由此看来，除了医学，教育就是拯救人类的主要手段了。

为了让我弄得更明白，那位热心的精神病专家还特地让我见到了他的病人。其中有一个 26 岁的青年，他的病叫抑郁症。他陷入了自己犯有不可饶恕的罪行的胡思乱想中，认为自己将来一定会被打入十八层地狱永世不得翻身。他就是被这样一种恐怖缠身，样子非常可怜。医生对他的病情进行了分析，了解到是因为在他 5 岁时，在学校里被一个无知的女教师灌输了地狱的恐怖情景所致。

还有一个抑郁病患者，她是一位牧师的妻子。她什么都怕，怕天黑，怕黑暗的地方，不敢一个人待着，夜里不敢睡觉，睡着便做噩梦。因而，她骨瘦如柴，只有眼睛还有点儿光泽，令人怜悯。医生告诉我，他曾将她的病进行了一番细致的分析，最后证明，她同样是因为小时候，教会的某个牧师总是给她讲恶鬼的故事所致。

当我听到这样的事，顿时感到悲哀。牧师的职责在于帮助他人从黑暗之中走向光明。可是我的那位同行却做了相反的事；他的愚蠢做法，他的那些鬼故事，却把一个本来善良的人引向了黑暗。他不是一个尽到责任的牧师，简直是一个罪人。我想他才会真正被打入十八层地狱。他的做法，上帝是永远不能宽恕的。

我给儿子讲过许多故事，但从来没有给他讲那些可怕的东西。我只给他讲有益于身心健康的光明的故事。我让他在故事中体会人生，让他懂得做人的道理。

有一次，卡尔问我世界上有没有魔鬼。我对他说既可以说有，也可以说没有。他觉得我的回答很奇怪，因为我没有给他确切的答复。

“我认为是有的。”卡尔说。

“为什么呢？你见过魔鬼吗？”我问儿子。

“没有见过，可是人们都说有。”

“既然没有见到过，你就不能说有，因为人只相信亲眼见过的事物。”

“可是，为什么人们都说有呢？”

“因为，那是无知的人瞎猜想。”我说道。

“那么，爸爸，你为什么说又有呢？”卡尔一定要把这件事问明白。

“其实，魔鬼只会存在于人的心中。”看着儿子那副认真的模样，我认为有必要给他说清楚其中的道理，“善良的人，心中没有魔鬼，而那些坏人，心中就一定有魔鬼。你看那些无恶不作的坏人，他们不就和魔鬼一样吗？他们整天无所事事，还要做些有损他人的坏事，他们不是魔鬼又是什么呢？”

“儿子，你要记住，一个人心中充满光明，正直地做人，能够帮助别人，尽力行善，为他人着想，那么他就是天使。如果总是想着自己，只干坏事，那么他就是魔鬼。一个人只要心中光明，就能战胜邪恶，就能战胜无恶不作的魔鬼。”

“爸爸，我明白了。世界上是有魔鬼的，就是那些无恶不作的坏人。我一定要做一个正直的人，那么我就不怕魔鬼了。”卡尔神采飞扬，他不但解开了心中的迷惑，还懂得了做人的道理。良好的教育能够培养起人光明的内心世界，能够树立起孩子的信心，并能使孩子成为一个快乐的人。而那些愚蠢和无知的教育只会把孩子引向黑暗的深渊。

恐惧是儿童的一种普遍心理。不仅仅是幼儿，不少年龄较大的儿童即使在家中也会感到恐惧。除了诸如怕黑或怕生病之类个人的恐惧外，还包括社交性的恐惧：害怕不被整个家庭或者家庭中某个特定的成员接纳，害怕因此丢脸或者遭到遗弃。

一般来说，这种以家庭为基础的恐惧常常十分明显，而且相当容易确定。比如，一个 6 岁的怕黑的男孩，晚上因墙上的阴影可能会大声尖叫；而害怕失去父母的爱的女孩可能会黏着父母，无论何时父母离开她都会大惊小怪。在这些个案中，原因和结果都相当明显。

其他时候，也许孩子害怕某些东西也是十分明显的，人们却无法确定恐惧的本质。比如，一个 10 岁的男孩故意回避去农场看祖父母，可能是因为害怕他们，害怕他们的农场工人，害怕经过农场路上的高耸的桥，害怕农场的马，或者是上面这些恐惧的任何组合。

不过，即使以家庭为基础的恐惧也可能是完全私下的，偶尔观察孩子的人是无法察觉的。因为孩子特别是稍大一点的孩子可能会尽力维护他个人的尊严，这会使他尽可能或者避免泄露恐惧的真实本质，或者尽量待在不会无意在他人面前流露出那种恐惧的环境中。

帮助孩子及时地和适当地处理恐惧的关键是，要一直对他的生活中发生了什么保持尽可能多的了解。在不让孩子感觉你侵犯了他的隐私的前提下，要保持和那些作为他生活中的见证人的成年人及时沟通：教师、保姆和你孩子朋友的父母。这些人能为你提供你的孩子可能面临的恐惧的有价值的线索，而且在帮助孩子克服这些恐惧时他们也是非常有价值的同盟者。

最重要的是，你要尽量培养和孩子之间的这种关系，它可以使你很容易地阻止恐惧，或者可以使孩子在和你谈论它们时感觉更加舒服。这就需要在把孩子看作独立的个体和依赖你的个体之间达到某种平衡。你不仅需要给予孩子一定的独自面对恐惧的自由，也要确信你的孩子承担的恐惧不会超过他能够适当处理的限度。

第十二章

有良好的习惯才会有良好的素质

我们天生能历久不忘孩提时期的印象，如同新器皿一经染上气味，其味经久不变；纯白的羊毛一经染上颜色，其色久不能改；越是令人讨厌的习惯，越是牢不可破……正是从这样的实践中养成了习惯，以后就变成了天性。

好习惯是孩子一生的财富

培养孩子性格的重要性不言而喻。而培养性格不是刻板的，而是贯穿孩子生活的全过程。

培养孩子的生活小节要从培养良好的习惯着手。小节问题往往与一个人的生活习惯紧密相连。当孩子一旦养成了某种不良习惯，便会成为一种无意识的行为，自己都觉察不到，比如不注意卫生，办事拖拉、马虎，都表现为日常的习惯。

因此，要使自己的行为得当，就必须养成良好的习惯，根除那些陋习、恶习。而要做到这样，又必须把个人习惯问题提高到道德修养的标准上来对待，每天对自己的思想行为有所反省，想想自己这一天有哪些好的观念、行为，应该如何保持，发扬光大；又有哪些不当的地方，督促自己坚决改正，决不姑息。

良好的习惯一经形成，就是终身受用的资本；反之，不良的习惯则会成为一生的羁绊，阻碍自己的发展。有人做过这样的比喻，人生的路上有两块路标，一块写着“向善”，指引你向光辉的顶点攀登；一块写着“为恶”，引人步入罪恶的深渊。这个生动的比喻说明了这样一个道理：学好，要有很强的精神力量支撑，还要付出艰苦的努力，并要凭借顽强的意志刻苦磨炼自己；而学坏，往往是从放松对自己的要求开始，很容易就会在错误的道路上越走越远。

正如一句格言所说：“要注意你的思想，因为思想会产生行为；要注意你的行为，因为行为会养成习惯；要注意你的习惯，因为习惯会形成性格；要注意你的性格，因为性格会影响你的一生。”因此，我们要有意识地用良好的道德规范自己。从身边的点滴做起，不要拒绝做小事情，因为大事是由小事组成的，高尚的品德就是在细微之处体现出来的。

对于孩子既不可娇生惯养，也不应过多地斥责。我们不但不呵斥孩子，而且最重要的是让他们懂得一个道理：人生在世，自己的所作所为必然会得到相应的报答。我按着这一原则教育卡尔。例如，他做了好事，第二天早起他枕头旁边就放上好吃的点心之类，并告诉他，这是由于你昨天做了好事，仙女给你的。假若他做了坏事，第二天早上起来就见不到这些东西，并告诉他，因为你昨天做了不好的事情，仙女没有来。

我和卡尔的妈妈也注意在日常生活中培养卡尔的好习惯。当每天晚上他脱下衣服自己不收拾时，就让它一直放到第二天，我也不收拾，并且绝不拿出新衣服给他穿。如果孩子的衣冠不整，精神上也必然是散散漫漫。反之，衣冠端正，能使人精神抖擞。所以，服装不可过于奢侈，但必须是整洁的，整洁的服装还能使我们产生自尊心，就连马也是如此。给它换上好马鞍，就表现得扬眉吐气；给它换上破旧的马鞍，就表现得垂头丧气。马都这样，何况孩子呢。没有自尊心的孩子，绝不能成为伟人。

在注意服装的同时，还应当注意让孩子保持身体的清洁卫生。要教孩子洗脸、洗手、早起刷牙、梳头。身体清洁也能促使孩子产生自尊心。

然而，不可让孩子沾染好打扮、好漂亮的习气。孩子之所以这样，是受母亲的影响，因此必须警惕。人既然活着，就不可什么也不干。有的妇女对于个人的修养和教育孩子不感兴趣，这种人往往埋头于时装竞赛。为了教育孩子，这是应当避免的。

顺便谈谈，我认为不应让孩子穿姐姐或哥哥穿过的衣服。即使家境不佳，最好也不要这样做。因为这样会严重地损害孩子的自尊。我让儿子和我们一起吃饭，把他和大人同样对待。吃饭时的谈话选择他能懂的话题，平等地交谈。有的家庭吃饭时不让孩子说话，有的甚至不吃饭时，孩子也必须畏畏缩缩。这样做，孩子就不会有任何自尊心。

此外，为了使孩子能自重，必须信任他们。无论是大人还是小孩，受到别人的信任就能自我尊重。管束孩子不许干这个，不许干那个，还不如信任他们，耐心地说服他们更为有效。我们如果把孩子当坏人对待，他就可能成为坏人。

在养成孩子健康的卫生习惯方面，“我说过多少次了？怎么总没有记性？要……不要……”这是父母最常说的话。孩子不爱干净，懒于梳洗、刷牙、洗澡、换衣服，尽管大人不停地提醒或警告，但孩子依然不能养成卫生的习惯。为什么父母的督促，孩子都没听进去？

其实，“我已经告诉你多少次……”这句话只反映了一个事实：一个得逞的小孩正在与生气的父母玩“我需要你注意我”的游戏。孩子真的不明白父母的话吗？不！一次的“告诉”已足以令聪明的小孩明白应该注意卫生。

但他们有一个错误的想法是：只有像我现在的“脏猪”模样，才能引起爸妈的注意。也有些小孩子是因为依赖、懒惰成性，他们明知母亲不能接受自己脏兮兮的样子，必会忍不住动手替自己洗脸、换衣服，到时他乐得坐享其成。

如果你要孩子养成注意个人卫生的习惯，必须采取行动，而不是一再地唠叨，敦促。不妨试试以下的方法：

父母本身得先做个好模范，注重个人卫生，才能对孩子有所要求。

有些父母不相信或不肯定孩子已经洗过澡或刷了牙，常偷偷地检查孩子的牙刷、毛巾是否是湿的。这样做若给孩子知道了，反会招致不满，认为父母不信任自己，以后干脆就不洗了。父母只需偶尔察看一下，而不要像间谍似的紧盯着他。

定下一些规则，要全家上下一律遵守。例如不洗手不可上桌吃饭，不洗澡不得上床睡觉。须注意不要带责备的语气，说过规范一次以后，便不要再重复唠叨，而以行动来实行。

假如孩子个性执拗，不愿合作，硬不肯洗手便上桌吃饭，父母可以坚定的态度请他到别处吃，因为他的手太脏，令人看到不舒服，影响大家食欲；要不然，爸爸妈妈可以一起离开饭桌，带着饭到别处吃，不理睬他。

孩子不肯刷牙，牙齿蛀了，牙痛都是他自己的事，父母不用一下一下地为他清洁牙齿，这样对他一点帮助也没有，就让牙医来处理，医生会教他怎样保养牙齿，他也从拔牙、补牙、洗牙或吃药打针上得到“惨痛”的教训。

洗澡也是孩子自己的事。孩子到了六七岁已有能力自己洗澡，父母应给孩子机会养成自理生活的能力，无须事事操心。孩子不愿洗澡，身上汗臭难闻，同学、朋友闻了都敬而远之。父母也可以告诉他，实在无法忍受他的体臭拒绝与他玩耍或同桌吃饭。如果他的同学或朋友告诉他味道不好更是见效。此外，不洗澡会使身体发痒，一点也不舒服，就让孩子亲尝苦果，他自会做出聪明的抉择。

我注意养成卡尔健康的生活习惯。健康的生活习惯包括饭前洗手、早晚刷牙、不吸烟、不贪吃零食、按时睡觉等。这些习惯看似简单却对人体健康有着不可小看的影响。

成年以后的莎丽变得日益沮丧，严重超标的体重，给她的生活带来了无尽的麻烦，而且使她心理上承受了很大的压力。她责怪父母小时候未能帮助她建立正确的饮食观念：

“他们不但不约束我吃东西，而且还不断把各种美味点心和可口零食摆在我面前。我长得越来越胖，可他们仍毫不在意地向我提供那些高热量高脂肪的食物。”

同样成为不良生活习惯受害者的是亚历山大。他从 9 岁起开始吸烟，使身体状况受到严重影响，到 35 岁时就不得不因为呼吸道和肺部问题住进了医院。

这些麻烦的产生完全可以归咎于儿童时父母的照顾不当。

所以说，父母有责任帮助孩子树立健康的生活观念并矫正他身上出现的不良习惯。但是，请记住，不要试图告诉孩子养成健康生活习惯的好处，这些喋喋不休的解说毫无意义，因为孩子尤其是年幼的孩子根本无法理解，也没有兴趣去知道。

作为父母，与其让孩子通过复杂认知接受某事，不如建立严格规矩要求他服从，随着孩子的成长，他自然而然就明白了养成健康的生活习惯多么有益。

父母是孩子的一面镜子

我始终这样认为，由于社会上没有专门培养孩子品德的机构，这个任务就落在了父母的身上。那些不注意培养孩子好习惯的父母，是没有尽到责任的父母。

母亲爱虚荣，那么女儿必然是这样的；父亲好喝酒，儿子也会喝酒；父亲管不住自己的嘴，儿子也会如此。父母如果严格要求自己，作孩子的表率，努力培养孩子的好习惯，就会为他们的美好前程创造条件。这样的父母是令人尊敬的。

我认为孩子是父母的影子，孩子是父母的翻版。我向卡尔灌输任何东西，自己都要做出榜样。为了培养儿子的品德，我知道我的行为要自慎，应处处作他的表率。

的确，我们都生活在社会之中，每个人的行为都要受到社会规范的约束。每一个社会，每一个时代，都有自身独特的对社会规范的理解，有自己独特的价值体系。

无论是过去还是今天，都有一些共有的对基本价值的尊重与遵守。这些基本价值有：诚实、自律、忠诚、可信等。无论在家庭和学校，孩子们都在有意无意地接受这些价值观的熏陶。

这些并不是空洞的说教，它是一种行为法则，是孩子们必须从小就建立起来的良好的品质。而要帮助孩子树立正确、健康的道德观与价值观，首先需要父母本身有正确的观念与标准，并具有实践这些观念的行为能力。换言之，教育孩子的过程实际上也是一个父母自身的教育过程。

我的同事沃尔夫先生有一天对我说：“我的儿子讨厌极了，他总是迟到，似乎根本没有时间观念。我总是耐心地给他讲道理，可是他总是听不进去。你儿子也这样吗？”

听他这样说，我就要求他告诉我他是怎么给孩子讲道理的。

沃尔夫先生立刻就给我举了下面这个例子：

“恩特斯，我和你讲了许多次要遵守时间，否则会浪费别人的时间，也会给别人留下不好的印象，你难道忘记了吗？”当儿子迟到时沃尔夫对他儿子这样说。

恩特斯不以为然地答道：“当然没有忘记，你给我讲了许多遍了。”

“那你为什么仍然这样？”

“我知道这的确不好，不过，我觉得也没什么大不了的。”

“什么？”沃尔夫先生有些生气了，“怎么说没什么大不了的？你从小就这样不守时遵约，将来还有谁信任你呢？”

看见父亲生气，恩特斯也有些沉不住气了：“你是大人了，不是也过得很不错吗？没见你有什么麻烦呀！”

“你这是什么意思？”沃尔夫先生被儿子的话搞得迷惑不解。

恩特斯说：“哦，你可能忘了，你好几次答应我要带我去海边，可是到了现在你一次都没有带我去过。”

“那是因为我工作太忙，这一段时间有很多的会议……还有那些论文……还有学生。”

说到这里，沃尔夫先生自己尴尬地停住了，不知再怎样说下去。

我对沃尔夫先生说：“哦，这样可不好。你要求儿子守约，可自己却没有先做到。这样教育孩子肯定是不会有良好效果的。”

这虽然是一件小事，父亲工作忙，的确有不得已的时候，他虽然也想带孩子去海边玩，但由于自己的原因不能去，可是事先对孩子许了诺，这的确是一件难办的事。可是，孩子会怎样看这个问题呢？他可能会得出什么样的结论呢？他也许会这样想：哦，父亲不守约，他过得也不错，大概不守约也不是什么大不了的事，我也无须为这个问题而烦恼，也用不着花工夫纠正这个所谓的缺点。有了这样的概念，无论有多少次的教训，恐怕也不会起作用。

糟糕的是，天真的孩子还会这样想：父亲对别人倒还能守约，尤其对工作上的事，但对我的事却不认真，可见守约也要凭兴趣或分等次，不必事事守约，那么有时不守约也就不是什么错事了。对于孩子这样的推理，父母往往找不到反驳的理由。

父母们常常抱怨孩子不听话，不能按自己对他讲的道理去做事，但就是不想想自己有什么不对。

这些父母常常用自己的行动摧毁了自己给孩子讲的道理，让孩子们认为父母说的是一套，做的又是一套。他们认为父母是不可信的，不必认真对待父母的话。如果这样的话，孩子根本就不可能按照父母的"说教"去做。

有一个周末，卡尔与好朋友贝特约好星期六到贝特家参加一个聚会，并要带上自己的一些好玩的玩具。

我起初并不知道这件事，到了星期五晚上，我同妻子商量明天一起去郊游，并且有爬山和划船的活动，再住一个晚上，星期天回来。

这时，贝特的父亲来到我家，转告贝特给卡尔的话，叫他不要忘了带他的小提琴。

贝特的父亲走后，我问儿子："你是不是和贝特约好要去他家聚会？"

"是啊，可是我更想跟你们出去玩。"

"那不行，答应了别人就一定要遵守约定。"

"可是，明天去贝特家的人很多，并不少我一个人。"

"不，我想贝特是很看重你的，否则也不会叫他父亲来提醒你。何况，你还答应给他带小提琴和玩具去。你想一想，没有你的参加和你要带去的东西，贝特一定会觉得很扫兴。你忘了上次你约他来一起做游戏，结果他临时改变了主意，你是多么生气的吗？”

卡尔犹豫了。我又继续开导他：“违约是不好的行为，很不礼貌。这样吧，我们下个礼拜再去郊游，你明天去贝特家玩，好吗？”

儿子想了想，采纳了我的建议。

就这样，从某个角度说，我和妻子都做了一点儿小小的牺牲，但为了培养儿子的良好行为我认为这是值得的。

其实不要说是小孩子，有时候大人也会为推卸责任而说谎，比如：丈夫把晚间去喝酒的责任推到朋友身上；自己早上起床晚了，上班迟到，推说是路上塞车……

所以，父母对孩子的说谎要冷静对待，不要一副谈虎色变的样子。这时候父母应以同情的语气表示要责备孩子，让他们说出真实的情况来，帮助孩子分析问题，告诉他没有掩饰真实情况的必要，要信任父母，以后有什么想法要告诉父母，父母也会重视他的想法。

说谎是一种习惯性行为，经常说谎的孩子往往出自父母经常说谎的家庭。另外，管教不多甚至厌弃子女的家庭培养出来的孩子也容易变为不诚实的孩子。

尽管人人都承认自己说过谎，但父母应该意识到直接或间接地说谎会对孩子产生什么影响。这并不是说父母应该把所有事情都告诉孩子们，有许多事情是他们不必知道的，比如隐私或远远超出孩子理解能力的事情。

即便如此，如果孩子偏要问，也应该照直对他们说，完全没必要编瞎话。应该在家里不断地谈论诚实的重要性。为了保证使诚实成为孩子道德的一部分，可以读一些强调其重要性的书籍，对鼓励孩子的诚实正直也是很有益的。

一般来说，从 4 岁起孩子们开始明白，故意说谎而误导别人是不对的。事实上，这时候或稍大一点的孩子对事实的崇拜几乎达到狂热的程度，如果发现父母、兄弟姐妹或朋友说谎骗自己，会非常愤怒。一句特别的话，其真实与否远比说话者的意图要重要得多。下面是 5 岁的艾利斯和父亲的例子：

父亲："啊，好像下雨了，我们没法去看球赛了。"

艾利斯："你说过今天要去的！"

父亲："是的，我说过。但天下雨了，球赛会取消的。"

艾利斯（眼中已经含满泪水）："但是，你说过，我们要去的。你说过的！如果我们不去，你就说谎了。"

父亲："不，这不是说谎。如果比赛取消了，我有什么办法。我也想去，但没有比赛，我们去干什么？"

艾利斯（开始哭了）："这就是撒谎。你说过我们会去的，我们不去，你就是说谎！"

让儿子养成良好的饮食习惯

孩子养成不良的饮食习惯，责任完全在于父母。由于他们的溺爱和纵容使孩子形成任性自私的性格，这种性格反映到饮食当中就出现了孩子挑食、厌食、贪吃等多种毛病。

然而不少父母对此没有丝毫悔悟，而仍旧一味地满足着孩子不合理的饮食要求，另一些父母也许意识到了孩子不良的饮食习惯将影响孩子的健康，可他们不懂得如何从根本上解决问题，而是一味地诱骗孩子吃他不肯吃的东西，以确保其获得更为全面的营养，这些愚蠢的父母甚至扬扬自得地将他们那些诱骗的小招数到处传授，让其他面临同样问题的父母也跟从效仿。

事实上，改变孩子不良的饮食习惯应当从改变他对食物的观念开始。父母需要首先使孩子明白的绝不是吃哪种东西更有营养，而应该是如何去尊重食物，或者说尊重制作食物者的劳动，以及自然界对人类的恩赐。

只有在孩子学会尊重食物以后再适当地告诉他有关的营养知识，孩子才可能更容易接受。

厌食的问题略微复杂一些。如果孩子厌食，首先应确定他是否生病了。如果并非如此，而只是孩子的饮食习惯问题，父母就该意识到可能是孩子平时零食吃得太多，扰乱了正常的进食规律，导致他在正餐时间里拒绝进食。解决方案有两个：第一是杜绝孩子吃零食的习惯；第二是适当采用饥饿疗法，当孩子真的感到饿的时候他就不会再声称没有吃饭的胃口了。

与挑食、厌食的孩子相反，有些孩子表现得十分贪吃。他们往往不知饥饱，因为吃得过多而生病。

孩子贪吃的习惯多数时候是父母促成的，因为在这些父母的头脑中，想到的只是加速孩子的成长，使自己孩子的身体变得更为强壮，他们只要听说什么食品能强身健体，就不惜一切地为孩子买，毫无节制地灌进孩子的胃里。

我和儿子的母亲都非常注意这一点，我们严禁儿子随便吃点心、零食。为了给儿子加强营养，我与他的母亲对儿子规定有固定吃点心的时间，并对此有合理的安排。

为了儿子的健康，也为了让他不要养成贪吃的习惯，我时常对他讲吃得过多的害处。

我告诉他："人吃得过多脑袋就发笨，心情就会变坏，有时还要生病。生了病，不仅苦恼和难受，而且也不能学习和玩耍了。不仅如此，你一得病，爸爸妈妈为了照顾你，好多事也不能做了。就是说你一个人病了，会给许多人带来麻烦。"

为了让卡尔懂得身体健康及饮食合理的重要性，我在凡有朋友的孩子生病的时候，都会带他去探望，让他有更为直接的体会，这对他是一种很实际的教育。

有一次我带着儿子散步，遇见了一个朋友的儿子。

“你家里人都好吗？”我首先问候道。

“谢谢，都好。”他说。

“但是，你弟弟病了吧？”

“是的，您是怎么知道的呢？”他惊讶地说。

“我知道，因为圣诞节刚过。”

我并不是胡猜。因为我知道那孩子特别贪吃，圣诞节过后准会闹病的。

果然不出所料，于是我就带着儿子去探望。到那儿一看，那孩子不喊肚子痛，不喊头痛，只是叫个不停。

在谈话中，我问明了孩子的病因，正如我所预料的那样，是由于吃多了。卡尔听到这种情况，就深刻了解到贪吃的危害，便从此就很自觉地节制饮食。

在这种场合，我与对方谈话总是注意到要使坐在旁边的儿子能了解事情的真相。

为了让卡尔不在饮食问题上受到损害，我特别注意培养他的饮食习惯。在吃饭之时，尽力让他愉快地进餐。

我认为，让孩子愉快进食有利于增进孩子身心的各方面发展。

对孩子来说，食物不应该是一种款待，也不应该是一种义务，千万不能用食物贿赂他，也不要用不让他吃来惩罚他。父母完全没有必要去浪费时间和精力把食物当作奖励、惩罚或威胁的手段来调教孩子。重要的是把管教孩子和食物分开，给孩子营造一种和谐轻松的进食气氛和环境，让孩子独立自主、轻松愉快地进食。

哥罗德是我们这一带有名的小胖子。据说他的食量很大，在他很小的时候，就能和大人吃一样多的东西。每天除了正常的用餐外，还要不停地吃很多零食。

我曾经问过他的父母，孩子怎么从小就长得那么胖。本来我是个不爱打听别人的事的人，可是每当看到哥罗德那种胖乎乎甚至走路都有点困难的样子，在我的脑子中总会出现这个问题。

为了培养好自己的儿子，我也经常询问一下别人是怎样培育孩子的，这样或许还会改进一下我的教育方法。

哥罗德的父亲告诉我，因为他和妻子一直没有孩子，等到年龄很大的时候才有了哥罗德，所以倍加疼爱他。特别是他的母亲，更是把儿子当成自己的心肝宝贝。

他们给儿子吃最好的东西，穿最好的衣服，可以说对儿子百依百顺，万般迁就。只要儿子想吃的东西，他们都要绞尽脑汁地给儿子弄到。

哥罗德的父母都是体形较瘦的人，他们对儿子长得如此之胖也有些感到不愉快。但他们只是在从儿子的外形看问题，只是觉得儿子长得太胖有些难看罢了。他们没有考虑过肥胖已经成了孩子的负担。

哥罗德由于长得胖，被同伴们称作“小胖子”，他行动缓慢笨拙，几乎无法和别的孩子一块玩，甚至还有的孩子欺负他。每当受欺负后回家哭闹时，他的父母解决问题的唯一办法还是吃。他们以为只要给他吃好，问题自然解决。

哥罗德由于太爱吃东西，以至于他在看书和学习时也要拿一些点心在手中。我也问过他的父母，孩子的学习怎么样。他们只能一边摇头，一边叹气。

每当哥罗德学习不专心时，他的父母就会给他一块糖果和点心。他们认为这样就会让儿子用心读书，其实他们的做法大错特错。

因为这样不仅干扰了孩子的学习，也让他形成了一种极坏的心理，他不会认为学习好了才会有奖赏，反而会以为只要我不学习就会有好吃的。

哥罗德比我儿子卡尔还要大两岁，但他在学习上与卡尔比简直是天壤之别。

哥罗德为什么会这样呢？我认为这完全应归罪于他愚蠢的父母，他们不懂得怎样去教育孩子，以为孩子仅仅需要吃喝，根本就没有从小去培养孩子各方面的潜能。

胃过于疲劳会使大脑功能减弱，所以贪吃会使人蠢笨。我时常将这一观点讲给儿子和周围的人们听。历史上很多伟大的人物都非常注意这一点，特别是那些积极用脑的伟人更是如此。

孩子那种“有机会就吃”的情况，不是出于天性，更多的是由于父母给他创造了过多“吃的机会”。

卡尔基本上没有因为吃多了而伤害了胃。到朋友家里，主人总是要热情地拿出点心之类来款待。但不管是多么好的点心，都难以让卡尔动心，他是坚决不吃的。

朋友们看到儿子的反应，认为这不是孩子的真心，可能是我管教过于严格的结果。但事实并非如此，完全是儿子自愿的，因为他已养成了良好的饮食习惯。

朋友们之所以那样说，是因为他们在用自己和自己孩子的标准来衡量卡尔，他们无法理解我儿子的自制能力。

其实，这没有什么难的，只要从小经常做这方面的健康教育，孩子们就会很容易地像我儿子那样做到。

当儿子有了不良习惯时

孩子在成长的过程中，可能会出现各种各样的坏习惯，有的是任性、自大，有的时刻都不忘记表现自己，有的爱捉弄人，有的甚至以自已的行为危害他人、损坏财物。面对这许多问题，父母应该采取不同的办法去加以解决，以达到最好的效果。

很多父母认为，为了防止孩子养成不良习惯就要对孩子了如指掌。其实这种想法也不完全正确。孩子都有自己的秘密，大孩子有，小孩子也有。许多父母都不去注意这一点，要么认为小孩子没有什么秘密，要么就是千方百计地挖掘孩子的秘密。这种想法和做法都是不正确的。孩子自有孩子的秘密，只是在大人看来算不上秘密而已。孩子是非常幼稚的，他们心目中那种秘而不宣的东西就是秘密。父母不应该时刻窥探，不要对此过多地追问，更不要干涉，特别是对健康合理的、无害的秘密。这样，哪怕是两三岁的孩子也会更加信任父母，与父母更加亲密。有了这种信任和亲密，孩子可能会把他们的秘密告诉父母。如果父母一味追问，孩子得不到父母应有的尊重、信任，孩子会感到他没有地位，就会心灰意冷，逐渐失去积极性，甚至会很小就关闭自己的心灵大门。当然尊重孩子的秘密，并不等于对此不管不问，而是要求父母时时刻刻关注孩子的内心世界，健康地加以引导，不健康的则应在充分尊重和理解孩子的前提下，去关心和引导他。

除了儿子之外，我也接触过不少和他年龄相仿的孩子。我发现几乎任何一种不良行为，孩子都会凭着自己的理解去获得某种自以为是的“奖励”。我认为，父母的责任就是要去发现和取消这种“奖励”。我的一位朋友有两个孩子，他的儿子是一个非常调皮的孩子，处处都让人感觉到他的与众不同，经常干些令人心烦的事，经常欺负妹妹和别的小伙伴。

有一天，我的这位朋友找到我，想让我给他提供一些管教孩子的办法。

他对我说：“我的儿子真令人讨厌，他不仅喜欢嘲弄别人，连吃面包也与其他孩子不同。他明明知道我讨厌他的某些行为，可他偏偏那么做，好像是专门在气我。”

听了他说的话，我感到很奇怪。这孩子连吃面包都会惹父亲生气，恐怕也有些太与众不同了吧。于是，我要求去看看这个孩子。

那天我和朋友一家共进午餐。在饭桌上，我特意仔细观察这个调皮的孩子。

我发现，这个孩子在吃面包的时候，把面包皮细心地剥下来，然后用手把它捏成一个球形吃掉，而把剩下的部分丢在盘子里。与此同时还得意扬扬地对他母亲说：“妈妈，我把面包皮剥下来了！”

于是，他的母亲开始训斥他：“你怎么总是这样，居然还当着客人的面。”这时，他的父亲似乎也要发怒了。

我给朋友使了一个眼色，示意他不要发怒。饭后我给他讲了一个“对付”孩子的办法。

第二次，这个孩子故技重施，像往常那样把面包皮剥下来后，也对母亲说：“妈妈，我把面包皮剥下来了。”可是她的母亲只说了一声：“我知道。”

孩子说：“你不说我吗？”

“不说。”

没过多久，我的那位朋友又找到了我，说孩子现在已经没有剥面包皮的习惯，也和其他人用一样的方法吃面包了。他觉得很奇怪，问我是什么原因。

其实道理很简单，孩子的那种做法就是为了引起别人的注意，即使被父母责骂，他也会觉得受了重视。在他眼里，父母的责骂就是一种奖励，而他的做法就是为了这种奖赏。后来，父母对他的这一举动不闻不问，毫不关心，他自已也渐渐觉得没趣了，所以在不知不觉中改掉了坏习惯。

还有一个小男孩，染上了说粗话的习惯。因为他的一个小伙伴爱说“屁股”两个字，他学会了带回家里。由于这两个字不是什么风雅的词，他的母亲觉得很讨厌，很快就加以制止。可是相反，孩子不但没有停止说这两个字，还一连几个星期编造出不少关于“屁股”的话，说什么“天上有个屁股”、“屁股点心”、“甜屁股”等。他的母亲气得不行，最后干脆懒得理他。后来孩子发现这样说已经不能引起父母的注意，也就慢慢地不说了。

这是因为孩子起初说的粗话得到了旁人的奖赏而反复地说，后来没有了鼓励就不说了，曾经使他颇感兴趣的粗话也就渐渐地被遗忘掉。

对于孩子来说，能够得到父母有效的管教是非常有利于他们健康成长的。有些父母对孩子的管教仅仅停留在管住孩子上，让孩子循规蹈矩，没有活力，没有创造性。这种办法根本不能让孩子健康地发展。在我看来，这种管法还不如不管。也有些父母因为顾及孩子的自尊心而不去教育孩子，这也是错误的做法。

卡尔也会做错事。每当面对这种情况时，我不会像其他父母那样总是使用“不准这样”、“不要这样”、“不行”这些消极的、否定的词语，因为这些语言容易使孩子觉得自己一无是处，会增加他的消极情绪。我总是用积极的、肯定性的语言，给儿子以明确的行为指导，增加他的积极情绪。以我的经验，这样做往往会收到较好的效果。或许儿子在我这里听得最多的话就是“这样做”、“努力去做”这些积极的、带有鼓励性的语言吧。

在对卡尔的教育和管束上，我竭力做到既有效制止他的不良行为，又尽量减小或不产生负面影响。我认为这是管理孩子要遵循的最基本的原则。

卡尔小的时候喜欢在墙上乱画，虽然我给他买了学习绘画的用具，但他仍然克制不住自己的这一癖好，总是趁我不注意时偷偷地用笔在墙上涂抹。

有一次，正当他在墙上画得高兴的时候，被我抓了个正着。

“卡尔，你在做什么？”我立刻制止了他。

卡尔迅速地转过身，把笔藏在了身后，并用身体挡住了刚刚涂抹的东西。

我当时并没有给他讲道理，也没有训斥他，只是制止他再那样干下去，并让他独自一人到他自己的房间里待一会儿。

过了一阵儿，我把他叫出来，并询问他为什么要在墙上画。

他说：“爸爸，我知道错了。因为我刚才在房间中想了很久，我想我的行为破坏了墙壁的清洁。其实我有画画的纸张，我应该在纸上画画而不是在墙上画。您曾经给我讲过不能随便弄脏东西的道理，所以我犯错误是不应该的，请您惩罚我吧。”

我并没有惩罚卡尔，叫他去房间一个人待一会儿的目的就是让他自己想清楚这个道理。因为孩子有时在做某件事时，纯粹是一时兴起，他可能也懂得这些道理，只是一时管不住自己。如果我当场就去训斥他，或把那些讲过多次的道理再给他讲一次，一定不会有这样好的效果。孩子自己从内心里真正认识到了错误，这样的印象就会留得很深，也就会避免他再犯错误。

我这样做，只是为了让他无聊而乏味地单独待一会儿，这不算是一种惩罚的方法。他一个人待着的时候，做什么事都没有关系，只是让他把刚才在墙上画的那股劲冷下来。如果他能在房间里对自己的行为有所反思，那就再好不过了。

我认为，这种方法可以适用于很多情况。比如，当两个孩子发生争执或打架时，一般来说都会互相告状，争论不休。父母只要让他们停下来，把他们分开让他们各自单独待一会儿，可能什么问题都能得到轻松的解决。因为孩子之间不可能有什么深仇大恨，只是在一时气头上发生争执罢了。如果父母不是这样将他们分开而是去给他们讲道理，那么会更加深他们之间的矛盾，带来更多的麻烦。

当孩子情绪不好时，不要过多地招惹他，在他遇到困难时不要用过激的话刺激他，要等他平静下来之后再去慢慢开导。

我在教育儿子的过程中逐渐积累了一些经验：当孩子为某事就要发火时，应该转移他的注意力，使他暂时忘记不高兴的事，慢慢地平静下来。父母一定要冷静，不要火上浇油，更不要用简单粗暴的行为去制止。孩子静下来之后，父母要加倍体贴，好言安抚，等他冷静下来后再说。

当孩子正在气头上时，不要直接与他讲理，因为这时他是什么都听不进去的。这时，父母更不能向孩子发脾气。发脾气就像传染病，用发脾气的方法制止发脾气是不明智的举动，这只能使脾气越发越大。

如果孩子在大庭广众下发脾气，父母一定不能顺从他。很多父母由于害怕孩子当众发脾气而常常顺着孩子，这种做法是极为有害的。因为孩子虽小，也自有狡猾的一面，常常利用父母的弱点发起进攻。父母一定要想办法不要让孩子知道这一点。如果孩子当着他人提出什么要求，父母最好给予帮助，合理的要求就满足他。如果硬要等到他发脾气再去帮助他，后果就不好了。对孩子的要求要有选择地满足，不合理的要求可间接地答复，如告诉他回家再说，或对他表示等客人走了再说等。

第十三章

我的儿子是快乐的天才

我一直重视儿子在各方面的教育，而不单是学习知识。他在儿童时代就是一个非常健康、精神饱满的活泼少年。

我的儿子是全面发展的

我的教育理想，是要造就身体和精神全面发展的人才。对于儿子，我非常重视他的智力、品德、身体等各方面都全面地发展。

仅有书本知识的人，很可能会是一个只会读书的书呆子，这种人弱不禁风，做不了任何有用的事。我不愿意儿子将来成为这样的人。谢天谢地，从事实来看，他并没有这样。

有的人具有强壮的体魄，但由于没有知识和品德作为后盾，他们的强壮显得多么空虚和无力。这种人或者粗暴，或者木讷，他们只能去靠自己的力气来过生活，只能对社会做出有限的贡献。还有些由于没有受到教育，他们无知、愚昧，甚至变得凶狠、残暴，不仅不能成为有用的人才，还会为社会带来极大的危害。

我一直重视儿子在各方面的教育，而不单是学习知识。他在儿童时代就是一个非常健康、精神饱满的活泼少年。他有健康的身体、丰富的学识和良好的修养，也有优良的道德品质。这些都是我们希望的，他也做得很好。

当不少父母发现孩子在某一方面拥有特长时往往惊喜交加，从此便开始用过度地关注折磨孩子，或者使孩子丧失了原本浓厚的兴趣，产生抵触情绪；或者因片面的培养忽略掉了孩子整体素质的提高，使孩子无法在现实生活中立足。还有些父母天生对教育有着顽固保守的看法，以为把知识灌输给孩子就足以使他应付未来的生存挑战和生活要求，他们对课本的推崇和对考试成绩的信仰高于一切，他们剥夺掉了孩子对其他事物爱好的权利，将孩子囚禁在照不到阳光的死角里，并逐渐变成僵化的不懂得思考也不会享受生活的石膏像。

要使孩子的成长脱离畸形发展的轨道，就应当时刻谨记：要全面培养孩子。

一名叫布莱特的父亲曾说他将只让儿子格兰特尔学习一门知识，他的意思一定是认为学得太多就达不到良好的效果。然而，他的这种想法是错误的。显而易见，我们的布莱特先生并没有理解知识的真正含义。

可以说，各种知识都是有联系的，它们之间存在着某种相互影响的关系。仅学一门，只能使孩子的视野局限在狭小的范围之中。

“过了二十是凡人”的说法在某种意义上仍有它的道理。但这种结局并非由教育造成，而是起因于片面的教育。

我们的生活中的确有一些“过了二十是凡人”的神童。他们是怎样的人呢？

据我所知，这些在孩提时代就一鸣惊人的神童，往往是片面教育的结果。他们拼命地学一样东西，将全部的宝贵童年都一门心思地集中一处。这样做的结果当然是能够在某一领域取得突出的成绩。

虽然这种突出的表现得到了公众的认可和赞誉，这样的孩子被人们称为“神童”或“天才”，但是，这却是一种错觉。由于这样的孩子在一个领域耗费了整个童年的时光和精力，使得他们在其他方面犹如白痴。

难道，这样的孩子能够称得上“天才”吗？如果是那样的话，只能说明这是人们对“天才”一词的误解。

事实上，这种所谓的“天才”在本质上是俗物，是父母为了哗众取宠而培养出来的典型的俗物，是一种伪装成天才的俗物。

十多年前，报纸上报道了一个“神童”的事迹。据说这位名叫里斯米尔的小男孩在绘画方面有超人的天赋，报纸上称他有可能是19世纪最伟大的艺术家。因为这个只有6岁的孩子能准确地描绘人体，并对人体结构以及光影都有极准确的把握。并称，里斯米尔在其他方面表现得极为平庸，只有绘画有如此突出的表现。这足以证明他是一个天才，足以证明他的绘画才能来自于天赋，而不是得之于后天的训练。

一时间，人们都在沸沸扬扬地谈论着这个伟大的天才。人们几乎都异口同声地断定这个孩子将会是一名艺术大师。

这件事引起了我的注意，我特意去访问了这个孩子以及他的父亲。

我的到来使那位“天才”的父亲高兴极了。他谦卑地把我迎到了他儿子里斯米尔的“画室”里，并一再诚恳地要求我指导他的儿子。

里斯米尔的“画室”还真有些像模像样，墙壁上挂满了各种画作和装饰品，房间的地板上摆放着各种各样的石膏模型，一幅巨大的人体解剖图高挂在最主要的一面墙上。

那台高大的画架前坐着一个身材矮小的小男孩，这便是里斯米尔。

“卡尔博士，您的到来真令人兴奋。”这位父亲一边说着一边拿出了许多花花绿绿的小本子，“这些都是里斯米尔的参展证书以及获奖证书。”

“是吗？这很不错呀。”我看了看那些证书，全是些儿童美术大赛的参展证明，有区域性的，也有全国性的。

我在夸奖这个“天才”儿童的同时，注意到了另一个奇特的现象：里斯米尔始终坐在那儿一动不动；似乎根本没有注意到我的到来，并且两眼无神而茫然地盯着前面的石膏像。

“他在干什么？”我奇怪地问这位父亲。

“哦，他一定是在思考。”这位父亲向我解释道。

“思考？为什么一定要以这种方式思考？”

“卡尔博士，恕我直言，报纸上的那些报道并不完全真实。他们说我儿子的才能来自于天赋，我可不这样认为。正如您所说的那样，孩子的才能来源于后天的教育，我对此是深信不疑的。所以，我为了让儿子成为一名伟大的画家，一直对他要求很严。你也看见了，他无时不在考虑绘画的事。可以这样说，他的那些成绩完全来自于努力和勤奋。”他向我解释道。

“那么，除了绘画以外，里斯米尔还在学习什么？”

“绘画已经占用了他所有的时间，不可能再学其他的东西。”他向我解释道，“何况，我认为只有用心一处才能有所成就。既然想成为画家，那么就应该有所牺牲。”

听他这样说，我大为震惊。这时，我明白了为什么里斯米尔会有那么一种古怪的表情。可以毫不客气地说，他的那种表情完全是白痴的表情。

事实上，这个孩子在父亲长期的“强行教育”下，已经变成了只会画画的机器，几乎对其他的事一窍不通。他既不会读写也不会书写，更谈不上有其他的爱好。

我暂且不说要将孩子培养成完美的人，仅就艺术来说，在那种方式下里斯米尔根本就不可能学到真正的艺术。真正的艺术家，都是些博学、有丰富知识的人。他们不仅多才多艺，而且充满智慧；他们有思想也有生活的乐趣。至于那些创作手法只是他们表现自己的一种手段罢了。

然而，里斯米尔所受到的教育完全是舍本求末。我能判定，他不可能成为一个真正的艺术家。

事实证明，我的说法一点也没有错。几年后里斯米尔的“天才”便不复存在了，人们也没有见到他们所期望的这位“天才”有任何的成就。据我所知，里斯米尔后来真成了一个白痴，一个大脑发育不良的白痴。

真正有意义的教育，应该着力于对孩子本身的培养，应该以合理的方式开发出他们潜在的能力。

这是另一个错误教育的故事。

戈罗德牧师完全排斥孩子的正常欲望，他认为孩子唯一应当作的事就是规规矩矩地读学校里的课本，在他看来，各种童话、历史故事都是指引孩子走上歧途的“坏书”，而孩子对游戏的喜爱和对制造手工小玩具的热衷是“堕落”。这种教育的实施很快就见了成效：小戈罗德除了课本上的东西以外，简直是一无所知，他缺乏起码的生活能力，对社会现实的观察力和反应力十分低下，并显得孤僻内向，很难与别人形成良好沟通。

让儿子的一生在充满情趣和幸福之中度过

没有任何艺术的生活，就如同荒野一样。我认为，为了使孩子的一生幸福，生活丰富多彩，父母有义务使他们具有文学和艺术的修养。

我的教育宗旨是培养全面的人才，这一点已在前面叙述过。在儿子的早期教育中我特别强调多方面的培养。只要儿子愿意，他所想学的我都尽量满足他。只要是对儿子成长有利的事，我都不会去反对他，也不限制他的某些事情。

很多父母先入为主地希望孩子成为他们想象中的人才，过早地为孩子选定专业方向，凭自己的喜好去培养孩子，这对孩子的健康成长极为不利。

某些父母由于自己喜爱艺术就逼着孩子去学习绘画、音乐，根本不顾孩子的感受，也不会用有效而正确的方法引导孩子，这样的做法只能令孩子反感，还有可能将孩子本身就具有的爱好抹杀掉。每当看见那些被父母逼迫坐到钢琴前的孩子，我就感到心痛。我认为，那些孩子根本就不是在受教育，而是在受折磨。从小就在痛苦之中学习，他们怎么能够热爱学习呢？在父母的皮鞭下涂抹颜色的孩子可能成为画家吗？

卡尔在早期教育中学到了大量的知识，也有许多非常有意义的爱好。但这些都是他主动要求学的，并且每做一件事都充满强烈的兴趣。他在学习之中找到了乐趣，在爱好之中享受了美好的童年。

但是，对于卡尔，我并没有要求他把所有的知识都学到登峰造极。因为这是不可能的，也是没有必要的。培养全面的人才并不等于造就无所不能的超人。人都有缺点，人不是万能的神，所以不可能面面俱到。

我一直鼓励儿子从事艺术方面的活动。他喜欢画画，喜欢音乐，我都给予他支持和鼓励，因为这些爱好有助于增强他的想象力和创造力。但这并不意味着非要把他培养成一个艺术家。当然，如果是出于他的本意，如果他想成为艺术家，那又是另外一回事。

我一直重视儿子在各方面的教育而不单是学习知识。他在儿童时代就是一个非常健康、精神饱满的活泼少年。他有健康的身体、丰富的学识和修养，也有优良的道德品质。这些都是我希望的，他也做得很好。

为了让卡尔成为一个在各方面都有良好素质的人，我并不满足于培养他在学问、品德和身体三方面的发展。与此同时，我还培养儿子的多种爱好。

卡尔的母亲从儿子很小的时候就开始给他唱一些悦耳的歌谣，一边唱一边有节奏地摇晃或轻拍怀抱的儿子。

卡尔的母亲说，儿子在婴儿时喂奶都要听着歌儿才肯吃，不管多调皮的时候，一听见歌声就乖了。只要她一唱歌，儿子就全神贯注地听，还哼哼着想跟着学。如果在他面前跳舞，更是能把他高兴得不得了。

在卡尔只有 10 个月时，他似乎就有了艺术方面的感觉。

有一天，儿子的母亲兴奋地对我说："看咱们的小卡尔是多么的机灵啊！今天我抱着他哼了几句歌谣，他居然自己又哼又舞起来，虽然只是乱晃着胖胖的小手，但他是在跳舞，我敢肯定，他是在跳舞。当我扶他站在镜子前时，他更是兴高采烈地手舞足蹈起来。"

听到儿子母亲的描述，我也暗暗高兴。这种"跳舞"虽然只是一种模仿行为，但创造多半是从模仿开始的，而且模仿也是一种有待发展的能力，需要成人随时鼓励，以增强孩子的兴趣和信心。

在儿子学习演奏乐器的时候，因为我们的出发点在于培养他的爱好，让他的手指变得特别灵巧，目的在于通过音乐陶冶他的性情、开发他的智力，所以在他偶尔弹错几个音时并不会遭到责骂，也不会为这些失误而感到失望。孩子喜欢练琴，即使弹得不十分完美，也是一件好事。因为这样不仅培养他的兴趣，也促进了他智力的发展。

我认为，全身心地沉浸在欣赏或自娱中，尽情享受艺术的乐趣，是人生的一大幸福。

艺术的最大特点是它的抒情性和非功利性。我在教卡尔词汇的时候，不仅教那些明显有用的东西，也教他那些似乎没有用的东西。

我教会他认识了池塘水中的倒影、阳光下的阴影。他还会很有兴趣地注视自己的手的影子，小手一翻一翻的，非常有乐趣。

这些可以帮助儿子扩大视野，扩展联想的范围，形成更多的情感。因为艺术在很大的程度上是抒发人的思想感情。

我对儿子爱好的培养都经过了精心的安排，我首先从我们的住宅开始做起。我在住的房间中，决不放置任何没有情趣和不相协调的东西。墙上贴着使人心情舒畅的墙纸，并且在上面挂上经过精心挑选的有边框的画。我尽力在室内摆设很有情趣的器具，决不摆设任何不合身份的东西。

如果有人赠送的礼物和家具的陈设不相协调，我决不会摆出来。穿衣服也是这样，我们全家人都极为讲究，并不是一定要穿昂贵气派的服装，而是极力排斥花里胡哨的东西，讲究朴素和雅致。不仅是我自己，我也要求家人衣帽整齐，打扮得干净利索，从小就按绅士的标准有意识地训练孩子的品位与格调。

我在住宅的周围修上了雅致的花坛，栽上那些各色各样从春到秋常开不败的花卉。我从来不会种植那些没有情趣和不协调的花卉。

有一次，我看见卡尔一个人蹲在地上津津有味地做着什么。我没有惊动他，悄悄地走到了他的身后。原来他是在用一根小树枝在地面的泥沙上画画。我仔细看了看，没有想到那是一幅完整的画，天上有太阳和云朵，地面有树木和田野，田野间有几个农夫在种地。我之所以说它完整，是因为在画面中包含了很多的内容，而且构图非常完整，其中的线条还颇有韵律感，完全不像一般孩子的那种涂鸦之作。

“卡尔，你喜欢画画吗？”我抚摸着他的头。

“是的，画画很有意思。”儿子回答道。

“可你为什么画画呢？”

“我也不知道，就是觉得这里的田野很美，总想把它画下来。”儿子说道。

“那你想不想当一个画家呢？”我问。

“我没有想过，可是画画太有意思了。我在画画的时候看见天上的白云在不停地变动。”

听儿子这样说，我心中暗暗欢喜。虽然我不一定要把儿子培养成艺术家，可是画画的确在培养他的观察力。

后来，我给他买了画笔和纸张，尽量去给他提供培养这种爱好的条件。虽然儿子最终没有选择成为艺术家，我仍然将他那些小时候的画作保存至今，因为它们都是儿子孩提时代创造力的表现，也是他童年时期健康成长的纪念。

除了绘画之外，我还培养儿子的文学爱好。我从小就给他讲一些有趣的故事，到他能够自己阅读之时，我把一些好的文学作品推荐给他。很小的时候，卡尔就成了一个了不起的文学通，他几乎能背下所有的名诗，像荷马、维吉尔这样伟大诗人的作品，他都非常喜爱，并且很早就会写诗。

有人认为，我培养孩子绘画、音乐、文学方面的兴趣是为了想在人前炫耀，这是他们对我的极大误解。我从来不想把儿子培养成某一方面的天才，也从来没有把他的才能向别人过分地流露。

我只是想让儿子能够成为一个接近完美的人，只是想让他的一生在充满情趣和幸福之中度过，仅此而已。

让孩子对生活拥有美的感受

每个人面对同一事物所产生的美感并不都是一致的，但每个人却都能通过自己的感觉去触及美感：灵魂的愉快。人类与它类的根本区别在于人有精神世界，精神之“气”支撑实在的肉体生命，如果离开了这种精神追求、精神信仰，那人类即沦入了黑暗蒙昧的深渊。人之所以对于美感有独特的领略，是因为美感唤起我们生命的生机、感动与美好，它牵引人们回到最后的精神故园。

我对卡尔的美感培育可以起始于妻子的妊娠期。让怀孕中的妻子沉浸在爱中，沉浸在优美的音乐、幽美的大自然与美术作品间，欣赏着文学作品尤其是诗歌，生活在舒适雅致和睦美满的家庭环境里，所有这些带给母亲的美感乃至愉悦的瞬间都会通过遗传而增强胎儿的健康与美感素质。

在对卡尔进行美育的一个重要特点是用鲜明生动的形象唤起他对美的感受，这种感受是自然情感的流露，而美好的情感又是对卡尔进行教育的重要动力。同时，因为对卡尔美育的过程同时也是扩大孩子的眼界，丰富他的情感，增长知识，发挥创造力、想象力和观察力的过程。

我们知道，学前孩子的学习有一个特点是“玩中学”，只有他们觉得有兴趣，学得愉快时才能更好地掌握。婴幼儿的美感培育也因此应结合孩子的生理心理特点，通过诗歌、故事、音乐、舞蹈、绘画、山水等艺术和自然让孩子认识世界，认识美的载体，培养他们的美感能力。

父母在通过艺术手段对孩子进行美感能力培养时，重点应放在音乐、美术、家庭生活艺术的培养。正像我前面所说的，早在胎儿之时，生命就对优美的乐曲表现出特别的注意。出生后，孩子也对此表现出强烈的兴趣，他会停止哭泣、吸奶甚至转头去寻找音乐；母亲的有节奏的抚拍或轻柔的催眠曲的哼唱也能使孩子更安静地入眠，这便是最初对音乐感受力的表现。所以，要让孩子学音乐像学说话一样自然，使音乐成为孩子生活中的朋友。在音乐感受能力培养的基础上要进一步促进孩子的音乐审美能力，则要通过进一步地对音乐的理解和欣赏训练，让孩子从中体悟到音乐要表现的不同的情感，因为音乐是人类精神的故园，对音乐的领略是孩子未来美感人生的基础。唯有如此，才能使孩子慢慢掌握用音乐来正确表达美感，如学唱歌、弹奏乐器、在乐声中舞蹈等。对于美术培养，则首先要鼓励孩子大胆地用笔来表达自己的情绪情感，培养大胆、富有创造性的性格；其次要让孩子逐渐领会美术中所包含的境界，另一种真实的可以感知的世界，进而以另一种眼光、另一种手段去把握世界。

所有美育的目的最终都指向对孩子强健完美人格的塑造，唯此才是我们的孩子在未来社会生活中品味快乐人生的前提。因此，我得出如下结论：

第一，应该让孩子的生活与大自然相融。大自然的一山一水，一花一草，都跟孩子们的生长一样，包藏了神秘的美感。

我培养卡尔对自然的美感能力，不仅仅让他感到一种美的景致，还利用对其美感能力的培养来启迪他的心灵，通过启发卡尔对自然美感的某种暗喻性的赞美，唤起他对人的某种品德的爱慕。比如，引导卡尔观赏傲立雪中的青松，启发卡尔认识青松凌霜不屈的精神，大海的雄壮辽阔，森林的博大生机……让卡尔有了自己的美感体验，变得敏感、激情而充满朝气。

大自然的一切美好景观不仅能培养卡尔的美感能力，更能铸造他对美好生活的向往以及崇尚大自然的美好心境与情操。

第二，激活孩子对社会生活的美感能力。我在对卡尔进行艺术的自然的美感能力培养外，还重视培养他对社会生活的美感能力。

社会生活虽然纷繁复杂，但其中潜藏着一定的动态有序的脉络。在这种人与人、人与社会、人与自然相融又相矛盾的关系环境中，蕴含了很多美的东西。在我们日常平凡的生活中，有很多的事物、言行、关系可以激起人的美感需求，培养卡尔对社会生活的美感能力也就是培养他友爱和谐成功的社会化能力，这是对卡尔综合美感能力的培养。仁爱善良、和谐友好、助人为乐、诚实守信、勤劳俭朴、文雅谦逊、勇敢坚强、自尊自立、积极乐观等优秀品质，讲究礼仪的行为，亲切和善而又充满才情的语言，健康健美的体态，穿戴得体、干净大方的服饰，端庄的仪表，高雅的气质等，都能唤起人的美感，进而在社会生活中更融洽、更自如而被社会生活创造性地接受。

我在卡尔的日常生活中注重先从他的衣食住行及语言方面培养，在卡尔牙牙学语之时，我就注意对其使用美好的语言，使用德国的标准话，并非常注意作为孩子父母的言语，尤其是粗话脏话不能污染孩子的耳朵和心灵，让孩子一开始就接触到艺术化的具有美感的语言环境。卡尔对色彩艳丽华美的衣服有先天的喜爱，我耐心地告诫他，漂亮的东西固然能给人悦目的感受，但漂亮的东西并不一定就是美的。一个人真正能让他人产生美感，主要在于其心灵的美好与丰富、仁爱。如果一个孩子外表长得好看，也穿戴得漂亮，但自私、骄横、待人冷漠、缺乏礼仪，这样一个孩子同样不能唤起他人的美感，在未来的社会生活中也将不能顺利和谐地创造生活，不能在人与人的关系中得到赞扬和支持，进而获得人生的成功。

同时，我在卡尔的学习生活中注重对他各方面的培养。卡尔从幼小的婴儿到学说话学走路，可以四处玩耍，可以和父母交流，一起出游，能背儿歌，能绘画等，这些都离不开他与社会生活首先要接触的内容——家庭有关。让卡尔在和谐、自由、充满父爱母爱的环境下成长，使他健康快乐地与父母家人相处，这是培养卡尔进入社会的和谐美感的开始。卡尔逐渐长大，开始认识别的小伙伴，开始进入一个较大的环境。这时卡尔的衣着打扮、眉眼之间的亲善、嘴角的微笑、健康开朗的性格、友好的举止等都可以唤起周围人的美感，获得别人对他的肯定和喜欢，也受到小伙伴的喜爱与拥戴，而他的生活也始终洋溢着春天般的阳光，这就更鼓励了他对生活的信心与热爱，使卡尔更加愉快地向真向善向美。我认为，利用这一时期培养孩子的美感能力以及表现美感、创造美感的能力十分重要。一方面培养他们的艺术美感表现能力，一方面培养他们生活中的“艺术”，使他们热爱生活中的一切，比如穿衣、吃饭、游戏，帮助家长劳动，与人友好相处等，让孩子从小就对生活充满一种信心与渴望，充满朝气与乐观，并具有美好的心灵和自由奔放的情趣。要引导孩子热爱动态朴实天然的美。所以说培养孩子对社会生活的美感能力在他们的一生中都显得不可缺少。

健康而快乐的天才

有的人问我，卡尔所受的教育和取得的成就，是早期教育的成果，但受到这样的教育，他的健康是否受到了影响呢?

这的确是一个重要的问题。其实卡尔不仅在小时候，就是长大以后也一直是非常健康的。

也可能有人会认为，卡尔受到那样的教育一定是光坐在书桌旁啃书，从而使天真烂漫的少年时代在毫无乐趣之中度过。然而事实并不是这样的。

由于卡尔从小就通晓事理，知道很多其他儿童所不知道的事，而且对每件事都有成熟的看法，所以孩子们和他一块玩时都感到愉快。他的知识是其他儿童所望尘莫及的，但他却一点也不骄傲，也决不嫌弃和看不起其他孩子。

不仅如此，由于和卡尔一块儿玩，孩子们总是感到亲切、愉快、不惹人生气，所以都喜欢跟他玩。即使有的孩子无理取闹，他也会圆满地处理，决不做同他们争吵的傻瓜。

在他的脉搏里自小就流淌着文学的血液，他不仅从小就精通自古以来的文学作品，而且还很早就写出了优秀的诗词和文章。他后来之所能成为研究“但丁”的专家也绝不是偶然的。他具备做人和作为学者的圆满人格。

自古以来人们就说“学者必痴”，但我的儿子卡尔无论在小时候还是长大以后都不是枯燥乏味的书呆子，而总是给人以快乐。他是一个健康而又快乐、从不缺乏生活情趣的孩子。

第十四章

我只是想让儿子成为一个接近完美的人

我认为，从小就享受到真理滋味的儿子，比任何一个儿童都要幸福。

儿子的学识惊动了整个德国

1808 年 5 月，梅泽堡一所学校的教师琼斯·兰特福克先生，为了激励自己的学生，要求允许他在学生面前考考卡尔。我起初害怕由此引起儿子的骄傲自满，颇为踌躇，但最终还是答应了。

和往常一样，我提出了一个条件，即由于卡尔还是个孩子，关于考试一事不要事先让他知道，同时还要提前跟学生们打招呼，千万不要对他说一些表扬和赞美的话。

兰特福克先生应允后，就正式邀请我参观他的学校和学生，并希望提出批评和建议。到了学校，兰特福克先生把我和儿子带进教室，让我们坐到后面。

那堂课正好是希腊语课，教科书是《波鲁塔克》，学生们都感到挠头，兰特福克先生于是请卡尔回答，想让同学们见识见识。卡尔很轻松地就把学生们不明白的地方全解答了。不仅如此，卡尔对其他的问题也是对答如流。

尔后，兰特福克先生又把拉丁语写成的《恺撒大帝》一书交给卡尔，并提出问题。没想到，卡尔又毫不迟疑全部地做了回答，接着，兰特福克先生又拿出了一本用意大利文写的书让他读，他也读得很流利。在这过程中间，我也用意大利话向儿子提了几个问题，他都一一做了回答。

兰特福克先生还想考考他的法语，由于教室里没有合适的书，只得用法语和卡尔说说。但卡尔就像用本国语讲话一样，也非常流畅地回答了各种问题。

后来，兰特福克先生又向他问了有关希腊的历史和地理等问题，尽管提的问题很多，又是各个方面的，但卡尔全部一一给予了回答。最后考了数学，卡尔圆满的答案使学生和老师都为之惊讶。

当时卡尔才7岁零10个月，看到这种令人幸福的情景，坐在教室后面的我内心涌出了激动和骄傲之情。

几天后，《汉堡通讯》上有一篇文章详细报道了事情的全过程。我记得非常清楚，报道从“几天前，在本地教育史上发生了一起惊人事件”的语句开始，而结语是：

“但是这个少年绝非少年老成，而是非常健康活泼、温柔而天真，并且没有一点少年人常有的傲气，好像完全没有意识到自己的才华。这个少年叫卡尔·威特，是洛赫村牧师威特博士的儿子。”“无论是精神上还是身体上，谁的孩子能够得到如此理想的发展，其教育青少年的方法一定是非常有趣味的，但遗憾的是威特博士没有细谈。”

不久，各地的报纸又马上转载了这一报道。于是儿子卡尔的名字一下子轰动了整个德国。来拜访卡尔的人更多了，他被各方面的学者和教育家们测试，其后专家们都说百闻不如一见，没有不佩服的。他们中许多都是当代一流的学者。

对于各种访问，儿子都是非常礼貌而冷静地对待。我也不时告诫他在这种情况下不要产生骄傲的情绪。卡尔仍然和往常一样，并没有因此而自满。这一点真令我感到欣慰。

9 岁考入莱比锡大学

在我们的国家，自古以来人们都特别尊重学者。德国之所以能够繁荣昌盛，其重要的原因之一就在于此。

由于卡尔的学识，他顷刻间就名扬天下了。莱比锡大学的一位教授和一位在本市很有势力的人物打算让卡尔进莱比锡大学学习，他们说服我让本市托马斯中学校长劳斯特博士对卡尔进行一次考核。

开始时，我并不想他们来考儿子，怕他们乱出考题并予以拒绝。可后来，我发现劳斯特博士是一个深明事理、和蔼可亲的学者，并不是我开始所想象的那种人。在他们的再三劝说下，我最终同意了。

劳斯特博士没有让卡尔觉察到是在考试，而是在交谈中完成了考核。

时间是 1809 年 12 月 12 日。

考试过后，劳斯特博士就给卡尔写了入学证明书。内容是：

今天根据我的要求，对一个 9 岁的少年卡尔·威特进行了测验。

考希腊语时从《伊利亚特》中选了几段；考拉丁语时从《艾丽绮斯》中选了几段；考意大利语时从伽利略的著作中选了几段；考法语时在某一本书中选了几段。都是比较难理解的地方，但是卡尔却完成得很好。

他不仅语言学知识丰富，而且理解能力很强，具备各方面的渊博学识。这个令人赞佩的少年，听说是其父威特博士教育的结果。

我认为这一教育方法值得学者们重视。总之，这个少年完全具备上大学的条件。为了学术的进步，让他上大学深造是非常必要的。

劳斯特博士的证明书送到莱比锡大学后，校方同意他于第二年 1 月 18 日入学。

入学那天，我带着儿子去见了校长居思博士。居思博士非常高兴，同我们谈了许多话。同一天，他向市里的权势人物发出一封信，内容如下：

洛赫村的牧师威特博士的儿子卡尔·威特，刚刚 9 岁就具备了十八九岁的青年们所不及的智力和学力。这是他父亲对他实行早期教育的结果。

由此可知，适当的早期教育可使儿童的能力发展到令人难以置信的程度。卡尔能熟练地翻译法语、意大利语、拉丁语、英语，以及希腊语的诗词和文章。他最近被很多学者考过，没有一个不为他的学识而惊叹。他还在国王面前接受过考试。

他具备十分丰富的人类有史以来在文学、历史和地理等方面所积累的知识。这些都是他父亲教育的结果。所以说他父亲的教育方法也是一点不亚于其儿子的学识，令人惊叹。

说到这个令人钦佩的少年的健康，与其他许多神童不同。他非常健康、快活和天真，也没有一点其他神童所往往表现出来的傲慢和无礼，真是个难得的可贵少年。只要今后继续进行教育，其发展是不可估量的。

可是由于这个少年的父亲收入微薄，又家住农村，难以继续对他进行教育。卡尔过去是由他父亲教育的，今后的教育则是他父亲力所不及的。

他父亲希望能全家都搬到城里，使少年住在自己身边并能上 3 年大学。但由于他父亲是农村的一个穷牧师，不可能牺牲牧师职务到城里来，所以我向诸位呼吁，只要威特博士每年有 4 个马克，就可以住到莱比锡，教育这个在大学里学习的可贵少年。为此特请诸位踊跃捐款，金额每年 4 马克，捐助 3 年。

这是最美好的事业，我深信诸位是不会甘于受到看见一个天才被埋没于世的谴责的。何况威特博士来本地也可以对其他孩子进行同样的教育，这对我们的教育研究亦可助一臂之力。

总之，这是一个美好的事业，望诸位踊跃参加。

在这里，我要说一句，当年如果不是把钱花在带儿子去各方周游上面，也许不会弄到后来连儿子上大学的费用也负担不起。虽然我只是个穷牧师，收入微薄，为了能有出门的旅费，全家人都得省吃俭用，旅行时也只能住最差的旅馆，但我认为一切都是值得的，我从不后悔。

我记得，当时这封信的反响是相当大的，尽管每年预定筹款 4 个马克，但实际上达到了 8 个马克。不仅如此，当地人还为我划了从事牧师职业的区域，发给我双份的工资，并要求我一定去。

国王亲召入哥廷根大学

我为了得到国王的辞职许可，带着儿子卡尔去了卡塞尔；这里要说清楚，以免误解。当时的国王不是普鲁士国王，而是威斯特伐利亚国王杰罗姆（拿破仑一世的弟弟）。

1807 年，拿破仑一世在易北河西岸建立了威斯特伐利亚王国，他弟弟杰罗姆当了国王。自那以后，洛赫村和哈雷等地方就属于这个王国管辖，但政治上却由法国人和德国人统治。我们到达卡塞尔后，碰巧国王外出旅行。于是，第二天早上我们才去拜访拉日斯特大臣，拉日斯特大臣也考了考卡尔，同样感到吃惊，他共考了卡尔 3 个小时，最终确认卡尔是个名不虚传的杰出人才。他觉得把卡尔送到国外去太可惜了，因为莱比锡当时是属于萨克森的。他问了许多有关我的教育方法，最后决定不让我们父子去莱比锡而留在国内。

第二天，拉日斯特设晚宴招待我们和政府的大臣们；在宴会上，这些人也考了卡尔，大家都感到非常满意。经过协商，他们决定请国王承担莱比锡市民们所承担的义务，让我们留在国内上哈雷大学或者哥廷根大学而不去莱比锡。但我以不能辜负莱比锡市民们的心意而拒绝了。由于没有得到国王的许可，我们只好闷闷不乐地在洛赫等着。

7月29日，我们接到了维尔弗拉得大臣的来信，信中写道：

足下的辞意和令郎的非凡才学已经呈报国王陛下，热心于学事的陛下让我传达他的命令：准许足下在本年圣诞节之后辞去现职，待令郎大学毕业后再为足下划定从事牧师职业的区域。

陛下说由于国内也有优秀的大学，所以没有必要前往外国，应在国内就学。并且不必接受外国的资助，在本年圣诞节之后的3年中，每年下赐60个马克，命令令郎上哥廷根大学学习。

我很荣幸能向足下传达御令，也愿为令郎的教育贡献力量。为迁往哥廷根，令从即日起到圣诞节的两个月期间可以做离职准备。

就这样，卡尔于同年秋天上了哥廷根大学，共学习了4年。

4年中他所学的学科是：第一学期是古代史和物理学；第二学期是数学和植物学；第三学期是应用数学和博物学；第四学期是化学和解析学；第五学期是测量学、实验化学、矿物学和微积分；第六学期是实用几何学、光学、矿物学（继上学期）、法国文学；第七学期是政治史、古代史（第二轮）；第八学期是高等数学。此外，还有解析化学、伦理学、语言学等。

在学习过程中，起初我和他一道去学校，以便进行照顾，这是由于卡尔年龄太小不放心。

卡尔在大学里的学习生活是轻松愉快的。一般说来，一个10岁左右的少年和一些20岁左右的青年一起学习，一定是相当紧张的，但实际上卡尔的学习并不紧张。

他可以尽情地游玩和参加运动，并常常去采集动植物标本。他会画画、能弹琴，也会跳舞。除了上课外，一天也没有停止过对古典语和近代语的研究。

复活节的假日一到，我就领儿子去旅行，这件事很使人们不解。他们以为我一定会利用这一周的休假拼命帮助儿子复习功课，估计我们为此会天天跑图书馆。我的朋友们也的确是这样劝我的。但是我却回答道："如果我是打算让儿子做一个供人观赏的玩物，我就那么干，可是我的目的不是要儿子做展览品，我以为与学问相比儿子的健康和见闻更为重要，况且儿子的学习时间已是绰绰有余的。"总之，他们都感到极为惊异。

在儿子上大学期间，我仍然非常重视他的健康，不管刮风下雨都要卡尔把室外运动当作课业坚持下去。下雨天和雪天只是散步，在风雪交加的天气里人们常常可以看到我们父子二人在马路上散步。

第二年夏天，即第二学期末，国王杰罗姆驾临哥廷根大学视察。国王参观了校内的各个地方，最后到了植物园。

由于卡尔这个学期听植物学讲义，所以同其他学生们一道都在植物园。国王的随从中有前面提到过的拉日斯特大臣，在植物园他一眼就认出了卡尔并向国王做了介绍。国王非常高兴，一定要和卡尔谈谈话。于是侍从们就把卡尔叫到国王夫妻面前，同时也允许我一起进见。国王同我们谈了一席话，鼓励我的儿子今后要更加努力学习，表示要永远给予保护，希望卡尔安心学习。

我们从国王面前退下来后，随行的贵妇人们蜂拥而上，围着卡尔亲吻。然后由两个将军把卡尔夹在中间跟随国王之后，一直到把国王送上车时为止。这时卡尔才 11 岁。

1812 年冬，即第五学期，卡尔 12 岁时公开发表了关于螺旋线的论文，受到了学者们的好评。由于在书中发表了他自已发明的非常简便的画曲线工具，更加受到了国王及其人民的极大的赞赏。

在第七学期，他一面专心致志地学习政治史，又挤出时间写了《三角术》一书。当时他才 13 岁半。这本书在当时未能马上出版，是 1815 年他离开了哥廷根大学到了海德堡大学以后才出书的。

1813 年，我接到了国王的通知，通知上说把供给卡尔的学费延长到 4 年，并允许他到任何一个大学里去学习。这是由于原来拟定的供给学费 3 年的期限已满。

由于前一年拿破仑远征俄国失败，其势力逐渐衰落，10 月莱比锡一战失败，威斯特伐利亚国便崩溃了。这时，威斯特伐利亚政府就把卡尔推荐给了汉诺威、布朗斯维克、黑森三国政府。

由于威斯特伐利亚政府中有一半官员是德国人，再加上处于战乱时期，每个国家都缺钱，凡是不急需的事就不准花钱。

尽管这样，三国政府还是接受了这一推荐，痛快答应负担卡尔的学费。可见当时人们是多么重视卡尔的才学，我也为此而感动，他在哥廷根大学的第八期的学费是由三国政府出的。

年轻的哲学博士和法学博士

1814 年 4 月，卡尔去维茨拉尔旅行，并访问了吉森大学。该大学的哲学教授们欢迎他并一起讨论了学术上的各种问题，最后承认了他的学术水平（特别是 1812 年公开发表的论文价值），由校长赫拉马莱博士授予他哲学博士学位，那是 1814 年 4 月 10 日的事。随后，卡尔又访问了马尔堡大学，同样受到了热烈欢迎。据说如果不是吉森大学抢了先的话，该大学也准备授予他哲学博士的称号。

由于在哥廷根大学第八期的学费是由汉诺威、布朗斯维克、黑森三国政府出的，当我们前去布朗斯维克领取学费时，当局就把我们介绍给了布朗斯维克公爵。当时正巧公爵要外出旅行，但仍然高兴地接见了我们，谈了许多话，并热心地建议我们去英国留学，表示只要我们愿意去，就把我们推荐给他国内的亲属并愿出学费。

当我们由于同样的原因，去汉诺威时，卡尔被聘请做报告。因为卡尔在此之前曾于萨尔茨韦德尔做过数学报告并受到了极大的好评。当问到要求讲什么时，对方仍然提出希望讲讲数学方面的问题。卡尔在接受了邀请的第二天，就在本地中学的大礼堂里做了讲演。

当时是 1814 年 5 月 3 日，他年仅 14 岁。

参加的听众，集中了市内所有的知识分子。我的儿子用他漂亮的德语讲得既流畅又清晰。由于他连日来忙于交际，每天很晚才得以休息，无暇准备，又由于休息得很晚，所以有人产生了怀疑，绕到卡尔后面想看看是不是有底稿。当这位猎奇者看到卡尔没有底稿后，就更为惊异了。

卡尔也注意到了这一点，为了解除听众的怀疑，他特意离开讲桌，这时听众们更是报以热烈的掌声。

当卡尔在热烈的喝彩声中结束讲演后，政府承认了他的才学，并向他提供了比承担的份额还要多的学费。

肯布里基公爵也和布朗斯维克公爵一样，建议卡尔去英国留学，并答应给予推荐和出学费。

去墨森时，我们也同样受到了热烈欢迎，常被邀请到宫中。

儿子从哥廷根大学毕业后，我就在考虑他今后的出路。

我想，如果打算让卡尔早日成名，作为上策最好让卡尔钻研迄今为止所获得的学问的某个领域。但经过慎重选择，我放弃了这条捷径。我认为这样做只能使卡尔成为侧重于某一个领域的学者。

为了使卡尔学到更多的知识，我决定让卡尔去学法学。有位数学教授得知此事后深感遗憾，他问我为什么做这样的决定。

我告诉这位数学教授：“决定专业方向应该是 18 岁以后的事，在那之前应该学习所有的学问。等到 18 岁以后，如果卡尔喜欢数学的话，那就让他搞数学。”

这以后，儿子就上了海德堡大学专修法学，成绩仍然十分优异，备受老师和同学的喜爱。两年以后卡尔获得法学博士学位，同时还任命他为柏林大学法学教授，只是因为普鲁士国王命令他去意大利留学才未登上讲坛。但是我担心儿子太年轻，一个人去国外不放心，所以一直到1818年儿子18岁时才让他出国去意大利。

在对儿子的教育上，我非常欣赏来登在一首诗中写的那句话：没有比品尝真理的滋味更为幸福的了，享受到真理的幸福是永生难忘的。

我认为，从小就享受到真理滋味的儿子，比任何一个儿童都要幸福。而且，正如前面已经叙述过的，由于我对他的合理教育，儿子单纯坐在桌边专心致志学习的时间是很少的，他有着充足的时间尽情游戏和运动。

我认为，卡尔具有做人和作为学者的完美人格。同时，我也为自己能够成功地教育儿子而感到骄傲。